论语新说 下

秦学智 ◎ 著

中国传媒大学出版社

·北京·

自　序

2023年4月，《论语新说(上)》正式出版了，完成了我解说《论语》的一半心愿。现在《论语新说(下)》即将付梓，余下的一半心愿也快要实现了。《论语新说(上)》包括《学而篇第一》《为政篇第二》《八佾篇第三》《里仁篇第四》《公冶长篇第五》《雍也篇第六》《述而篇第七》《泰伯篇第八》《子罕篇第九》九篇；《论语新说(下)》包括《乡党篇第十》《先进篇第十一》《颜渊篇第十二》《子路篇第十三》《宪问篇第十四》《卫灵公篇第十五》《季氏篇第十六》《阳货篇第十七》《微子篇第十八》《子张篇第十九》《尧曰篇第二十》十一篇。每篇各有三至四十四章等不等的章数。

与《论语新说(上)》解说的体例结构一样，《论语新说(下)》解说《论语》每一章的体例结构也包括原文、引言、释解、译文和拓展五个部分。

《乡党篇第十》记录了孔子的日常生活、待人接物、朝堂上见面行礼等礼仪表现及生活形象，涉及内容广泛，从孔子的穿衣搭配、与不同身份的人见面有何种言行举止，到他出使外国、对待国君所赐祭肉等的仪容仪态、行为表现，等等。其目的是给人们提供一个知礼、尊礼、守礼和行礼的样本，并让人们对日常生活中的孔子有一个比较具体而生动的印象。

《先进篇第十一》主要是孔子对自己的一些优秀学生的学习能力、性格特征、道德学问、行为表现、学业表现、孝心仁德等进行点评，也写了孔子对鲁国按田亩征收军赋的施政措施、学习与做官的先后关系等事发表了何种观点。

《颜渊篇第十二》阐述了仁、君子、为政做官、治国理政、德政礼治等概念，以及仁与礼、学习与修身、修身与治国、君子交友与修身等之间的辩证关系。

《子路篇第十三》以谈论治国之道为主,强调为政者应为政以德,以身作则,正名正己,选贤与能,知人善任;要致力于经济建设,让老百姓富裕起来;要建设强大的军队,以保卫经济发展成果;要开展道德教化,以民为本,爱民、富民和教民。

《宪问篇第十四》主要围绕着仁道、仁德、仁人、君子之道、学习、修身等问题和历史人物或事件展开论述。该篇不仅阐述立德与立言、仁者和勇者、品德与才能、爱与劳、忠与诲、贫穷与怨恨、富裕与骄奢淫逸等之间的辩证关系,还评价了一些政治人物的品德、才能、施政举措及贡献等,强调君子必须具备仁、智、勇三大品德,做到言行一致、乐天知命和顺天应命。

《卫灵公篇第十五》围绕着孔子的德政礼治、以礼治国、无为而治等思想展开,内容涉及学习之法、如何治国安邦、如何做君子、如何任用人才等。孔子重视德政礼治、礼乐教化,反对侵略和暴力;对好德不如好色、不举荐贤人、夸夸其谈、阿谀奉承、不思悔改、见利忘义等现象进行批评,主张君子要做到仁、义、礼、智、信,要"谋道不谋食"和"忧道不忧贫",要以仁义为本,尊礼守礼,坚持真理,实事求是,直道而行。

《季氏篇第十六》主要围绕着以礼治国、如何治国安邦、如何做君子、如何尊礼守礼,修身正己展开。孔子认为,"天下有道,则礼乐征伐自天子出",治国安邦的根本在于"均无贫,和无寡,安无倾",而不在于攻伐与掠夺。孔子把朋友分为益友和损友,把趣味分为健康情趣和低级趣味,把人生分为少年、壮年和老年三个阶段,主张每个阶段都要有所戒备。孔子认为,整个社会急需培养君子以匡正不良风气,克己复礼为仁。

《阳货篇第十七》主要围绕着尊礼守礼、做人处世之道展开。孔子对礼崩乐坏、色厉而内荏、乡愿、贪得无厌、谄媚奉承、违礼违规、懒惰成性等不良现象进行批评,并对人性论、上智下愚、礼乐教化的作用、服丧三年等问题发表观点。孔子主张君子义以为上,不以小信而损害大信;君子要爱憎分明,积极进取;做人要有原则,也要有灵活性;天下有道则现,无道则隐。

《微子篇第十八》主要围绕贤能人才不被任用而造成人才流失的状况展开,主要论述三点内容:贤能人才对于治国理政的重要性,儒家积极用世与道家隐士躲避世事的不同,执政者仁义治国和宽容对待仁人志士的重要性和必要性。道家隐士知不可为而不为,但儒家仁人志士积极用世,明知不可为而为之,"用之则行,舍之则藏",只要有一线希望就做百分之百的努力。

《子张篇第十九》记述孔子的学生子张、子夏、子游、曾子、子贡对孔子思想的继承和发展,强调君子要具有仁、义、礼、智、信、勇等品德,要广交朋友,谨慎择友;广泛学习,谨慎修身;认真思考,持之以恒。该篇还记录了子贡对诋毁孔子的行为予以坚决回击,称赞孔子贤德如同日月,无人能够超越。

《尧曰篇第二十》主要围绕圣王的治国之道和君子修身的基本原则展开,强调"公天下"和贤人"为政以德"的政治理想,强调坚守正道,以民为本,克己奉公,勇于担当社会责任。君子治国要"尊五美,屏四恶",要实行善政摈除恶政,要顺天应命,要尊礼守礼,要有自知之明和知人之智等。

正如张载所言,儒家的政治理想是"为天地立心,为生民立命,为往圣继绝学,为万世开太平"。"为天地立心"可以说是"立德","为生民立命"可以说是"立功","为往圣继绝学"可以说是"立言",而"为万世开太平"可以说是立德、立功和立言三者齐备。立德、立功和立言被古人称为"三不朽"的事业。我做不到立德,立功也不行,愿尝试立言。我热切希望《论语新说》成为当代注解《论语》的佳作之一,也志愿为传承、弘扬和发展我国优秀的传统文化贡献微薄之力。

秦学智于北京陋室
2023 年 5 月 22 日

目　录

乡党篇第十 …………………………………………………………… 1
　10.1　孔子于乡党 ……………………………………………… 1
　10.2　朝,与下大夫言 …………………………………………… 3
　10.3　君召使摈 …………………………………………………… 4
　10.4　入公门 ……………………………………………………… 6
　10.5　执圭 ………………………………………………………… 8
　10.6　君子不以绀緅饰 …………………………………………… 9
　10.7　齐,必有明衣 ……………………………………………… 11
　10.8　食不厌精 …………………………………………………… 12
　10.9　祭于公 ……………………………………………………… 14
　10.10　食不语 …………………………………………………… 15
　10.11　虽疏食菜羹瓜 …………………………………………… 16
　10.12　席不正 …………………………………………………… 17
　10.13　乡人饮酒 ………………………………………………… 18
　10.14　乡人傩 …………………………………………………… 19
　10.15　问人于他邦 ……………………………………………… 20
　10.16　康子馈药 ………………………………………………… 21
　10.17　厩焚 ……………………………………………………… 22
　10.18　君赐食 …………………………………………………… 24
　10.19　疾,君视之 ……………………………………………… 25
　10.20　君命召 …………………………………………………… 26

10.21 入太庙 ... 27
10.22 朋友死,无所归 ... 28
10.23 朋友之馈 ... 29
10.24 寝不尸 ... 30
10.25 见齐衰者 ... 31
10.26 升车 ... 33
10.27 色斯举矣 ... 34

先进篇第十一 ... 38
11.1 先进于礼乐 ... 38
11.2 从我于陈、蔡者 ... 40
11.3 德行:颜渊、闵子骞、冉伯牛、仲弓 ... 42
11.4 回也,非助我者也 ... 45
11.5 孝哉,闵子骞 ... 46
11.6 南容三复《白圭》 ... 48
11.7 弟子孰为好学 ... 49
11.8 颜渊死,颜路请子之车以为之椁 ... 50
11.9 颜渊死,子曰天丧予 ... 53
11.10 颜渊死,子哭之恸 ... 54
11.11 颜渊死,门人欲厚葬之 ... 55
11.12 季路问事鬼神 ... 57
11.13 闵子侍侧 ... 58
11.14 鲁人为长府 ... 60
11.15 由之瑟奚为于丘之门 ... 62
11.16 师与商也孰贤 ... 64
11.17 季氏富于周公 ... 65
11.18 柴也愚 ... 68
11.19 回也其庶乎 ... 69
11.20 子张问善人之道 ... 71
11.21 论笃是与 ... 72
11.22 闻斯行诸 ... 74

- 11.23 子畏于匡 77
- 11.24 仲由、冉求可谓大臣与 78
- 11.25 子路使子羔为费宰 80
- 11.26 子路、曾晳、冉有、公西华侍坐 82

颜渊篇第十二 91

- 12.1 颜渊问仁 91
- 12.2 仲弓问仁 93
- 12.3 司马牛问仁 95
- 12.4 司马牛问君子 97
- 12.5 人皆有兄弟,我独亡 99
- 12.6 子张问明 101
- 12.7 子贡问政 103
- 12.8 君子质而已矣 105
- 12.9 年饥,用不足,如之何 107
- 12.10 子张问崇德辨惑 109
- 12.11 齐景公问政于孔子 111
- 12.12 片言可以折狱者 114
- 12.13 听讼,吾犹人也 115
- 12.14 子张问政 117
- 12.15 博学于文 118
- 12.16 君子成人之美 119
- 12.17 季康子问政于孔子 120
- 12.18 季康子患盗 121
- 12.19 如杀无道,以就有道,何如 122
- 12.20 士何如斯可谓之达矣 124
- 12.21 樊迟从游于舞雩之下 126
- 12.22 樊迟问仁 128
- 12.23 子贡问友 130
- 12.24 君子以文会友 131

子路篇第十三 ·· 133
    13.1   子路问政 ·· 133
    13.2   仲弓为季氏宰 ······································ 134
    13.3   卫君待子而为政 ·································· 136
    13.4   樊迟请学稼 ·· 138
    13.5   诵《诗三百》 ···································· 140
    13.6   其身正，不令而行 ······························ 141
    13.7   鲁卫之政 ·· 142
    13.8   子谓卫公子荆 ···································· 144
    13.9   子适卫 ·· 145
    13.10 苟有用我者 ·· 146
    13.11 善人为邦百年 ···································· 147
    13.12 如有王者 ·· 148
    13.13 苟正其身矣 ·· 149
    13.14 冉子退朝 ·· 150
    13.15 一言而可以兴邦 ································ 151
    13.16 叶公问政 ·· 152
    13.17 子夏为莒父宰 ···································· 153
    13.18 吾党有直躬者 ···································· 154
    13.19 樊迟问仁 ·· 155
    13.20 何如斯可谓之士矣 ···························· 157
    13.21 不得中行而与之 ································ 158
    13.22 人而无恒 ·· 159
    13.23 君子和而不同 ···································· 160
    13.24 乡人皆好之，何如 ···························· 161
    13.25 君子易事而难说也 ···························· 162
    13.26 君子泰而不骄 ···································· 163
    13.27 刚、毅、木、讷近仁 ······················· 164
    13.28 何如斯可谓之士矣 ···························· 165
    13.29 善人教民七年 ···································· 166
    13.30 以不教民战 ·· 167

宪问篇第十四 ································ 169

- 14.1 宪问耻 ································ 169
- 14.2 士而怀居 ································ 170
- 14.3 邦有道,危言危行 ······················ 171
- 14.4 有德者必有言 ···························· 172
- 14.5 南宫适问于孔子曰 ······················ 173
- 14.6 君子而不仁者有矣夫 ··················· 174
- 14.7 爱之,能勿劳乎 ·························· 175
- 14.8 为命,裨谌草创之 ······················· 176
- 14.9 或问子产 ································ 177
- 14.10 贫而无怨难 ···························· 179
- 14.11 孟公绰为赵、魏老则优 ··············· 180
- 14.12 子路问成人 ···························· 182
- 14.13 子问公叔文子于公明贾曰 ············ 183
- 14.14 臧武仲以防求为后于鲁 ··············· 184
- 14.15 晋文公谲而不正 ······················· 186
- 14.16 桓公杀公子纠 ·························· 187
- 14.17 管仲非仁者与 ·························· 188
- 14.18 公叔文子之臣大夫僎与文子同升诸公 ······ 190
- 14.19 子言卫灵公之无道也 ················· 191
- 14.20 其言之不怍 ···························· 192
- 14.21 陈成子弑简公 ·························· 193
- 14.22 子路问事君 ···························· 195
- 14.23 君子上达 ································ 196
- 14.24 古之学者为己 ·························· 197
- 14.25 蘧伯玉使人于孔子 ···················· 198
- 14.26 不在其位,不谋其政 ··················· 199
- 14.27 君子耻其言而过其行 ················· 200
- 14.28 君子道者三 ···························· 201
- 14.29 子贡方人 ································ 202

14.30　不患人之不己知 …… 203
14.31　不逆诈 …… 204
14.32　微生亩谓孔子曰 …… 205
14.33　骥不称其力 …… 206
14.34　以德报怨,何如 …… 207
14.35　莫我知也夫 …… 208
14.36　公伯寮愬子路于季孙 …… 210
14.37　贤者辟世 …… 212
14.38　子路宿于石门 …… 213
14.39　子击磬于卫 …… 215
14.40　高宗谅阴,三年不言 …… 217
14.41　上好礼 …… 218
14.42　子路问君子 …… 219
14.43　原壤夷俟 …… 220
14.44　阙党童子将命 …… 221

卫灵公篇第十五 …… 223
15.1　卫灵公问陈于孔子 …… 223
15.2　在陈绝粮 …… 224
15.3　赐也,女以予为多学而识之者与 …… 225
15.4　由!知德者鲜矣 …… 227
15.5　无为而治者其舜也与 …… 228
15.6　子张问行 …… 229
15.7　直哉史鱼 …… 230
15.8　可与言而不与之言 …… 232
15.9　志士仁人 …… 233
15.10　子贡问为仁 …… 234
15.11　颜渊问为邦 …… 235
15.12　人无远虑 …… 236
15.13　已矣乎! …… 237
15.14　臧文仲其窃位者与 …… 238

15.15	躬自厚而薄责于人	240
15.16	不曰"如之何,如之何"者	241
15.17	群居终日	242
15.18	君子义以为质	243
15.19	君子病无能焉	244
15.20	君子疾没世而名不称焉	245
15.21	君子求诸己	246
15.22	君子矜而不争	247
15.23	君子不以言举人	249
15.24	有一言而可以终身行之者乎	250
15.25	吾之于人也	251
15.26	吾犹及史之阙文也	252
15.27	巧言乱德	253
15.28	众恶之	254
15.29	人能弘道	255
15.30	过而不改	256
15.31	吾尝终日不食	257
15.32	君子谋道不谋食	258
15.33	知及之	259
15.34	君子不可小知而可大受也	260
15.35	民之于仁也	261
15.36	当仁,不让于师	263
15.37	君子贞而不谅	263
15.38	事君,敬其事而后其食	265
15.39	有教无类	266
15.40	道不同不相为谋	267
15.41	辞达而已矣	268
15.42	师冕见	269

季氏篇第十六 …… 271

  16.1 季氏将伐颛臾 …… 271

- 16.2 天下有道,则礼乐征伐自天子出 …… 274
- 16.3 禄之去公室五世矣 …… 276
- 16.4 益者三友,损者三友 …… 277
- 16.5 益者三乐,损者三乐 …… 278
- 16.6 侍于君子有三愆 …… 279
- 16.7 君子有三戒 …… 281
- 16.8 君子有三畏 …… 282
- 16.9 生而知之者上也 …… 283
- 16.10 君子有九思 …… 285
- 16.11 见善如不及 …… 286
- 16.12 齐景公有马千驷 …… 287
- 16.13 陈亢问于伯鱼曰 …… 288
- 16.14 邦君之妻 …… 290

阳货篇第十七 …… 292
- 17.1 阳货欲见孔子 …… 292
- 17.2 性相近也 …… 294
- 17.3 唯上知与下愚不移 …… 295
- 17.4 子之武城,闻弦歌之声 …… 296
- 17.5 公山弗扰以费畔 …… 297
- 17.6 子张问仁于孔子 …… 299
- 17.7 佛肸召,子欲往 …… 301
- 17.8 由也!女闻六言六蔽矣乎 …… 302
- 17.9 小子何莫学夫《诗》 …… 304
- 17.10 子谓伯鱼曰 …… 306
- 17.11 礼云礼云 …… 307
- 17.12 色厉而内荏 …… 308
- 17.13 乡愿,德之贼也 …… 309
- 17.14 道听而涂说 …… 310
- 17.15 鄙夫可与事君也与哉 …… 311
- 17.16 古者民有三疾 …… 312

17.17	巧言令色	313
17.18	恶紫之夺朱也	314
17.19	予欲无言	315
17.20	孺悲欲见孔子	317
17.21	三年之丧，期已久矣	318
17.22	饱食终日	320
17.23	君子尚勇乎	321
17.24	君子亦有恶乎	322
17.25	唯女子与小人为难养也	323
17.26	年四十而见恶焉	325

微子篇第十八 ········ 326

18.1	微子去之	327
18.2	柳下惠为士师	328
18.3	齐景公待孔子曰	329
18.4	齐人归女乐	330
18.5	楚狂接舆歌而过孔子曰	331
18.6	长沮、桀溺耦而耕	332
18.7	子路从而后	334
18.8	逸民	336
18.9	大师挚适齐	338
18.10	君子不施其亲	339
18.11	周有八士	340

子张篇第十九 ········ 342

19.1	士见危致命	342
19.2	执德不弘	343
19.3	子夏之门人问交于子张	344
19.4	虽小道，必有可观者焉	346
19.5	日知其所亡	347
19.6	博学而笃志	348

19.7 百工居肆以成其事 ····· 349
19.8 小人之过也必文 ····· 350
19.9 君子有三变 ····· 351
19.10 君子信而后劳其民 ····· 352
19.11 大德不逾闲 ····· 353
19.12 子夏之门人小子 ····· 354
19.13 仕而优则学 ····· 356
19.14 丧致乎哀而止 ····· 357
19.15 吾友张也为难能也 ····· 358
19.16 堂堂乎张也 ····· 358
19.17 人未有自致者也 ····· 359
19.18 孟庄子之孝也 ····· 360
19.19 孟氏使阳肤为士师 ····· 362
19.20 纣之不善 ····· 363
19.21 君子之过也 ····· 364
19.22 仲尼焉学 ····· 365
19.23 叔孙武叔语大夫于朝 ····· 367
19.24 叔孙武叔毁仲尼 ····· 368
19.25 子为恭也,仲尼岂贤于子乎 ····· 370

尧曰篇第二十 ····· 372
20.1 咨！尔舜 ····· 372
20.2 何如斯可以从政矣 ····· 375
20.3 不知命,无以为君子也 ····· 377

附录:《论语》人物简表 ····· 380

参考文献 ····· 387

后　记 ····· 389

乡党篇第十

　　《乡党篇第十》共计27章。该篇是孔子的弟子及再传弟子关于孔子日常言行的片段记录。本著遵从杨伯峻《论语译注》的分类方法,将本篇分为27章。南怀瑾在《论语别裁》中已经点明了本篇的基本宗旨和特点:"《乡党》这一篇,以现在观念来说,都是描述孔子的生活形态,以现代新闻报道的方式来看,也可以说是孔子生活的'花絮',中间提到了孔子办外交的时候什么态度,对人的时候什么态度,上班的时候什么态度,开会的时候什么态度。这篇书过去的读书人看得很严重,现在看来是生活的艺术。"[1]也就是说,本篇是对孔子日常生活形象的素描。孔子平时待人接物的仪容仪态是什么样的?参加祭祀或丧礼活动过程中的仪容仪态是什么样的?为政做官的仪容仪态是什么样的?等等。为什么孔子的学生,也就是《论语》一书的编辑者要辑录这些内容呢?可能是因为,他们想给当时以及后世的人们提供一个知礼、尊礼、守礼和行礼的范例,树立一个做人处世的楷模。

10.1　孔子于乡党

【原文】

　　孔子于乡党,恂恂如也,似不能言者。其在宗庙、朝廷,便便言,唯谨尔。

【引言】

　　这一章是在讲孔子在乡村生活期间谨慎言语的行为表现,以及孔子在

---

[1] 南怀瑾.论语别裁:上册[M].上海:复旦大学出版社,2015:388.

参加宗庙祭祀活动和在朝廷上担任公职时谨慎言语的行为表现。明代思想家李贽曾写下一副自题联勉励自己:"诸葛一生唯谨慎,吕端大事不糊涂。"孔子则兼具了诸葛亮和吕端谨慎和大事不糊涂的君子品格。

【释解】

(1)乡党:乡里、家乡;乡族朋友,老乡。古代五百家为党,一万二千五百家为乡,合而称乡党。

(2)恂恂如也:谦恭谨慎的样子。恂恂(xún xún):谦恭谨慎。如:形容词词尾,"……的样子"。也:语气助词,表示判断。

(3)言者:说话的人。言:说话。

(4)宗庙:天子或诸侯祭祀祖先的场所。"古代宗法制度规定宗庙次序,始祖庙居中,以下父子(祖、父)递为昭穆,左为昭,右为穆。"①

(5)朝廷:君主接受朝见和处理政事的地方。

(6)便便言:明白流畅地讲话。便便(pián pián):长于辞令、辩论的样子。

(7)唯谨尔:只是谨慎小心罢了。唯:只是,只不过。谨:谨慎,小心。尔:同"耳",而已,罢了。

【译文】

孔子在乡里,表现得谦恭谨慎,像个不会说话的人。但他在宗庙里、朝堂上却能明白流畅地讲话,只是说得谨慎小心而已。

【拓展】

孔子在家乡生活的时候,表现得拘谨不擅长说话;在朝堂上、宗庙活动中,却有另外一种能言善辩但又不失谨慎的表现。在家乡生活,都是乡里乡亲,待人接物要能与大家打成一片,自己能不能说,善不善辩,与和睦乡邻关系不大。因为这不是表现自己才能、才华的地方。但是在宗庙和朝廷活动中,言语的意义就大不一样了。宗庙和朝廷活动都是公事。既然是办公事,就要尽量发挥自己的才能、才华,为国家所用。语言表达要明白流畅,做事

---

① 商务印书馆辞书研究中心.新华词典[M].北京:商务印书馆,2001:1242.

要正确无误,否则可能会造成不良的甚至是无可挽回的影响。这正如朱熹所解释的:"恂恂,信实之貌。似不能言者,谦卑逊顺,不以贤知先人也。乡党,父兄宗族之所在,故孔子居之,其容貌辞气如此。便便,辩也。宗庙,礼法之所在;朝廷,政事之所出;言不可以不明辨。故必详问而极言之,但谨而不放尔。"①

10.2 朝,与下大夫言

【原文】

朝,与下大夫言,侃侃如也;与上大夫言,訚訚如也。君在,踧踖如也,与与如也。

【引言】

前一章在讲孔子在乡村生活与在庙堂和朝廷工作时两种不同的行为表现。这一章专门讲孔子在朝廷上与君主、上大夫、下大夫三种不同身份和地位的人说话时的行为表现。君主是君,孔子是臣,与君主说话,体现的是君臣关系、上下级关系。孔子事君有事君的礼仪。上大夫和下大夫都是臣。孔子这时候在朝廷做事,应该做的是鲁国的大司寇。大司寇在鲁国属于上大夫,名义上与鲁国"三桓"家族世袭的司马、司空、司徒平级,但实际上地位要低一些。所以,孔子和其他下大夫说话属于与下级官员相处,这时候孔子的礼仪表现是一个样子,而和鲁国"三桓"等上大夫说话,是在和名义上的平级官员、实际上的上级相处,其礼仪表现又是另一个样子。

【释解】

(1)朝(cháo):上朝的时候。

(2)下大夫:周朝官制大夫爵中最低的一等。周王室及诸侯各国有上大夫、中大夫、下大夫之分。诸侯国的上大夫又称为卿。《韩非子·外储说左下》说:"上大夫二舆二乘,中大夫二舆一乘,下大夫专乘,此明等级也。"②

---

① 朱熹.四书章句集注[M].北京:中华书局,2011:111.
② 韩非子[M].徐翠兰,松松,译注.太原:山西古籍出版社,2003:20.

(3)侃侃:理直气壮、从容不迫、和蔼可亲地说话。

(4)上大夫:春秋战国时期的卿,大夫中最高的官职。周代爵位分为公、侯、伯、子、男五等,但诸侯国的官职分为国君、卿、大夫和士四级。国君、卿大夫世袭,有封地。

(5)訚訚(yín yín):公正、认真、恭敬、和悦地说话。

(6)君在:国君临朝的时候。

(7)踧踖(cú jí):恭敬、拘谨而诚惶诚恐的样子。

(8)与与:走起路来淡定从容、仪态适中的样子。

【译文】

孔子在上朝过程中,国君还没到来时,同下大夫说话,表现出从容不迫、和蔼可亲的样子;同上大夫说话,表现出公正认真、恭敬和悦的样子;国君到来后,孔子表现出恭敬拘谨、诚惶诚恐的样子,走起路来又表现出淡定从容的样子。

【拓展】

这一章描述了孔子如何处理与下级、平级和上级的关系。孔子为鲁国大司寇,与下大夫是上下级关系。"与下大夫言",就是与下级说话,作为上级的自己就必须既要理直气壮,从容不迫,有威严,又要温和可亲,不摆架子。而孔子与鲁国"三桓"属于名义上平级实际上孔子地位较低的关系,孔子"与上大夫言"实际上就是在和既是平级又是上级的人沟通,但双方仍然属于臣与臣的关系,这时候既要正直不阿、公正无私,又要恭敬和悦而不趋炎附势。而对待君主,则是君臣关系。对待君主这个绝对的上级,臣子就要竭尽忠诚,恭敬有礼,甚至于诚惶诚恐。当然,无论是单独面对君主,还是在朝堂上面对君主,都要做到淡定从容、仪态适中。

10.3 君召使摈

【原文】

君召使摈,色勃如也,足躩如也。揖所与立,左右手,衣前后,襜如也。

趋进,翼如也。宾退,必复命曰:"宾不顾矣。"

【引言】

这一章描写孔子作为鲁国负责招待外国使节的官员在工作时的仪容仪态。

【释解】

(1)君召使摈:国君差遣孔子担任傧相,辅助国君迎宾行礼。君:鲁国国君。召使:差使,差遣。摈(bìn):古同"傧",迎接宾客。

(2)色勃:脸色骤然变得庄重。勃:骤变。

(3)足躩:脚步也加快了。躩(jué):快步走。

(4)揖所与立:向与他站立在一起的人拱手行礼。揖:拱手行礼。与立:与孔子站在一起。

(5)左右手:一会儿向左,一会儿向右,拱手作揖。

(6)衣前后:衣服前后摆动、一上一下。

(7)襜(chān):衣服整齐,飘动有致。

(8)趋进:快步向前走。

(9)翼:鸟儿展翅。

(10)宾退:宾客走了。

(11)复命:回去向君主报告。

(12)宾不顾矣:宾客不回头看了,指宾客走远了。顾:回头看。矣:语气助词,了。

【译文】

国君差遣孔子担任傧相,辅助国君迎宾行礼。孔子的脸色骤然变得庄重起来,脚步也加快了。他向与他站立在一起的人拱手行礼,一会儿向左,一会儿向右。衣服前后摆动,整齐不乱。他快步向前走的时候,像鸟儿展翅一样。宾客走后,他必定向君主回去报告说:"宾客已经走远了。"

【拓展】

孔子是当时鲁国最知礼、懂礼的人。鲁国国君召唤孔子担任傧相一职,

正是会用人的表现。这一章描述孔子接引宾客的情况和仪态仪容,孔子自始至终都表现得彬彬有礼,行礼自如。可以看出,孔子尽心尽职,圆满完成了国君交给他的任务。

10.4 入公门

【原文】

入公门,鞠躬如也,如不容。立不中门,行不履阈。过位,色勃如也,足躩如也,其言似不足者。摄齐升堂,鞠躬如也,屏气似不息者。出,降一等,逞颜色,怡怡如也。没阶,趋进,翼如也。复其位,踧踖如也。

【引言】

这一章在讲孔子上下朝、出入公门时的仪容仪态。本篇第一章讲孔子在乡村生活和在宗庙、朝廷工作时不同的言语表现,第二章讲孔子与君主、上级、平级和下级官员说话时的仪容仪态,第三章讲孔子做傧相时接引宾客的仪容仪态。也就是说,本篇前四章都在描述孔子在散居时和为政做官时在不同场合的表现,将孔子知礼和执礼的具体情况展现得一览无余。

【释解】

(1)入公门:进入朝廷大门。

(2)鞠躬如也:弯身行礼;低头、弯腰或屈膝以表示尊敬。如也:好像……的样子。

(3)如不容:如不容自己一样,好像没有自己的容身之地。

(4)立不中门:不站立在门的中间。中门:门的中间。

(5)行不履阈:走路不脚踩门槛。行:行走。履:踏、踩。阈(yù):门槛。

(6)过位:经过国君的座位。

(7)色勃:脸色骤变。这里是指孔子的脸色一下子变得庄重。

(8)足躩:脚步也加快了。躩(jué):快步走。

(9)其言似不足者:他说话好像气力不足一样。其:他。者:……的人。

(10)摄齐升堂:提起衣服下摆向堂上走。摄:提起。齐(zī):衣服的下摆。升堂:走上朝堂,向朝堂走去。

(11)屏气似不息者:屏住气好像不呼吸一样。屏气:憋住气。息:呼吸。

(12)出:即"出朝堂",从朝堂走出来、退出来。

(13)降一等:走下台阶,下台阶。

(14)逞颜色:脸色舒展开来。逞:舒展,舒缓放松起来。

(15)怡怡:怡然自得。

(16)没阶:走完台阶。没:走完。阶:台阶。

(17)趋进:快步向前走。

(18)翼:鸟儿展翅。

(19)复其位:回到自己的位置。复:回,回归。

(20)踧踖(cù jí):恭敬、拘谨而诚惶诚恐的样子。

【译文】

孔子走进朝廷的大门,表现出恭敬而谨慎的样子,好像那里没有自己的容身之地。孔子站立的时候,不站在门的中间。他行走的时候,不脚踩门槛。他经过国君的座位时,孔子脸色一下子变得庄重起来,脚步也加快了。这时候他说话就好像气力不足一样。提起衣服下摆向堂上走的时候,他也表现出恭敬而谨慎的样子,屏住气好像不呼吸一样。他从朝堂退出来,走下台阶,脸色便舒展开来,表现出怡然自得的样子。他走完台阶,快步向前走,其姿态就像鸟儿展翅一样。他回到自己的位置,表现出恭敬、拘谨而不安的样子。

【拓展】

这一章比较完整地记录了孔子在进入朝堂和出朝堂这一过程中所表现出的恭敬、谨慎和不安的状态。出入朝堂,是一项严肃的工作。这就像我们现在出入政府大楼或某个单位的办公大楼一样,一定要有恭敬、谨慎和处处小心的态度、仪态。只有恭敬,才能严肃庄重;只有谨慎,才能不出问题;只有诚惶诚恐,才能办事认真,不出纰漏。恭敬、谨慎和小心其实就是工作和生活最基本的要求。

10.5 执圭

【原文】

执圭,鞠躬如也,如不胜。上如揖,下如授。勃如战色,足蹜蹜如有循。享礼,有容色。私觌,愉愉如也。

【引言】

这一章描述孔子出使外国时的仪容仪态。

【释解】

(1)执圭:拿着玉圭。圭(guī):古代帝王或诸侯在举行典礼时拿的一种上圆下方的玉制礼器,用在这里指代表本国君主出使他国的信物或身份凭证。

(2)鞠躬:弯身行礼;低头、弯腰或屈膝以表示尊敬。

(3)如不胜:好像不能拿起的样子。如:好像。胜:能承担,能承受。

(4)上如揖:向上举的时候,就像拱手行礼。上:向上。揖:拱手行礼。

(5)下如授:在下面拿着的时候,就像递给别人东西一样。下:向下。授:给别人递东西。

(6)勃如战色:脸色骤然变得战战兢兢、谨慎小心。勃:骤然变化。战色:战战兢兢,小心谨慎。

(7)足蹜蹜:走路时不敢放大步伐的样子。蹜蹜(sù sù):小步快走。

(8)如有循:好像沿着一定的轨迹往前走一样。

(9)享礼:向对方献上礼物的仪式。这里是指使者受到接见后举行的献礼仪式。享,献上。

(10)有容色:表现出从容大度的容貌和神色。容:从容大度,盛大包容。

(11)私觌:私下拜会出使国的国君。觌(dí):见,相见,会见。

(12)愉愉:轻松愉快的样子。愉:愉悦,快意。

【译文】

孔子出使他国。举行接见典礼时,孔子举着代表本国君主出使他国的信物玉圭,表现出恭敬、谨慎、好像举不起来的样子。他向上举的时候,就像在拱手行礼;在下面拿着的时候,就像递给别人东西一样。他的脸色严肃庄重,表现得格外谨慎小心,行走时小步快走,好像循着一定的轨迹。在举行献礼仪式时,孔子表现出从容大度的神色。和国君私下会见的时候,孔子表现出轻松愉快的样子。

【拓展】

孔子在接见、献礼、行走和私下会见的时候都有不同的表现。但恭敬、谨慎小心是他在每一个阶段都会有的神色。在献礼环节,他表现出从容大度的神色;私下会见时,又表现出轻松愉快的样子。每一个场合的礼节都恰如其分,自然、合理、合情。所以,礼节和礼仪是分场合的。不同的场合,正式的或非正式的,庄重的或轻松的,对人的仪容仪态有着不同的要求。

10.6 君子不以绀緅饰

【原文】

君子不以绀緅饰。红紫不以为亵服。当暑,袗絺绤,必表而出之。缁衣,羔裘;素衣,麑裘;黄衣,狐裘。亵裘长,短右袂。必有寝衣,长一身有半。狐貉之厚以居。去丧,无所不佩。非帷裳,必杀之。羔裘玄冠不以吊。吉月,必朝服而朝。

【引言】

这一章在描述孔子日常的穿衣讲究和颜色搭配,由此可以看出孔子是非常重视穿衣搭配、服装的实用性和礼制的。

【释解】

(1)不以绀緅饰:不用深青透红或黑中透红的布给平常穿的衣服镶边作为装饰。绀(gàn):深青透红。緅(zōu):黑中透红,青赤色。

(2)红紫不以为亵服:不用红色、紫色的布料制作平时在家里穿的衣服。亵(xiè)服:古人平时在家里穿的便服。

(3)当暑:天气热的时候。

(4)袗絺绤:穿着细葛布和粗葛布制成的单衣。袗(zhěn):穿着……单衣。絺(chī):细葛布。绤(xì):粗葛布。葛衣就是葛布制作的衣服,细布葛衣称"絺",粗布葛衣叫"绤"。

(5)必表而出之:一定要把(葛布单衣)穿在外面,里面穿有内衣。

(6)缁衣羔裘:黑色的衣服配黑色的羔羊裘衣。缁衣:黑色的衣服。羔裘:羔羊皮做的裘衣,古代大夫上朝时穿的官服。古代的羔裘都是黑羊皮做成的,带毛的一面向外。

(7)素衣麑裘:白色的衣服配白色的幼鹿裘衣。素衣:泛指白色的衣服。在古代,白色丝绢中衣、白色丧服等,均称为素衣。麑裘:用幼鹿皮制成的白衣服。麑(ní):幼鹿,小鹿。

(8)黄衣狐裘:黄色的衣服配黄色的狐皮裘衣。黄衣:黄色的衣服。狐裘:用狐皮制成的外衣。

(9)亵裘长:在家平时穿的皮衣要做得长一些。

(10)短右袂:右边的袖子要短一些。袂:衣袖,袖口。右袖短一些,是为了方便做事。

(11)寝衣:睡衣,人睡觉时盖的被子。此处指人睡觉时盖的被子。寝:睡,卧。

(12)狐貉之厚以居:用狐、貉的厚毛皮做坐垫。狐貉之厚:狐、貉的厚毛皮。貉(hé):哺乳动物,外形像狐,穴居河谷、山边和田野间,皮质轻软,比较珍贵。以居:用来做坐垫。

(13)去丧:守丧期满,脱掉孝服。

(14)无所不佩:佩带各种各样的装饰品。言外之意是,服丧期满,什么饰品都可以戴了。

(15)帷裳(wéi cháng):古代上朝和祭祀用的礼服,用整片布制成,不允许裁剪掉多余的布料,将布料折叠好、缝上即可。

(16)必杀之:一定要裁去多余的布料。杀(shài 或 shā):裁,裁剪。

(17)羔裘玄冠不以吊:不穿黑色的羔羊皮衣和戴黑色的礼帽去吊丧。羔裘玄冠:黑色的羔羊皮衣和黑色的礼帽。不以吊:不用于丧事。吊:吊丧。

(18)吉月:农历每月初一。

(19)必朝服而朝：一定穿着朝服去朝拜君主。朝服：穿着朝服。朝：朝拜。

【译文】

君子不用深青透红或黑中透红的布给平常穿的衣服镶边，以作装饰，也不用红色、紫色的布料制作平时在家里穿的衣服。天气热的时候，外面穿细葛布和粗葛布制成的单衣，里面要穿有内衣。黑色的衣服配黑色的羔羊裘衣；白色的衣服配白色的幼鹿裘衣；黄色的衣服配黄色的狐皮裘衣。在家平时穿的皮衣要做得长一些，右边的袖子要做得短一些。睡觉时一定要有盖的被子，长度是身体高度的一倍半。用狐、貉的厚毛皮做坐垫。守丧期满，脱掉孝服，就什么饰品都可以佩戴了。如果不是上朝和祭祀用的礼服，一定要裁去多余的布料。不穿黑色的羔羊皮衣和戴黑色的礼帽去吊丧。每月初一，一定穿着朝服去朝拜君主。

【拓展】

孔子是知礼、守礼和遵礼而行的人，所以在吃、穿、住、行等方面都有一定的讲究。他又是贵族阶层的一员，在穿衣搭配方面更是有讲究。白色的衣服与白色的衣服搭配，黑色的与黑色的搭配。外衣和内衣要搭配，丧礼期间和丧服期满的穿着也不同。上朝和祭祀用的衣服与在家穿的衣服也有所不同。总之，这一章是在讲孔子在穿衣和衣服搭配等方面的讲究。由此可见，孔子穿衣不是随随便便的，而是有着自己的着装观念、礼仪和风格的。俗话说，"到什么山唱什么歌"，孔子是到什么时候、什么场合穿什么衣服。

10.7　齐,必有明衣

【原文】

齐,必有明衣,布。齐必变食,居必迁坐。

【引言】

这一章是在描述孔子在斋戒活动时吃、穿、住、行的情况。

【释解】

(1)齐(zhāi):同"斋",斋戒。此处指斋戒沐浴的时候。

(2)明衣:人在斋戒之前沐浴后所穿的浴衣。

(3)布:用布制成的。

(4)变食:改变平时的饮食。此处指按照斋戒礼仪的相关要求,不饮酒、不吃葱、蒜、韭菜等刺激气味大的东西。

(5)居必迁坐:居住的地方也要改。古代,卧室分为内室和外室。人们平时住在内室,到了斋戒和病重的时候就搬到外室。此处指从内室搬到外室居住,以免和妻妾同房。

【译文】

斋戒沐浴的时候,一定要准备好用布做成的浴衣。斋戒的时候,一定要改变平时的饮食,并搬到外室去住,不与妻妾同房。

【拓展】

孔子对上天、祖先有着非常执着的恭敬和虔诚之心,对祭礼、丧礼和斋戒等敬拜神灵和净化身心的活动都相当重视。"生,事之以礼;死,葬之以礼,祭之以礼。"①这就是孔子的信条。斋戒沐浴,就是洗涤身心的污垢;穿浴衣,象征着新的开始和进步。控制饮食是为了让自己涤除上天和祖先不喜欢的刺激性气味,不与妻妾同床则是表示自己对上天和祖先的恭敬和尊重。所有这一切,都是人们在向上天和祖先表示虔诚敬服,祈求他们的悦纳、保佑和赐福。

10.8 食不厌精

【原文】

食不厌精,脍不厌细。食饐而餲,鱼馁而肉败,不食。色恶,不食。臭恶,不食。失饪,不食。不时,不食。割不正,不食。不得其酱,不食。肉虽

---

① 论语[M].陈晓芬,译注.北京:中华书局,2016:12.

多,不使胜食气。惟酒无量,不及乱。沽酒市脯,不食。不撤姜食,不多食。

【引言】

这一章是在描述孔子的饮食习惯、要求和态度。

【释解】

(1)食不厌精:粮食舂得越精越好。食:粮食。厌(yàn):通"餍",满足。精:精制。

(2)脍不厌细:肉切得越细越好。脍(kuài):切细的肉。细:精细。

(3)食饐而餲:食物放久而腐败发臭变味了。饐(yì):食物腐败发臭。餲(ài):食物放久变味了。

(4)鱼馁而肉败:鱼和肉都腐败了。馁(něi):鱼腐败了。败:腐烂。

(5)色恶:颜色不好了。恶:不好,不新鲜。

(6)臭恶:气味不好闻,发臭。臭(chòu):不好闻的气味。

(7)失饪:烹调失当,饭菜做得半生不熟或烧焦等。饪(rèn):制作饭菜,煮熟。

(8)不时:与时令、季节不相符合的(食物)。时:时令、季节,指食物成熟的时节。

(9)割不正:肉切割得不方正。祭祀时用的脊、胁、臂、臑等部位有严格的规定,不符合规则的称为不正,就不能食用。臑(rú):羊、猪等牲畜的前腿。

(10)不得其酱:佐料或调味品放得不适当。酱:用麦、面、豆等发酵制成的调味品。

(11)胜食气:超过主食的量。胜:超过。气:同"饩",饭,主食。

(12)不及乱:不到喝醉的地步。乱:指酒醉。

(13)沽酒市脯:从市场上买酒和肉干。沽:买。市:购买。脯(fǔ):肉干,熟肉干。

(14)不撤姜食:每顿饭都有生姜这种食物。

【译文】

粮食舂得越精越好,鱼和肉切得越细越好。食物腐败和变味了,鱼和肉

腐败发臭了,都不吃。食物颜色不好了,不吃。食物气味不好了,不吃。食物烹调失当,不吃。与时令、季节不相符合的食物,不吃。肉切割得不方正,不吃。佐料放得不适当,不吃。席上的肉虽多,但吃肉的量不超过吃主食的量。只有酒不限量,但不喝醉。从市集上买来的酒和肉干,不吃。每餐都有生姜这种食物,但也不多吃。

【拓展】

从这一章,我们看到孔子是一个对饮食和烹饪非常有讲究的人。饮食精制细作,有利于人体的消化吸收;食物腐败变质了,致病菌滋生,人吃了会患疾病,所以,不新鲜的食物不能吃。食物是季节性的,随着时节去吃,有利于吃到新鲜和营养充足的食物,无疑是对人体有利的。吃肉要节制,喝酒不能喝醉,每顿饭都要有生姜,这些都是对人体有利的饮食习惯。但是,不吃切割得不方正的肉和不符合礼制规定的食物,不吃佐料没放好、味道不正的食物,以及不吃从市集上买来的酒和肉干,在今天来说可能已经不怎么合情合理了。即使在古代,这也只能是比较富裕的贵族家庭才能做到的,对于吃不饱、穿不暖的家庭来说,实在太奢侈了。孔子家里能够自己酿酒,并制作肉干,还制备有各种各样的佐料或调味品,可见孔子的家庭经济条件在其为政做官和开办私学之后得到了很大的改善。总体看来,注意饮食卫生、节制饮食、精细制作饮食,以及在公共场合注意聚餐礼仪,即使在今天也是可取的。至于那些过时的思想,如不从市集上买吃的、买喝的,那就让它过时了吧。

10.9 祭于公

【原文】

祭于公,不宿肉。祭肉不出三日。出三日,不食之矣。

【引言】

上一章、这一章以及接下来的三章,都是关于饮食方面的记录。因此,有些学者把本篇的第八章到第十二章归为一章。这一章描述的是,孔子作为大夫参加国君祭祀活动后如何处理国君所赐的祭肉。

【释解】

(1)祭于公:为了公家而来参加祭祀活动,指孔子参加国君宗庙的祭祀活动。祭:祭祀,参加祭祀活动。于公:因为公家的事情,为了公家的事情。

(2)不宿肉:不使肉过夜。宿(sù):使过夜。古代大夫参加国君宗庙的祭祀活动后,会得到国君赐的祭肉。这些祭肉一般是祭祀活动前一天准备好,所以祭祀活动的那一天祭肉就存放两天了。如果把祭肉再放一天,就三天了,那时候的祭肉就腐败变味,不能吃了。

(3)出三日:超过三天。

(4)不食之矣:不吃祭肉了。之:指祭肉。

【译文】

孔子因公参加了国君祭祀典礼,并分到了国君赐的祭肉。孔子让大家把这些祭肉当天吃掉,不让祭肉留过夜。祭肉的存放不能超过三天。祭肉存放超过三天,就不吃了。

【拓展】

前一章记录了孔子讲究饮食卫生、饮食礼节等生活细节。这一章继续讲关于祭肉的事情。古代没有冰箱等冷藏设备,肉类食物最多只能存放两天。三天或超过三天的肉食就会腐败变质。这也是古人总结出来的存放肉类的经验。祭肉最晚要在祭礼前一天准备好,所以等到祭礼结束,至少存放了两天,再过夜的话,就三天了,不能吃了。到了今天,有了冰箱、冰柜等,肉类可以存放三天以上的时间,所以,今天的食物保存条件比古代改善了许多。

10.10 食不语

【原文】

食不语,寝不言。

【引言】

这一章和前两章一样,都在谈论孔子的饮食习惯。孔子吃饭的时候不讲话,睡觉的时候不言语。这是有一定道理的。

【释解】

(1)食不语:吃饭的时候不讲话。食:吃饭。语:说话,言语。

(2)寝不言:睡觉的时候不言语。寝:睡觉。言:说话,言语。

【译文】

孔子吃饭的时候不和他人交谈,睡觉的时候也不说话。

【拓展】

人在吃饭的时候,嘴里有食物,和他人说话容易把食物喷溅出来,这样有失礼貌。晚上睡觉的时候,说话会导致大脑兴奋起来,而不容易睡着。所以,孔子也不会在睡觉时说话。由此可见,孔子吃饭和睡觉都是有讲究的。事实上,很少有人能够做到每天都坚持如此行事。孔子能几十年如一日地坚持下去,那得有多大的毅力啊!

10.11 虽疏食菜羹瓜

【原文】

虽疏食、菜羹、瓜,祭,必齐如也。

【引言】

这一章讲孔子平时吃饭前必先祭祀上天和祖先的祭祀习惯,足见孔子对上天与祖先的恭敬和虔诚。古人认为人类的福祉与上天和祖先的保佑息息相关,所以在平时都保持着敬奉和祭祀祖先的礼仪习惯。

【释解】

(1)疏食:粗粮,粗糙的食物。古人以稻粱(水稻或大米)为细食,以稷为粗粮。

(2)菜羹:用菜做成的汤。

(3)瓜:本义是藤上结的葫芦状果实。例如,木瓜、茄子、匏瓜、冬瓜等。

(4)祭:祭祀上天和祖先。

(5)必齐如也:一定要像斋戒时那样庄敬和虔诚。齐(zhāi):同"斋",斋戒。

【译文】

孔子即使是吃粗粮、喝菜汤或吃瓜果,吃之前都要祭祀一下上天和祖先,而且祭祀时就像斋戒那样庄敬和虔诚。

【拓展】

孔子每次吃东西之前都要祭祀上天和祖先,以感恩上天赐给食物,感谢祖先保佑自己及家人。有的学者认为,平时吃东西之前祭祀的对象还可能有最先发明火和烹饪之术的人。例如,南宋朱熹说:"古人饮食,每种各出少许,置之豆间之地,以祭先代始为饮食之人,不忘本也。"①如果按照这种说法,那每次吃饭祭祀的目的是为了饮水思源,不忘根本。我小时候,逢年过节吃饺子之前,母亲会先拿一碗饺子摆在祖先像前,献祭给上天和祖先,以求上天和祖先保佑和赐福。所以,我认为,这里祭祀的对象一般指上天和祖先,当然也有时候是将食物献祭给发明火、烹饪之术的人。

10.12 席不正

【原文】

席不正,不坐。

【引言】

这一章在讲孔子坐席方面的生活习惯。

---

① 朱熹.四书章句集注[M].北京:中华书局,2011:114.

【释解】

(1)席:席子。用草、苇子或竹片编成的用以坐、卧、铺床等的日常用品。春秋时期,古人在地上铺上席子,席地而坐。

(2)不正:摆放得不端正。

【译文】

席子铺得不端正,孔子就不坐下。

【拓展】

孔子时时处处都依礼而行。在吃饭方面是如此,在穿衣方面是如此,在和他人交谈时是如此,在坐席的时候也是如此。中正是尊礼的一个原则。席子铺得不端正,就不符合礼的要求,是违礼的,所以孔子是不会如此坐席的。

10.13 乡人饮酒

【原文】

乡人饮酒,杖者出,斯出矣。

【引言】

这一章是在讲孔子在乡饮酒典礼活动中尊老爱老的表现。

【释解】

(1)乡人饮酒:指乡饮酒礼。乡饮酒礼是周代流行的宴饮风俗,由乡大夫作为主人设宴,其目的是为了向国家推荐贤能之士。大约分为四种情形:第一,古代诸侯之乡有乡学,学制为三年。在学生毕业离校之前,乡大夫都要作为主人举行乡饮酒礼,如同当今的毕业宴会一样,招待毕业生,并向国家举荐优秀毕业生。第二,乡大夫设宴款待当地贤能人士。第三,乡下面的各州州长举办习射饮酒礼,这是地方官为荐贤举士而举行的射礼。射礼前后,常有燕饮。乡射礼也常与乡饮酒礼同时举行。第四,党正蜡祭饮酒。各党党正进行的蜡祭饮酒,是年终的一次酬神大祭,其目的是感恩天地诸神带来农业丰收,并祈求来年风调雨顺。① 据《周礼·地官司徒》记载,周代各诸侯国行政区依次为乡、州、党、族、闾、比。五家为比,五比为闾,四闾为族,五族为党,五党为州,五州为乡。乡长被称为乡大夫,下辖五个州长。每乡有一万二千五百家,每州有二千五百家。

(2)杖者出:拄着拐杖的老人出去。杖者:拿拐杖的人,指老年人、长辈。

(3)斯出矣:(孔子)才出去。斯:乃,才,就。矣:语气助词,表示肯定。

【译文】

乡饮酒礼结束后,孔子一定要等拄着拐杖的老人出去后,自己才出去。

【拓展】

尊老爱幼是中华民族的传统美德。孟子说:"老吾老,以及人之老;幼吾幼,以及人之幼。"②百善德为本,敬老孝当先。尊老、敬老、爱老,是社会进步的一个重要标志。尊敬老人其实就是尊敬自己,老人的今天就是我们自己的明天。尽管每个时代都存在倚老卖老、为老不尊的现象,但那毕竟是极个别的现象。无论如何,他们也步入了老年,到了必须受人扶助的年龄。年轻人对这样的老年人多一分忍让,多一分宽容,也在情理之中。随着社会的发展,我们越来越有条件让天下所有的老年人老有所养,老有所依,老有所乐,老有所安。

10.14 乡人傩

【原文】

乡人傩,朝服而立于阼阶。

---

① 关于乡饮酒礼,孔颖达疏《礼记·乡饮酒义》载:"凡有四事:一则三年宾贤能,二则乡大夫饮国中贤者,三则州长习射饮酒也,四则党正蜡祭饮酒,总而言之,皆谓之'乡饮酒'。"见:《十三经注疏》整理委员会.十三经注疏[M].北京:北京大学出版社,1999:1626.

② 孟子[M].万丽华,蓝旭,译注.北京:中华书局,2007:14.

【引言】

这一章是在描写孔子在乡人举行迎神驱鬼仪式时的行为表现。孔子会穿着出席正式而庄严的场合才穿的礼服立在大堂的东阶上,以表达自己对天地神灵的庄敬和虔诚。

【释解】

(1)乡人:乡里人。
(2)傩(nuó):古代迎神驱鬼的仪式,或驱除疫鬼、祓除灾邪的活动。
(3)朝服:在朝会和祭祀时穿的礼服。服装形式为上衣下裳制。
(4)阼阶:大堂的东阶。阼(zuò):大堂东面的台阶。阼席是主人所在的席位,主人要站在大堂东面的台阶上迎接客人。

【译文】

乡里人举行迎神驱鬼的活动仪式时,孔子总是穿着朝服站在大堂东面的台阶上。

【拓展】

"傩",又称跳傩、傩舞、傩戏,是一种迎神祭神、驱除疫鬼、祓除灾邪、祈求安庆的舞蹈活动。在古代,人们无法科学认识瘟疫的病因,相信瘟疫是疫鬼兴风作浪引起的,迎神驱鬼的活动风俗便由此渐渐形成。显然,孔子也是相信或尊重这种风俗的。每逢举行这样的活动,孔子还总会穿着朝服以表庄敬和虔诚。可见,对祭祀活动保持虔诚和庄敬的态度,是孔子一贯的作风。

10.15　问人于他邦

【原文】

问人于他邦,再拜而送之。

【引言】

这一章讲孔子托人问候在他国的朋友。因为是托人问候,所以孔子向受托人行了两次告别的礼。

【释解】

(1)问人于他邦:托人问候在他国的朋友。问:问候,古代人问候时会送礼物。于他邦:在其他的邦国。

(2)再拜而送之:在送别客人时,做了两次拜别。一次拜别是为他国的朋友,一次拜别是为这位受托人。

【译文】

孔子托人代他问候身在其他邦国的朋友并帮忙送礼,便向受托人连续两次行礼告别,为之送行。

【拓展】

从孔子委托别人代为问候身处他国的朋友和送礼的情况看,孔子是一个重情重义的人,也是一个知礼守礼的人。无论大事小事,他都遵照周礼的要求,一丝不苟地去做。孔子的这种认真守礼、行礼的精神,的确值得现代人学习。在现代社会中,礼仪教育比较缺乏,以致许多人都不知道如何行礼了。没有礼仪制度的规约,人的行为就会五花八门,彼此的交往也就少了庄敬和温和感。所以,礼仪文明教育要引起社会足够的重视。

10.16 康子馈药

【原文】

康子馈药,拜而受之。曰:"丘未达,不敢尝。"

【引言】

这一章记录了孔子接受鲁国卿大夫季康子赠送的药品而行礼的事情。

【释解】

(1)康子:季孙肥,姬姓,季氏,名肥,谥"康",史称"季康子"。季康子是鲁哀公时期的鲁国权臣,"三桓"之一。

(2)馈药:赠送药品。

(3)拜而受之:拜谢后接受了。

(4)丘未达:孔丘(对药性)不了解。未达:不了解。

(5)尝:品尝。

【译文】

季康子赠给孔子药品,孔子拜谢之后接受了。孔子说:"我对药品的药性还不太了解,现在不敢盲目品尝。"

【拓展】

孔子是尊礼守礼的人。身为鲁国权臣的季康子听说孔子生了病,故给孔子送药,这是季康子作为卿大夫对下属或治下百姓的关怀。孔子必须拜谢而接受。孔子不是医生,不了解药性,所以对品尝和服用药物就采取谨慎小心的态度。以直报怨是孔子一直提倡的,同样地,有话直说也是孔子的品格。当孔子对季康子送来的药品的药性不太了解的时候,不是强装自己了解,而是有话直说,把不知药性的事实直接说了出来,这样自己就没有必要为谄媚季康子而装出品尝药物的模样,做到了实事求是,也做到了守礼。孔子有礼必答、谨慎用药的态度也是值得人们学习的。

10.17 厩焚

【原文】

厩焚。子退朝,曰:"伤人乎?"不问马。

【引言】

这一章记录的是孔子重人轻马的人本主义思想。

【释解】

(1)厩焚:马厩被焚毁了。厩(jiù):马厩,马房,泛指牲口棚。焚:焚毁。
(2)子退朝:孔子退朝回来。退朝:朝会结束后回家。
(3)伤人乎:伤到人了吗?乎:吗。

【译文】

孔子家里的马棚失火焚毁了。孔子退朝回到家,听说这件事后,问道:"伤到人了吗?"他没有问马的情况。

【拓展】

按道理来说,家里的马厩失火烧毁了,孔子作为一家之主,既要关心有没有伤到人,也要问问有没有伤到马。但是,这里记录的却是,孔子退朝归来,听说马厩失火后,就只问有没有伤到人,而压根儿没关心有没有伤到马。这着实让人们对孔子的思想行为有些看不懂,因而历来有不少人猜测其原因。

因为孔子一直被人们视为圣人和君子,所以,多数人肯定是从善意的角度去解释孔子的思想行为。有的人说,孔子重人贱马,所以只问人不问马。例如,邢昺说:"不问伤马与否,是其重人贱畜之意。"①还有的人认为,孔子是坐着马车上朝去的,也是坐着马车回到家的,马厩失火的时候,马厩里应当没有马,所以他只问人不问马。例如,清末学者杨仁山在《论语发隐》中说:"当知厩中本自无马,马从朝中驾车而归。"②

由孔子一贯的思想可知,孔子重人轻马的思想肯定是存在的。因为人类社会是由人组成的,孔子有着人本主义或民本主义的思想,并且这种人本主义或民本主义思想还是建立在其君臣等级观念和周礼等级制观念的基础上的。孔子作为贵族的一员,极力维护天子、公(诸侯)、卿、大夫、士这一等级制度。这从孔子日常的吃、穿、住、行等方面就可以看出来。而马、牛、羊等牲畜是人的财产。财产损失了,虽然孔子也一定会过问,但绝不会重马轻

---

① 何晏,邢昺.论语注疏[M].北京:中国致公出版社,2016:157.
② 杨仁山.经典发隐[M].梅愚,校点.武汉:崇文书局,2016:6.

人。换言之,当孔子回到家刚听说马厩失火焚毁,他一定先想到的是问有没有伤到人。当打听到没有伤到人,或者把伤到人的情况问清楚之后,再细问包括马在内的财产损失情况也不迟。

这一章的记录者特地记载了"不问马"这个事实。这究竟能说明什么问题呢?我们至少可以得出如下结论:首先,孔子心中最关心的是有没有伤到人,而马充其量只是财产的损失。人命关天。如果伤到人,则会影响到许多人的生活。其次,"不问马"只是记录孔子刚知道马厩失火那一时刻孔子最为关切的对象和情况,但并不能体现孔子在那之后也一直没问过马棚及马的损失情况。最后,就像清末学者杨仁山所说的,孔子上朝是驾着马车去,退朝是驾着马车回来的,所以马厩失火的时候,里面是没有马的。没有马,当然就不需要问及马的损失了。总之,孔子的思想是人类中心主义思想,这也是中国儒家人道主义思想的发端。

10.18 君赐食

【原文】

君赐食,必正席先尝之。君赐腥,必熟而荐之。君赐生,必畜之。侍食于君,君祭,先饭。

【引言】

这一章记录了孔子在对待国君赐食和陪同国君吃饭方面的行为表现。

【释解】

(1)君赐食:国君赐给熟食。君:国君。

(2)正席:摆正席位。

(3)腥:生肉。

(4)荐:进献,祭献,给祖先上供。

(5)生:活物,活的动物。这里指牛、羊、猪等家养的牲口。

(6)畜:畜养,豢养,驯养。

(7)侍食于君:陪国君吃饭。侍食:陪侍尊长进食。于:为,给。

(8)君祭:国君饭前祭祀天地神灵。

(9)先饭:先尝一尝。

【译文】

国君给孔子赐了熟食,孔子一定会摆正席位先尝一尝。国君给孔子赐了生肉,孔子一定会把肉煮熟,然后先给祖宗上供。国君给孔子赐了活的牲口,孔子一定会先畜养起来。陪同国君吃饭,在国君举行饭前祭礼的时候,孔子一定会先尝一尝。

【拓展】

这一章讲了孔子在国君赐了熟食、生肉、活牲以及陪国君一起吃饭时不同的礼仪行为。国君赐了熟食,孔子要先尝一尝,以表示对国君所赐食物的感恩和恭敬。国君赐了生肉,孔子要先煮熟,然后祭献给祖先,让祖先同享国君的赏赐,以表达对祖先的孝敬之情。国君赐了活的牛、羊、猪等,孔子一定会先饲养这些动物,因为"君无故不杀牛,大夫无故不杀羊,士无故不杀犬、豕"①,这都是周礼的要求。孔子为什么在国君饭前祭祀天地神灵的时候,要先尝一尝饭食呢?这也是周礼的要求。古时候,君主吃饭前,一定要有人先尝一尝,看饭菜好不好,新鲜不新鲜,有没有问题,等等。这些礼节都是在表达对国君的恭敬和忠诚。孔子作为忠臣孝子,知礼懂礼,行礼也就自然而流畅。

10.19 疾,君视之

【原文】

疾,君视之,东首,加朝服,拖绅。

【引言】

这一章在讲孔子患了重病,国君来探望孔子时,孔子的礼仪行为表现。

---

① 礼记[M].李慧玲,吕友仁,注译.郑州:中州古籍出版社,2010:122.

【释解】

(1)疾:患病。

(2)君视之:国君来探视孔子。

(3)东首:头面部朝向东面。国君要从东面的台阶上来。

(4)加朝服:把朝服加在或盖在身上。

(5)拖绅:把束腰的大带子拖在朝服上面。绅:古代士大夫束腰的大带子。

【译文】

孔子卧病在床。国君来探视孔子。孔子便面朝东面躺着,把朝服盖在身上,又把束腰的大带子拖在朝服上面。

【拓展】

孔子一生严守君臣之礼和其他礼仪规范。即使卧病在床,不能起身,为了行君臣之礼,孔子也要把朝服盖在身上,还要把束腰的大带子拖放在朝服上面,就好像在朝会中面见君主那样。孔子对君主这样庄敬和忠诚,是史上罕有的,是古代忠君爱国的典范。

10.20 君命召

【原文】

君命召,不俟驾行矣。

【引言】

这一章是在讲孔子得到国君的召唤而赶着去面见国君的行为表现。

【释解】

(1)君命召:国君命令召见孔子。命召:命令召见。

(2)不俟驾:不等马车驾好。俟(sì):等待。驾:驾马车。

(3)行矣:步行走了。行:步行。矣:了。

【译文】

国君命令召见孔子。孔子不等马车驾好就先步行走了。

【拓展】

"君命召,不俟驾行矣"这件事反映了孔子具有忠君之心。食君之禄,忠君之事。在孔子看来,国君召见,肯定是国之大事,他必须有令就行,不能怠慢和迟缓。路程远,坐马车肯定速度更快,但孔子急切赶路以赴君命的心是迫不及待的,连驾马车的时间都不愿意等。孔子先步行走了,就会使给孔子驾马车的人驾车的速度更快,客观上也加快了有关的人工作的节奏。孔子的这种行为表现,显然不是矫揉造作,而是其忠君爱国、事君心切的真情流露。

10.21 入太庙

【原文】

入太庙,每事问。

【引言】

这一章与《八佾篇第三》的第十五章重复了,都是在讲孔子进入鲁国太庙后,对不懂的事情一一虚心求教。这体现出孔子好学不厌、不耻下问、谦虚向学的良好品格。

【释解】

(1)太庙:即周公庙。周公旦是文王的第四子、武王的弟弟、鲁国的始祖。因为周公旦作出了辅佐周成王的特殊贡献,周成王特许其长子伯禽在鲁国建立太庙,祭祀远祖。周公死后,也被供奉在太庙内接受祭祀。

【译文】

孔子进入太庙中,对每件事都详细探问。

【拓展】

这一章主要是记录孔子如何学习周礼的知识。孔子对知识的积累,一是来自书本知识,二是来自社会实践,三是来自学校或老师,四是来自向他人请教和好问,五是来自与学生教学相长,六是来自观察和思考,等等。"三人行,必有我师焉"①,"见贤思齐焉,见不贤而内自省也"②,孔子正是因为谦虚向学,勤于探问,善于请教和思考,才知识渊博,见多识广,成为千古一圣。

10.22 朋友死,无所归

【原文】

朋友死,无所归,曰:"于我殡。"

【引言】

这一章是在讲孔子对朋友有情有义的一面。朋友死了,但没有亲属负责殡殓和举行葬礼。孔子主动承担下来,做到有情有义。

【释解】

(1)朋友:肝胆相照、友谊深厚、有共同价值观的人。
(2)无所归:没有亲属为他料理后事。归:归宿,结局。
(3)于我殡:由我来料理丧葬事宜。于:由。殡:殡殓,停柩待葬,泛指办理丧葬事宜。

【译文】

孔子的朋友死了,没有亲属为他料理后事。孔子说:"由我来办丧事吧。"

---

① 论语[M].陈晓芬,译注.北京:中华书局,2016:86.
② 论语[M].陈晓芬,译注.北京:中华书局,2016:43.

【拓展】

曾子说:"可以托六尺之孤,可以寄百里之命,临大节而不可夺也。君子人与?君子人也。"①孔子的朋友去世了,但没有亲属能够安葬他,孔子主动提出由自己来料理后事。这就是作为朋友的担当。安葬死者是需要花钱的,孔子挺身而出,愿意为朋友办丧事,以尽朋友之义。孔子是君子,是侠肝义胆的朋友,所以不会从利益角度来交朋友。而酒肉朋友则不同。酒肉朋友平时吃吃喝喝,好不热闹,但等到患难之时,可能就退避三舍了。庄子说:"君子之交淡若水,小人之交甘若醴。"②孔子说:"君子喻于义,小人喻于利。"③孔子还说:"君子义以为质,礼以行之,孙以出之,信以成之。君子哉!"④所以,我们应该和"义以为质"、谦逊诚信的君子交朋友,而不应该和贪图势利、见利忘义的小人交朋友,须知近朱者赤,近墨者黑啊。

10.23 朋友之馈

【原文】

朋友之馈,虽车马,非祭肉,不拜。

【引言】

这一章是记录孔子对待朋友馈赠的礼仪及行为表现。

【释解】

(1)馈:馈赠,赠送的礼物。
(2)虽:即使。
(3)祭肉:祭祀时使用的肉类。一般被用作祭品的是牛、羊、鸡、犬、豕、马这"六畜"的肉。

---

① 论语[M].陈晓芬,译注.北京:中华书局,2016:98.
② 庄子[M].牧语,译注.南昌:江西人民出版社,2017:308.
③ 论语[M].陈晓芬,译注.北京:中华书局,2016:43.
④ 论语[M].陈晓芬,译注.北京:中华书局,2016:211.

(4)拜:双手作揖,两手合于胸前,头低到手。这是古代表示敬意的一种礼节,后世指下跪叩头。

【译文】

朋友所馈赠的礼物,即使是车、马那样贵重的物品,只要不是祭肉,孔子在接受时也是不会以双手作揖的方式拜谢的。

【拓展】

礼尚往来。孔子时常向朋友馈赠礼物,也时常接受朋友的馈赠。但孔子接受礼物时行的是君子之礼。君子之礼,就是重周礼之礼。祭肉是用来祭祀上天和祖先、神灵的,是虔敬和孝顺的表征。而孝为治理天下之本。所以,虽然祭肉价格上并不贵重,但是祭肉在象征忠孝意义方面却是价格高的礼物所不能比的。孔子与朋友之交往,显然是君子之交,不仅淡如水,还重义轻利,义以为质。儒家重视明人伦关系之道。人伦关系包括父子、君臣、夫妇、兄弟、朋友这五者。儒家提倡父子有亲,君臣有义,夫妇有别,长幼有序,朋友有信。所以,朋友之道是人伦关系中一个不可或缺的重要部分。

10.24 寝不尸

【原文】

寝不尸,居不客。

【引言】

这一章是在讲孔子在家睡觉和平日居家生活的样子。

【释解】

(1)寝不尸:睡觉不像死尸那样挺直。寝:睡觉。尸:尸体,死尸。
(2)居不客:平日居家生活不像客人那样庄重、严肃和拘谨。居:居家生活。客:客人。

【译文】

孔子睡觉的时候不像死尸那样挺直,平日居家生活的时候不像客人那样庄重、严肃和拘谨。

【拓展】

孔子是尊礼和守礼之人。在公众场合给人一副严谨的形象,让不知道孔子为人的人多少感到有些拘谨。但这一章呈现的是孔子在家生活和睡觉都比较"随便"、悠闲,让人们看到孔子最为本性自然的一面。礼是一种对社会化行为的约束,是一种对集体社会生活的规范。但家,特别是卧室,是一个私密空间或个人相对自由的空间,人们在这里就可以多少随性随意一些。如果在家,还是像在工作单位、大庭广众之下那样拘谨、严肃,那人也活得太累了吧?

10.25 见齐衰者

【原文】

见齐衰者,虽狎,必变。见冕者与瞽者,虽亵,必以貌。凶服者式之,式负版者。有盛馔,必变色而作。迅雷风烈,必变。

【引言】

这一章记录的是孔子遇到不同身份和处在不同境况的人所表现出的庄敬有礼的行为。

【释解】

(1)齐衰者:穿丧服的人。齐衰(zī cuī):以粗疏的麻布制成的丧服,衣、裳分制,边缘部分缝缉得整整齐齐。

(2)虽狎:即使是平时关系亲密、比较随便的人。狎(xiá):亲近而态度不庄重。

(3)必变:一定改变神色。此处指孔子的神色变得庄重起来。

(4)冕者:戴官帽的人,当官的人。冕:古代帝王、官员戴的礼帽,官帽。

(5)瞽者:盲人。瞽(gǔ):盲目,眼睛失明。

(6)虽亵:即使是平时很亲近熟悉的人。亵:亲近而不庄重,轻慢。

(7)必以貌:一定庄重对待,表现得很有礼貌。

(8)凶服者:穿丧服的人。凶服:丧服。

(9)式之:坐马车的时候,身体前倾,低头并把双手伏在车前的横木上。这是古人坐马车时向迎面而来的地位较高的人表示尊敬的礼节。式:通"轼",古代车辆前部的横木。"式"在这里作动词用,指以手抚轼,并低头伏在车前横木上。之:代词,指代"凶服者"。

(10)负版者:背负国家图籍的人。先秦时期,纸张还未发明出来,书写材料主要有竹简(又称竹片)、木版(又称木牍、木简、木片)、缣帛、布匹等。缣帛、布匹等太贵重,竹简、木版太笨重,所以在西汉时期人们发明了造纸术,东汉蔡伦改进了造纸工艺,以树皮、破麻布、旧渔网等为原料,造出了轻薄柔韧、价格低廉、容易推广使用的"蔡侯纸"。

(11)盛馔(shèng zhuàn):丰盛的饭食。馔:饭食。

(12)变色而作:改变神色并恭敬地站起来。色:脸色,神色。作:站立。

(13)迅雷风烈:迅雷和大风。迅雷:突然打雷。风烈:刮起大风。

(14)必变:即"必变色",一定会改变神色。

【译文】

孔子看见穿丧服的人,即使是平时关系亲密、比较随便的人,也一定会改变神色,让自己的态度庄重、严肃起来。看见当官的人和盲人,即使是平时很亲近熟悉的人,也一定庄重对待,表现得很有礼貌。乘车时遇见穿丧服的人,他就低头、把双手伏在车前横木上,以示同情。遇见背负着国家图籍的人,他也同样低头、把双手伏在车前横木上,以示敬意。被他人以丰盛的饭菜款待,孔子一定会改变神色并恭敬地站起来道谢。他遇到迅雷和大风时,也一定会改变神色,表现出恐惧不安和敬畏上天的样子。

【拓展】

这一章描写了一个心灵世界极其丰富的孔子形象。无论是对待天气的巨大变化,对待当官的人、为国家事务奔忙的人,还是对待眼睛失明的人和遭遇家庭变故穿着丧服的人,或是吃到丰盛的筵席,孔子都会表现出与之相应的敬畏、庄敬、同情和感恩等情绪情感。毋庸置疑,孔子是一个有情有义的人,是一个大爱无疆的人,是一个敬畏上天、与人为善、彬彬有礼的人。

10.26 升车

【原文】

升车,必正立,执绥。车中,不内顾,不疾言,不亲指。

【引言】

这一章是在讲孔子平时坐马车时的行为礼仪表现。

【释解】

(1)升车:上车,指上马车的时候。

(2)正立:端正地站立。

(3)执绥:挽住帮人上车用的绳索。绥(suí):指登车时手挽的绳索。

(4)车中:在车上坐好。

(5)内顾:在车内回头看。此处指东张西望。

(6)疾言:高声说话,大声说话。

(7)亲指:用自己的手指指点点。

【译文】

孔子上马车的时候,一定先端正地站好,然后挽住帮人上车用的绳索登上车。上车后,他不东张西望,不大声说话,不用自己的手指指点点。

【拓展】

孔子作为知礼守礼的楷模,时时处处依礼而行。上车前,规规矩矩地站好,给人以端正的形象;到了车上后,就不再做各种让人不安或受影响的动作,也不高声喧哗,处处给人留下庄敬、肃穆的印象。这让身处其境的人都能感受到孔子的个人魅力,不知不觉受到他的积极影响。

10.27 色斯举矣

【原文】

色,斯举矣,翔而后集。曰:"山梁雌雉,时哉!时哉!"子路共之,三嗅而作。

【引言】

《乡党篇第十》整篇都在描写孔子在不同的场合和时机知礼、守礼和行礼的表现,让人们对日常生活中的孔子有了比较具体而生动的印象。这一章是《乡党篇第十》的最后一章,描写了孔子即将结束在鲁国当大司寇时的心理状态。孔子"堕三都"失败之后,就失去了"三桓"权臣的信任,也失去了鲁定公的支持,所以不得不面临辞去鲁国的大司寇兼摄相事职务的徘徊和踌躇不定。当权臣不再信任和重用孔子的种种迹象已经很明显,孔子及其学生决定周游各国另寻明君。这一章的记录恰好反映了孔子和子路等学生经过一段时间的踌躇不安之后豁然开朗,决定该辞就辞、该走就走的心理状态。

【释解】

(1)色:脸色,神色。孔子和子路等人在山路上行走,因为考虑未来出路(即周游列国)的问题而脸色凝重,引起了在山梁上觅食的一群野母鸡的警惕。

(2)斯举矣:山梁上的野母鸡看到人的神色不对,就飞了起来。斯:就。举:鸟飞起来。

(3)翔而后集:野母鸡各自飞了一阵,然后又一起落到树上。

(4)山梁雌雉:生活在山梁上的野母鸡。

(5)时哉:时运好啊!这句指孔子羡慕野母鸡生活自由,想飞就飞,想落就落,想走就走,想停就停。

(6)共之:(子路)向这群野母鸡拱拱手。共:通"拱",拱手。之:指野母鸡。

(7)三嗅而作:野母鸡振了振翅膀,飞走了。三:多,表示多次。嗅:应为"狊"字之误。狊(jú):鸟张开两翅。

【译文】

孔子和子路等学生在山路上行走,因思考问题而脸色凝重。在山梁上觅食的一群野母鸡受到惊吓飞了起来。野母鸡各自飞了一阵,然后又一起落到树上。孔子看到后,感叹道:"生活在山梁上的野母鸡,时运好啊!时运好啊!"子路向它们拱拱手,这一群野母鸡振了振翅膀,飞走了。

【拓展】

孔子触景生情,睹物思情。他在山路上看到野母鸡自由自在地生活,一下子想到自己在鲁国的境况。"山梁雌雉,时哉!时哉!"这句话,既是孔子感叹生活在山梁上的野母鸡时运非常好,又表明他得到了启发,悟到自己也一定要像野母鸡那样,顺势而为,因时而动,应飞则飞,应落则落,应走则走,应停则停,不可拘泥于一处,对鲁国"三桓"抱有不切实际的幻想。这正如孟子所说:"可以仕则仕,可以止则止,可以久则久,可以速则速,孔子也。"①识时务者为俊杰。孔子知礼、懂礼、守礼,但也识时务,知进退,不能继续留在鲁国为政做官,就出走他国以寻找实现自己政治理想的机会。

此外,不同学者对"子路共之,三嗅而作"这句话主要有三种截然不同的理解。一种就是杨伯峻、(宋人)蔡节、钱穆等人的理解;一种是三国时期魏人何晏、北宋人邢昺、清人刘宝楠以及来可泓等人所持的观点;一种是廖名春等人的理解。

首先,我持有和赞同杨伯峻等人的观点。如,杨伯峻说:"共,同拱。子路向它们拱拱手,它们又振一振翅膀飞去了。"②

其次是三国时期魏人何晏等人所持的观点。如,何晏在其所撰的《论语集解》中说:"子路以其时物,故共具之。非本意,不苟食,故三嗅而作。作,起也。"③邢昺说:"子路不达,以为时物而共具之,孔子不食,三嗅其气而

---

① 孟子[M].万丽华,蓝旭,译注.北京:中华书局,2007:58.
② 杨伯峻.论语译注[M].中华书局,2006:123.
③ 何晏,邢昺.论语注疏[M].北京:中国致公出版社,2016:161.

起。"①梁皇侃的《论语义疏》解释为:"'嗅'谓鼻歆禽其气也;'作',起也。子路不达孔子意,而供此熟雉,乖孔子本心。孔子若直尔不食,则恐子路生怨;若遂而食之,则又乖我本心。故先三歆气而后乃起,亦如得食不食之间也。"②也就是说,这一种说法认为,子路误会了孔子的意思,把一只野母鸡射下来,煮熟后献给孔子。孔子不想吃,但又不忍辜负子路的好意,于是用鼻子闻了闻野鸡肉的香气就走开了。

最后是廖名春等人所持的观点。廖名春在讲座《〈论语〉新解——出土与传世文献的互证》中解释说:"子路想用双手去抓,母野鸡嗅了嗅,感到危险,就猛地飞走了。"③

为什么我赞同第一种观点呢？这是因为这样的解释更符合这一章整体的寓意、情调和格调,也符合孔子、子路等人当时的心境。孔子和子路等人走在山路上,讨论和思考着人生路下一步该怎么走,其心思并不在打猎和吃饭上。这时候,受惊而飞的野母鸡飞了一阵,又都落在附近的树上,让孔子一下子触景生情,发出了"山梁雌雉,时哉！时哉！"的感叹。显然,此时此刻陪在孔子身边的子路是知道孔子心思的,其情感也与孔子的情感产生了共鸣。子路也本能地表现出了对野母鸡生活的向往和恭敬,就对野母鸡拱拱手,以示敬意。但野母鸡不知其意,认为这可能是一种危险,就振了振翅膀飞走了。显而易见,此情此景最合情合理不过了。

我为什么反对第二和第三种观点呢？最根本的原因是,第二种观点和第三种观点所表现出来的"杀意"与前面孔子的感受是矛盾的,是违和的。孔子和子路一边走着,一边看到野母鸡"色,斯举矣,翔而后集"的画面,触景生情,对野母鸡自由自在、因时而动的生活生出了深深的动容和感叹。想想野母鸡的生活,想想自己和学生现在的处境和心境,孔子一下子得到启发,那就是要因时而动,顺势而为。陪在身边的子路显然能够洞察和感知孔子的心绪,并与之产生情感共鸣。子路的心中因孔子对野母鸡生活的感叹和佩服也自然生发出对野母鸡的敬意,拱拱手是自然之举。而射杀野母鸡或

---

① 朱熹.四书章句集注[M].北京:中华书局,2011:116.
② 皇侃.论语义疏[M].高尚榘,校点.北京:中华书局,2013:262.
③ 见:清华大学历史系暨思想文化研究所教授廖名春 2017 年 4 月 8 日在北京师范大学做的讲座《〈论语〉新解——出土与传世文献的互证》,该讲座由北京师范大学人文宗教高等研究院主办。讲座相关内容 2017 年 4 月 10 日发表于《人民政协报》。

抓到野母鸡做一顿饭,则有违当时的情理,也违背了礼义之道。敬其义而杀之,是违礼的;得到野母鸡生活的启迪,而不对野母鸡感恩却反而杀之,是小人之道,而非君子之道。所以,具有君子德行的子路是不忍杀这些给了孔子以感叹和启迪、有恩于孔子的野母鸡的,同样,孔子也绝对不会允许子路射杀眼前的这些小生灵。

先 进 篇 第 十 一

该篇共计26章。① 本篇主要是孔子对自己一些优秀学生的学习能力、性格特征、道德表现等进行点评,也对鲁国按田亩征收军赋的施政措施、学习与做官的先后关系、人事与鬼神的关系、大臣和具臣的区别、如何根据言行来判断人、给颜渊准备丧礼的规格等事发表观点。孔子因材施教,将学习内容分为德行、言语、政事和文学四个科目;孔子关心爱护学生,和学生友谊深厚,并时常和学生畅谈人生理想和志向。

11.1 先进于礼乐

【原文】

子曰:"先进于礼乐,野人也;后进于礼乐,君子也。如用之,则吾从先进。"

【引言】

这一章是在讲孔子主张一个人应当先学习而后做官,不应当先做官而后学习。他认为,先学习而后做官要比先做官而后学习好得多。

【释解】

(1)先进于礼乐:先在礼乐文化知识和技能上追求进步,然后为政做官。此句指先在礼乐文化知识和技能上追求进步,然后为政做官的人。先:首

---

① 南宋朱熹的《论语集注》将《先进篇第十一》的第2章、第3章合并为1章,则全篇共25章。清代刘宝楠的《论语正义》将该篇第18章、第19章合并为1章,将第20章、第21章合并为1章,则全篇共24章。杨伯峻的《论语译注》将本篇分为26章。本著以杨伯峻的分类方法为准。

先。进:进步。于:在……方面。礼乐:指周代礼乐文化等为政做官所必需的基本知识和技能。

(2)野人:村野之人,农夫,指未曾获得爵位和禄位的庶民或平民。

(3)后进于礼乐:先做官而后在礼乐等为政做官知识和技能上追求进步。此句指先做官而后学习礼乐文化等为政做官知识和技能的人。后:时间上较晚,与"先"相对。

(4)君子:指卿大夫等享有世袭爵位和禄位的贵族子弟。

(5)如用之:如果让我来选拔任用人才的话。如:如果。用:任用。之:他们,指先进和后进之人。

(6)则吾从先进:那么我就选用先学习礼乐等为政做官知识和技能的人才。则:那么。吾:我。从:选择,选用。

【译文】

孔子说:"先在礼乐文化知识和技能上追求进步,然后去为政做官,这样的人是原先未曾获得爵位和禄位的庶民;先做官而后在礼乐等为政做官知识和技能上追求进步,这样的人是卿大夫等原先就享有世袭爵位和禄位的贵族子弟。如果让我来选拔任用人才的话,我就选用先学习和掌握礼乐等为政做官知识和技能的人。"

【拓展】

在西周时期,存在着天子、诸侯、卿大夫、士、国人(小人)和野人(庶民)的划分。天子、诸侯、卿大夫、士、国人(小人)属于同一个部族,他们属于征服者或统治者,其中天子、诸侯、卿大夫、士是统治者中的贵族阶级,而国人(小人)属于统治者中的平民阶级或者自由民。

周天子和各国诸侯统治的地区都有国和野之分。天子和诸侯所居的都城及其近郊被称为国,近郊以外被称为野。周天子和各国诸侯及其部族作为征服者居住在国中,称国人。被征服者居住在野区,称野人。周人所居的都城通常有两层城墙,里面一层称为城,外面一层称为郭。《孟子·公孙丑下》曾有"三里之城,七里之郭"的说法。按照这种说法,国的周长一般就有七里之长。住在环周七里的国内的人,就是国人。居住在城郭之外的人,就是野人(或鄙人,或庶民)。国人和野人的政治权利和社会义务是不一样的。

国人具有参政议政、参军作战、接受教育和出仕做官等权利和义务,野人有交税和服徭役等义务。

西周时期,天下的人大致分为贵族、平民和野人。贵族和平民都是国人。到了春秋末年,平民和野人之间的身份界限日渐模糊,越来越多的野人也拥有了接受教育、出仕做官以及为国作战的权利和机会。

"质胜文则野,文胜质则史。文质彬彬,然后君子。"①毫无疑问,孔子喜欢文质兼备的人。在文采和朴实的质地方面,朴实的质地和仁义是根本,而文采是枝叶。朴实的质地是需要从小就开始培养和教育的,家庭教育最为关键。而文采的教育可以通过后天教育和学习来补足。

相比于从小养尊处优的君子(指贵族子弟),那些从小生活条件一般的平民和野人身上更具有质朴和诚实的品质。贵族子弟先做了官,再去学习,往往很难学到做人处世的根本——仁、义、礼、智、信,往往只学到文采方面的内容。而平民和野人在做官之前先学习为政做官之道,更有可能掌握做人处世和为政做官的根本,真正做到"修身、齐家、治国和平天下"。这就是孔子喜欢从平民和野人当中选用为政做官、治国理政人才的原因。

11.2 从我于陈、蔡者

【原文】

子曰:"从我于陈、蔡者,皆不及门也。"

【引言】

这一章,是孔子晚年对曾经遭困于陈国和蔡国之境这段经历的回忆和感叹。当年,跟随孔子周游列国的学生,特别是经历陈国和蔡国之困境的学生,现在都不在孔子身边了。斗转星移,物是人非,"逝者如斯夫"。

【释解】

(1)从我:跟从我,跟随我。

(2)陈:陈国,西周至春秋时期的诸侯国,国君是舜帝姚重华的后代,妫

---

① 论语[M].陈晓芬,译注.北京:中华书局,2016:70.

姓。周武王灭商后，找到了舜帝的嫡裔妫满，封之于陈之株野(今河南柘城)，并把长女大姬嫁给他，以"追思先圣王"和"兴灭国，继绝世"。陈国后迁移到宛丘(今河南省周口市淮阳区城关一带)。辖地大致为今河南东部和安徽亳州一带。

(3)蔡：蔡国。周朝诸侯国，姬姓，建都蔡(今河南省驻马店市上蔡县)。周武王克商后，分封其五弟蔡叔度于蔡国。周武王死后，周成王继位。因周成王年幼，周公旦依周武王的遗命摄政。周公旦的兄弟管叔(文王三子)、蔡叔(文王五子)和霍叔(文王八子)对由周公摄政表示强烈不满，于是联合商纣王的儿子武庚一起反叛。周公旦果断举兵东征，最终平定叛乱，诛杀武庚、管叔，将蔡叔流放到郭邻(今河南省上蔡县蔡国故城西北蟾虎寺一带)，废霍叔为庶人。蔡叔死后，周公旦封其子蔡仲(名胡)于蔡，重建蔡国。公元前447年，蔡国被楚国所灭。

(4)者：指代人，可译为"……的人"。

(5)及门：在教学的场所，此处指现在在老师的身边。及：到达，达到。门：老师或师傅的门庭，此处指老师讲学的场所或老师跟前。

【译文】

孔子说："曾经在周游陈国和蔡国之时跟随我、共过患难的学生，现在都不在我的身边了。"

【拓展】

《史记·孔子世家》记载，鲁哀公六年(公元前489年)，楚昭王听说孔子在陈、蔡之间活动，就派人礼请孔子去楚国洽谈。陈、蔡两国的大夫听说楚国国君礼请孔子去楚国做客，就担忧孔子被楚国重用之后对陈、蔡不利，于是派人把孔子一行人围困在野外达七天之久。这七天，孔子等人因为没有粮食，都是以野菜汤为食。随行的学生饿得无精打采，但孔子为了给学生做个好榜样，仍然强打精神，悠闲地读书、弹琴或唱歌，子路、子贡等学生虽也有怨气，但都无可奈何。随行的学生中，只有颜回最能理解孔子的心。当孔子问颜回为什么他们会被围困于此的时候，颜回说那是因为老师的主张过于宏大，以至于没有哪个国家敢于接受。但不被接受与君子旨在推行的为政治国之道好不好没有什么必然的联系。君子推行为人处世和治国理政的

思想越不被接受,不就正好说明君子之道的高不可攀吗?后来,孔子让子贡逃出包围,从楚国搬来援兵,才使自己和学生脱身解困。

朱熹说:"孔子尝厄陈、蔡之间,弟子多从之者,此时皆不在门。故孔子思之,盖不忘其相从于患难之中也。"①孔子68岁回到鲁国之后,儿子孔鲤和学生颜回、子路先后去世了,而子贡、宰我等曾在陈、蔡之间经历过此事的学生也离开孔子出去做事,所以,孔子常常思念这些曾经与他同舟共济、同甘共苦的学生,并感叹人生短促、变化无常。

11.3 德行:颜渊、闵子骞、冉伯牛、仲弓

【原文】

德行:颜渊、闵子骞、冉伯牛、仲弓;言语:宰我、子贡;政事:冉有、季路;文学:子游、子夏。

【引言】

这一章是在记述孔子所教授的德行、言语、政事和文学四个学科里的拔尖者或尖子生。由此可见,孔子教学的四大方面内容是德行、言语、政事和文学四科。德行是思想道德教育;言语是语言和外交能力教育;政事是为政做官或治国理政能力教育;而文学则是古代"六经"等文献知识和学问研究能力教育。

【释解】

(1)德行:仁义、孝悌、诚信和忠恕等道德品质和行为习惯的教育科目。

(2)颜渊:颜回,曹姓,颜氏,名回,字子渊,鲁国都城(今山东省曲阜市)人。颜渊比孔子小30岁,他13岁拜孔子为师,41岁去世。他敏而好学,闻一知十,是"孔门十哲"之一。

(3)闵子骞:姓闵,名损,字子骞,春秋末年鲁国(今安徽省宿州市埇桥区闵贤村)人,比孔子小15岁,是"孔门十哲"之一。

(4)冉伯牛:冉耕,姓冉,名耕,字伯牛,春秋末年鲁国郓城(今山东省菏

---

① 朱熹.四书章句集注[M].北京:中华书局,2011:117.

泽市定陶区冉堌镇)人,周文王第十子冉季载的嫡裔,为"孔门十哲"之一,因恶疾早逝。

(5)仲弓:冉雍,姓冉,名雍,字仲弓,春秋末年鲁国(今山东省菏泽市定陶区)人,世居"菏泽之阳",人称"犁牛氏"。冉雍与冉耕、冉求皆在"孔门十哲"之列,世称"一门三贤"。

(6)言语:孔子所教授的语言科目。其目的是培养学生在口语、文字、辩论和外交方面的能力。

(7)宰我:宰予,姬姓,宰氏,名予,字子我,亦称宰我,春秋末年鲁国人,"孔门十哲"之一,比孔子小29岁。

(8)子贡:端木赐,复姓端木,字子贡,春秋末年卫国黎(今河南省鹤壁市浚县)人。子贡办事通达,能言善辩,具有卓越的经商才能,是"孔门十哲"之一。

(9)政事:孔子所教授的教学科目之一,指为政做官之道或治国理政方面的知识和才能的教育。

(10)冉有:冉求,姓冉,名求,字子有,通称"冉有",被尊为"冉子",鲁国人,"孔门十哲"之一,以政事见长。

(11)季路:仲由,姓仲,名由,字子路,又字季路,鲁国卞人。其性情刚直,好勇尚武,是"孔门十哲"之一,也是孔子最钟爱的学生之一。子路在孔子面前也常常有话直说。

(12)文学:孔子所教授的教学科目之一,指"六经"等古代文献知识的教育。

(13)子游:言偃,姓言,名偃,字子游,亦称"言游",春秋末年吴国常熟人,"孔门十哲"之一,比孔子小45岁,孔子唯一的南方弟子,曾为武城宰,推行孔子提倡的礼乐教化。一次,孔子带领一些学生来到武城,听到处处有礼乐弦歌之声,看到百姓得到了礼乐教化,社会一片祥和,孔子非常满意。

(14)子夏:卜商,姓卜,名商,字子夏,被尊为"卜子",春秋末年南阳郡温邑(今河南温县黄庄镇卜杨门村)人,"孔门十哲"之一,比孔子小44岁。孔子去世后,他曾开办私学。他提出"仕而优则学,学而优则仕",主张学生与时俱进,积极参与社会发展。

【译文】

在德行科目上拔尖的学生有:颜渊、闵子骞、冉伯牛、仲弓;在言语科目

上拔尖的学生有：宰我、子贡；在政事科目上拔尖的学生有：冉有、季路；在文学科目上拔尖的学生有：子游、子夏。

【拓展】

在孔子生活的春秋时代，一个人为政做官和为人处世，都需要德行好、善言辞、懂得如何处理政务，还要知识渊博。在提倡"学而优则仕"的孔子看来，更是如此。所以，孔子主要培养德行、言语、政事和文学方面的人才。

在德行方面拔尖的学生有颜渊、闵子骞、冉伯牛、仲弓四人。颜渊能安贫乐道，闻一知十；闵子骞以孝顺父母闻名于世，"二十四孝"中就有他的故事；冉伯牛曾任中都宰，实行德治，讲信修睦，化民成俗；仲弓为人敦厚，气度非凡，孔子称其"可以使南面"，堪当大任。

在言语科目上拔尖的学生有宰我、子贡二人。宰我好学深思，口齿伶俐，辩才无碍，曾跟从孔子游历各国，其间常受孔子派遣出使齐国、楚国；子贡无论是在外交、辩论和经商方面都展现了优秀才能，成功出使吴、越等国，当过卫、鲁等国的大官，又经商致富，成为中华儒商始祖。

在政事科目上拔尖的学生有冉有、季路二人。冉有以擅长政务见长，能文能武，曾做过鲁国权臣季孙氏的家臣，在政治、军事和经济管理等方面都有建树。季路勇武过人，骁勇善战，但谋略不足。季路曾为卫国大夫孔悝的家臣，并死于卫出公之父蒯聩发动的政变中。

在文学科目上拔尖的学生有子游、子夏二人。子游曾为武城宰，以礼乐教化百姓，受到孔子的称赞，他主张"丧致乎哀而止"①。孔子死后，子游因祭礼意见不合，受颜氏之儒曾子排挤而被迫离开鲁国，去了南方的吴国兴办儒学教育，传播孔子的学说。子夏同样才思敏捷，以文学著称。孔子死后，子夏去了魏国，做了魏文侯的老师，并在魏国的西河创立私学，广收门徒，教授《诗》《书》《礼》《易》《乐》《春秋》等经典的知识，其思想学说被称为西河学派。《史记·儒林列传》说："自孔子卒后，七十子之徒散游诸侯，大者为师傅卿相，小者友教士大夫，或隐而不见。故子路居卫，子张居陈，澹台子羽居楚，子夏居西河，子贡终于齐。如田子方、段干木、吴起、禽滑釐之属，皆受业

---

① 论语[M].陈晓芬,译注.北京:中华书局,2016:261.

于子夏之伦,为王者师。"①

子夏一生中共收了三百多个学生,其中,魏文侯、田子方、段干木、吴起、禽滑釐、李悝、公羊高等都是子夏著名的弟子。子夏对孔子的思想学说既有继承,又有发展。子夏的思想学说明显带有经世致用、务求实际的倾向,这不同于孔子的过于理想主义和浪漫主义的思想主张。孔子在世时就注意到子夏追求实际利益的倾向,"敲打"他"女为君子儒,无为小人儒"。但实践证明,孔子的"君子儒"理想过于宏大,一定程度上脱离了社会实际,其恢复周礼制度和社会文明秩序的主张更是不被当时的各国诸侯和大夫所接受。有了孔子的前车之鉴,务实的子夏坚持自己的思想学说必须与社会实际结合起来,必须学以致用,为社会现实服务。所以,子夏在思想理论建设和教学方式方法上都对孔子的学说有了进一步的发展和改造。汉代徐防说:"《诗》《书》《礼》《乐》,定自孔子;发明章句,始于子夏。"②总之,子夏务求实际的主张对中国儒家思想以及法家思想的发展都有着重大而深远的意义,"其所开辟的一种以儒家经学礼论掌控制度话语权的谱系,一种以功利实用宗旨启示政法权变策略的理路,一种以孝亲尊君论构建纲纪意识形态的策略,对中国法思想传统之启示亦宏富深远"③。

11.4 回也,非助我者也

【原文】

子曰:"回也,非助我者也,于吾言无所不说。"

【引言】

这一章是孔子对颜回在孔子教学时行为表现的点评。颜回天资聪颖,才思敏捷,能够闻一知十,所以在孔子的课上很少发问,也很少发言,这让孔子感觉他无法与自己互动,两个人无法教学相长、相互激发思考。

---

① 司马迁.史记:全四册[M].萧枫,主编.哈尔滨:北方文艺出版社,2007:926.
② 范晔.后汉书[M].北京:中华书局,2007:439.
③ 马腾.礼学传承与君权政治:子夏氏之儒对法思想史的影响[J].华东政法大学学报,2016,19(2):165-174.

【释解】

(1)回:颜回。

(2)非助我者也:不是帮助我的人。者:指代人,可译为"……的人"。

(3)于吾言:对于我的言语。于:对于。吾:我的。言:言语,话语。

(4)无所不说:没有什么不悦纳的。说(yuè):通"悦",喜悦,悦纳。

【译文】

孔子说:"颜回在教学相长方面对我没有什么帮助,他对我所说的任何话都无不悦纳。"

【拓展】

教学方法有许多种,譬如讲授法、启发教学法、问答探究法、谈话法、讨论法、参观教学法、实验法、实地作业法,等等。孔子希望学生在课堂上积极和自己互动,积极提问,遇到不懂的地方就发问,以便让教授者传道、授业和解惑。但是,孔子面对颜回这样一位一听就懂,也懒得发问的学生,刚开始的时候,还以为颜回愚笨,即使有疑惑也不知如何提问题,所以对颜回的智力有偏见。多次仔细观察之后,孔子却发现颜回并不笨,而是十分聪明,这才改变了对颜回的看法。但是,孔子始终觉得,像颜回这样在课堂上一声不吭的学生,对于课堂教学或者活跃课堂来说,是没有什么助益的。

这是因为,课堂需要所有学生的参与。学生即使对老师讲授的内容都无所不知,也应该沿着老师的教学思路,对课堂知识进行阐发、拓展和引申,以便其他的学生也能在这个过程中多一些思考和互动,实现所有师生的共同进步和成长。再者,课堂上,老师讲的所有话语也并不都是正确的、深刻的,或者都是精到的,因此,课堂上也需要不同意见的出现、碰撞和激荡,这样才能活跃教学气氛,取得更好的教学效果。

11.5 孝哉,闵子骞

【原文】

子曰:"孝哉,闵子骞!人不间于其父母昆弟之言。"

【引言】

这一章是孔子点评自己德行第一的学生闵子骞对父母的孝心。孔子认为闵子骞的孝顺是千真万确的,是名副其实的,没有人能对闵子骞的孝心有所怀疑。

【释解】

(1)孝哉:真孝顺啊。孝:孝顺,孝敬。哉:感叹词,"啊"。

(2)间于其父母昆弟之言:对其父母和兄弟称赞他孝顺的言语进行非难。间(jiàn):离间,挑拨,非难。于:对于。昆弟:兄弟。言:言语,指闵子骞的父母和兄弟称赞闵子骞孝顺忠厚的话语。

【译文】

孔子说:"闵子骞真是大孝子啊!人们对其父母和兄弟称赞他孝顺的言语都毫不怀疑,没有非议。"

【拓展】

闵子骞的亲生母亲早逝,其父亲娶了继母,继母又生了两个弟弟。继母把自己的爱都给了两个亲生的儿子,而对继子闵子骞刻薄寡恩。闵子骞虽对继母的行为不满,但一方面,他认为继母毕竟是长辈,所以根据礼制也应该无条件地服从和忍受,另一方面,他以大局为重,从家庭的团结出发行事。即使继母给他做的是芦花冬衣,给亲生儿子做的是棉花冬衣,闵子骞也毫无怨言。父亲看到闵子骞冻得瑟瑟发抖,以为他是在偷奸耍滑而鞭打他,也因此发现继母对闵子骞的虐待和刻薄。当父亲决定与继母离婚时,他替继母求情说:"母在一子单,母去三子寒。"

父亲被闵子骞的孝心感动了,连继母也被深深感动。继母从此也不再把闵子骞当作非亲生孩子看待,一家人不再有亲疏之别,而是互爱互敬、其乐融融。这个结果正是闵子骞感天动地的孝心换来的。

11.6 南容三复《白圭》

【原文】

南容三复《白圭》,孔子以其兄之子妻之。

【引言】

这一章是在记述孔子的学生南容因为宅心仁厚、慎言慎行,使得孔子非常放心,把自己哥哥孟皮的女儿嫁给了他。

【释解】

(1)南容:南宫适(kuò),亦称南宫括,姓南宫,名适,字子容,春秋末年鲁国人,孔子的学生和侄婿。

(2)三复:多次重复念诵。三:指多次。复:重复。

(3)白圭:白色的玉器。《白圭》是《诗·大雅·抑》中的诗句:"白圭之玷,尚可磨也;斯兰之玷,不可为也!"其大意是:白圭上的斑点还可以磨掉,但人开口说错话,就无法挽回了。圭:古代帝王或诸侯在举行典礼时拿的一种玉器。

(4)其兄之子:指孔子哥哥孟皮的女儿。孟皮与孔子是同父异母兄弟。子:指女儿。

(5)妻之:嫁给他。妻(qì):嫁人。之:他,指南容。

【译文】

南容多次重复念诵《诗·大雅·抑》中的诗句:"白圭之玷,尚可磨也;斯兰之玷,不可为也!"孔子觉得南容宅心仁厚、人品稳重,能慎言慎行、明哲保身,于是就把侄女嫁给了他。

【拓展】

"路遥知马力,日久见人心。"孔子与学生朝夕相处,对学生的一言一行、一举一动都观察得仔仔细细,也因此能够因材施教,随机启发教学。孔子对南容的品行非常熟悉,当听到南容不断念诵"白圭之玷,尚可磨也;斯兰之玷,不可为也!"的时候,就觉得南容对于一个人的言语行为务必谨慎小心这个问题走心了。思想指导行动。这种慎言慎行的思想一旦入心,就能影响一个人的行为表现。一个人能够谨防祸从口出,谨防不当的行为给自己或家人招来祸端,这样的人怎能不叫人放心呢?这样的人做女婿一定是个好女婿,做儿子一定是个好儿子,做父亲一定是个好父亲,为政做官也一定是个好官。孔子曾评价南容说:"邦有道,不废;邦无道,免于刑戮。"[①]对于这样一个能叫人放心、安心的君子,急于给自己的侄女找个好女婿的孔子当然是心满意足、求之不得了。

11.7 弟子孰为好学

【原文】

季康子问:"弟子孰为好学?"孔子对曰:"有颜回者好学,不幸短命死矣!今也则亡。"

【引言】

这一章是季康子和孔子关于孔子的哪个学生最好学的对话。在孔子的观念中,三千弟子、七十二贤人中,只有颜回是最好学不倦的。但颜回不幸早死,到如今再没发现有谁好学了。

【释解】

(1)孰:谁,哪一位。
(2)好学:最喜爱学习。
(3)对曰:回答说。
(4)今也则亡:现在就没有了。亡:通"无",没有。

---

① 论语[M].陈晓芬,译注.北京:中华书局,2016:48.

【译文】

季康子问孔子说:"你的学生中谁是最喜爱学习的?"孔子回答说:"我所有学生当中只有颜回是最喜爱学习的。但他不幸短命死了!现在就没有像他那样最喜爱学习的人了。"

【拓展】

颜回究竟活了多少岁?历来有不同说法。《孔子家语》记载颜回活了32岁,而《史记·仲尼弟子列传》记载,颜回比孔子小30岁,而颜回是孔子71岁时去世的,所以他应是41岁去世的。本文采用41岁这个结论。

季康子是鲁国"三桓"之一,是鲁国的权臣。他问孔子也是有自己的目的的,就是想从孔子的学生中挑选能够为他所用的人才。在《雍也篇第六》中,鲁哀公也曾向孔子询问其学生当中谁是最好学的,孔子的回答也是颜回最为好学。由此可见,在孔子眼中,颜回是最出色的弟子,孔子始终视颜回为继承自己衣钵之人,颜回不幸早死,孔子深受打击,发出"噫!天丧予!天丧予!"的悲叹。无可奈何花落去,乐天知命的孔子还是坦然接受了命运残酷的安排。

11.8 颜渊死,颜路请子之车以为之椁

【原文】

颜渊死,颜路请子之车以为之椁。子曰:"才不才,亦各言其子也。鲤也死,有棺而无椁。吾不徒行以为之椁。以吾从大夫之后,不可徒行也。"

【引言】

这一章是在讲孔子关于给去世的颜渊准备棺材方面的看法。根据《礼记》对棺椁制度的记载,春秋末年之前,天子棺椁应为"三椁四棺"(又称"天子七重"),诸候棺椁应为"二椁三棺"(又称"诸侯五重"),大夫棺椁应为"一

椁二棺"（又称"大夫三重"），士棺椁应为"一椁一棺"（又称"士再重"）。①到了战国时期及以后，棺椁制度也因时代条件的变化而有所变化，例如，经济条件好的大夫，其棺椁甚至可以采用诸侯五重的规格。这一方面是经济发展的结果，另一方面是礼制观念变迁的结果。此外，天子、诸侯、大夫、士和庶人棺椁的厚度、颜色等也有一定之规，例如，"君大棺八寸，属六寸，椑四寸。上大夫大棺八寸，属六寸。下大夫大棺六寸，属四寸。士棺六寸。君里棺用朱绿，用杂金鐕。大夫里棺用玄绿，用牛骨鐕。士不绿。君盖用漆，三衽三束。大夫盖用漆，二衽二束。士盖不用漆，二衽二束"②。即天子、诸侯大棺厚八寸，大夫和士大棺厚六寸，庶人之棺只准厚四寸且无椁。甚至连不同身份的人的椁的材质都有不同的规定，如《礼记·丧大记》所载："君松椁，大夫柏椁，士杂木椁。棺、椁之间，君容祝，大夫容壶，士容甒。君里椁、虞筐，大夫不里椁，士不虞筐。"③

颜路对于颜渊，孔子对于孔鲤，都是父亲对儿子。父亲对子女的爱都是相似的，但颜路爱颜渊纯是站在父亲的角度，而孔子爱颜渊和爱孔鲤一样，不仅基于父子亲情和师生之情，还基于当时社会的礼制和经济条件等因素。"生事之以礼，死葬之以礼，祭之以礼"等克己复礼为仁的思想，是孔子一生的追求。颜渊和孔鲤都是贵族阶层中的"士"，根据西周的礼制规定，士有棺而无椁。到了春秋末年，士一级贵族可以有一棺一椁。像颜渊和孔鲤去世时，因为受经济条件所限，按照西周的礼制置办一个棺材即可，不需要再置办外椁了。

【释解】

（1）颜路：颜回的父亲，颜氏，名无繇(yóu)，字路，世称颜路，春秋时期鲁国人，比孔子小6岁。颜路和颜回都是孔子的学生。

（2）请子之车以为之椁：请求孔子把孔子所乘之马车卖掉以便给颜回买椁。子：孔子。之车：取用孔子的马车。"之车"中的"之"是动词"取用"的意思，指将孔子所乘之马车卖掉。之椁：其椁，指颜回的椁。椁(guǒ)：古人

---

① 白国红，贺军妙.从棺椁制度的演变看春秋晚期新的礼制规范的形成：以太原金胜村赵卿墓为切入点[J].山西师范大学学报(社会科学版),2008(4):49-51.
② 礼记[M].胡平生，张萌，译注.北京：中华书局,2017:876.
③ 礼记[M].胡平生，张萌，译注.北京：中华书局,2017:883.

所用的棺材有的有内外两套,里面的棺材称为"棺",外面的称为"椁"。换言之,套在棺材外面的大棺材称为"椁"。

(3)才不才:有才和无才。此处指颜回有才华,而孔鲤没有什么才华。

(4)亦各言其子也:也都是父亲在各自谈论自己的儿子。亦:也,也是。言:讲说,谈论。

(5)鲤:孔鲤,子姓,孔氏,名鲤,字伯鱼,春秋末年鲁国陬邑(今山东曲阜)人,孔子的儿子,其母是亓官氏,其子是孔伋。孔鲤50岁时去世,当时孔子70岁。

(6)有棺而无椁:只有棺,没有椁。

(7)徒行:步行,行走。

(8)以吾从大夫之后:因为我还要跟随在大夫们的后面。孔子曾做过鲁国的大司寇,晚年回国后担任鲁国的国老,所以鲁国有大事时,孔子是要参加国事讨论的。他相当于大夫一级的官员,按照礼制必须乘马车。

【译文】

颜渊死了,颜渊的父亲颜路请求孔子卖掉自己的马车,以便用卖掉马车的钱给颜渊买个套在棺之外的椁。孔子回答说:"虽然你的儿子颜渊和我的儿子孔鲤,一个很有才华,一个没有多少才华,但对于你和我来说,他们都是我们各自的儿子,都应一视同仁。孔鲤死的时候,也是有棺无椁。我没有卖掉自己的马车给他置办外椁。因为我还要乘坐马车跟随在大夫们的后面参与国事,我是不可以步行的。"

【拓展】

颜渊的父亲因为家里穷,没有条件给颜渊买椁,就请求孔子给他最喜爱的学生颜渊买椁。孔子当时也没多少富余的钱,所以颜路请求孔子卖掉马车,用卖掉马车的钱给颜渊买椁。对此,孔子是坚决不能同意的。主要的理由有三个:一是,颜渊没有做过大夫,也没做过官,充其量是士一级的贵族。在西周时期,士一级贵族丧葬的规定是有棺无椁;到了春秋末年,士一级贵族可以一棺一椁。颜渊和孔鲤都是"士",经济条件允许的情况下,置办一棺一椁没有什么不可以;但经济条件差,或者经济条件不允许的情况下,有棺无椁也是可以的。也就是说,颜渊的父亲颜路为颜渊置办棺椁,是两可之间,但为颜渊置办外椁的经济条件捉襟见肘。所以,孔子认为,颜渊应该与孔鲤一样,不同意不顾经济条件差而为颜渊购置外椁。二是,孔子对待儿子孔鲤和学生颜渊是一视同仁的。孔鲤死的时候,孔子也遵循礼制并受制于经济条件,只为孔鲤置办棺,而未置办椁,对于亲如儿子的学生颜渊来说也应如此。三是,孔子晚年仍然是鲁国的国老,也曾做过鲁国的大夫,按照礼制,出行是要乘坐马车的。把马车卖掉,步行去参加会议或活动,不符合礼制。总之,主张克己复礼为仁的孔子,是不可能违背周礼和不顾自身经济条件而妄做事情的。这就是循规蹈矩、尊礼守礼的孔子的真实写照。

11.9 颜渊死,子曰天丧予

【原文】

颜渊死。子曰:"噫!天丧予!天丧予!"

【引言】

这一章记述了孔子对自己最为钟爱的学生颜渊不幸去世的痛惜之情。

【释解】

(1)噫:文言感叹词,表示悲痛和叹息,相当于"唉"。
(2)天丧予:老天爷要丢弃我。丧(sàng):丢掉,丢弃。予(yú):同"余",我。

【译文】

颜渊去世了。孔子说:"唉!这是老天爷要丢弃我啊!这是老天爷要丢弃我啊!"

【拓展】

颜渊是孔子最钟爱的弟子,也是最为好学的学生。孔子将其视为自己学问思想衣钵的传承人。颜渊比孔子小30岁,却在孔子71岁时,先于孔子两年去世。颜渊的死是孔子晚年遭受的最大的打击。从此以后,孔子身体

情况每况愈下,直到有一天他叹息道:"甚矣吾衰也!久矣吾不复梦见周公。"①尧、舜、禹、汤、文、武、周公都是孔子心中的圣人,周公尤其是孔子敬仰和学习的榜样。孔子的志向就是继承和发扬自尧、舜、禹、汤、文、武、周公以来的儒家道统,担负光大周礼文化文明的大任。当他察觉自己身体越来越衰老,好久都没有梦到周公的时候,他觉得自己恐怕也将不久于人世了。而本该接任他继续弘扬周礼文化的颜渊却提前离他而去,这让他如何承受?这让他情何以堪?所幸,他还有曾子、子张、子夏、子贡等学生。说不定,在这些后生当中,有不少人能够继续他未竟的事业,这也许是孔子聊以慰藉余下时光的理由。

11.10 颜渊死,子哭之恸

【原文】

颜渊死,子哭之恸。从者曰:"子恸矣!"曰:"有恸乎?非夫人之为恸而谁为?"

【引言】

从《先进篇第十一》的第 8 章开始到第 11 章,记述的是颜渊不幸去世之后,孔子、颜路和其他学生在葬礼规格以及悲伤情感方面的观点、言语和行为表现。这一章记述的是孔子在颜渊葬礼上表现出的难以自控的异于平常的悲痛之情。这正反映出颜渊在孔子心中无与伦比的价值和地位。孔子对颜渊的欣赏是由衷的、发自肺腑的,对颜渊发扬光大自己的事业寄予厚望,但现在随着颜渊的去世,这个希望化为泡影。颜渊的死给孔子带来的打击和悲痛是难以计量和形容的。

【释解】

(1)子哭之恸:孔子哭颜渊哭得极为悲痛。子:孔子。之:指代颜渊。恸(tòng):大哭,哭得极其悲痛。

(2)从者:跟从的人。

---

① 论语[M].陈晓芬,译注.北京:中华书局,2016:79.

(3)有恸乎：悲痛过度了吗。乎：疑问词，"吗"。

(4)非夫人之为恸而谁为：倒装句，相当于"非为夫人恸而为谁？"，即不为此人悲痛，那为谁悲痛呢？夫(fú)：文言指示代词，相当于"此""这"。"夫人"指颜渊。

【译文】

颜渊去世了。孔子哭颜渊哭得极为悲痛。跟从孔子吊丧的人对孔子说："您悲痛过度了！"孔子回答说："我悲痛过度了吗？我不为此人悲痛，那为谁悲痛呢？"

【拓展】

"男儿有泪不轻弹，只因未到伤心处"。孔子一贯倡导吊丧要表现出哀悼和哀伤的意思，不要哀伤到损伤身体的程度。凡事坚持中庸之道，都要把握分寸，过和不及都是要防止的。但是，颜渊去世了，孔子恸哭，在其他人看来已经悲痛过度了。这是因为颜渊在他心中的分量太重了。孔子的悲伤过度，对颜渊之死恸哭是其感伤之情的自然流露，这种悲伤过度甚至是孔子自己都难以意识到的。孔子在他人的提醒之下，终于感到自己确实悲伤过度了，但孔子却觉得有充分的理由为自己悲伤过度而辩解：他人岂可与颜渊相比，为颜渊之死恸哭是天经地义的事，不为颜渊之死恸哭，那应为谁而恸哭呢？

古人云："士为知己者死，女为悦己者容。"人与人相处，彼此惦记，彼此记恨，彼此想念，彼此冷落，等等，皆是因为情感深浅和有无而已。"发乎于情，止乎于礼"，不就是人之常情吗？

11.11 颜渊死，门人欲厚葬之

【原文】

颜渊死，门人欲厚葬之。子曰："不可。"门人厚葬之。子曰："回也视予犹父也，予不得视犹子也。非我也，夫二三子也。"

【引言】

这一章是在讲孔子在是否厚葬颜渊问题上所持的立场和观点。孔子视颜渊如同自己的儿子一般,主张按照安葬儿子孔鲤的规格薄葬颜渊。但颜渊的父亲颜路和颜渊的同学却坚持厚葬,最终也厚葬了颜渊。对此,孔子表示出不满,但也无可奈何。

【释解】

(1)门人:门生,弟子,指孔子的学生。

(2)厚葬:隆重、盛大地安葬;不惜财力地安葬。

(3)回也视予犹父也:颜回把我视同自己的父亲一般。第一个"也",语气助词,表示停顿;第二个"也",语气助词,表示判断。予(yú):同"余",我。犹:犹如,如同。

(4)予不得视犹子也:我却不能把他视同自己的儿子一般看待。

(5)非我也:不是我的缘故。

(6)夫二三子:你们,诸位,指孔子的学生们。夫(fú):文言发语词,无实际意义。

【译文】

颜渊去世了,孔子的学生们想要厚葬颜渊。孔子说:"你们不能这么做。"但学生们还是厚葬了颜渊。孔子说:"颜回把我视同自己的父亲一般,我却不能把他视同自己的儿子一般看待。这不是我的缘故,而是你们这些学生的缘故。"

【拓展】

在厚葬还是薄葬颜渊的问题上,孔子和颜渊的父亲颜路以及其他学生产生了分歧。孔子把颜渊当作自己的儿子一般看待,并且颜渊应为士一级贵族,他也没有做过大夫或宰官,按照春秋时期的礼制或习俗,颜渊可有棺无椁,也可以一棺一椁。但是,因为颜渊家里比较贫穷,且孔子希望颜渊的丧葬规格与孔鲤的完全相同,所以孔子主张薄葬。但颜路不这样看,而且颜渊的同学中也不乏经济条件比较好的,如子贡、子路等,他们都主张厚葬颜渊,最终,孔子也没有坚持自己的意见,就任由学生们厚葬颜渊。但孔子要声明清楚,厚葬颜渊不是自己的主张,而是这些学生的意见。如果颜渊泉下有知,当能理解孔子的心思,也必定赞同老师的意见。

11.12 季路问事鬼神

【原文】

季路问事鬼神。子曰:"未能事人,焉能事鬼?"曰:"敢问死。"曰:"未知生,焉知死?"

【引言】

这一章是季路和孔子之间关于鬼神问题的对话。当季路问孔子鬼神问题的时候,孔子并没有给予直接具体的回答,而是告诉季路先学习好人生的道理,而后再去了解鬼神和死亡方面的知识。

【释解】

(1)事鬼神:侍奉鬼神。事:侍奉,供奉。鬼:古人认为,人死后就变成鬼或鬼魂。神:古人认为,天地之间存在着变化莫测、威力无穷的神灵、神仙和神怪,它们能够左右人的吉凶祸福。

(2)焉能事鬼:怎么能侍奉鬼呢。焉:怎么,如何。

(3)敢问死:斗胆问一下死亡是怎么回事。敢:敢于,斗胆,冒昧。

(4)焉知死:怎么知道死亡是怎么回事。

【译文】

季路问孔子如何侍奉鬼神。孔子回答说:"还未把活人侍奉好,怎么能去侍奉鬼呢?"季路又问孔子说:"我斗胆问一下,死亡是怎么回事?"孔子说:"连人活着的道理都没搞清楚呢,如何能知道死亡是怎么回事呢?"

【拓展】

孔子到底信不信有鬼神呢?从《论语》等典籍对孔子思想、言语和行为

的记载来看,孔子显然是相信鬼神存在的。例如,孔子认为"精气为物,游魂为变,是故知鬼神之情状"①,孔子还对祭礼、丧礼和祭祀等活动非常重视,但是因为对鬼神之事难以收集到足够确凿的证据,且"国将兴,听于民;将亡,听于神"②,所以孔子主张"重人事,轻鬼神",又因为鬼神具有一定的威力,且神秘莫测,所以,孔子又主张"敬鬼神而远之"③。

"天道远,人道迩。"④所以孔子主张对鬼神崇敬但不迷信鬼神。同时,如果人们相信"头上三尺有神明",就会对天地鬼神产生敬畏之心,就会克己复礼,也会自律反省。当尽忠尽孝成为一种自觉行动的时候,犯上作乱的人就少了。

11.13 闵子侍侧

【原文】

闵子侍侧,訚訚如也;子路,行行如也;冉有、子贡,侃侃如也。子乐,曰:"若由也,不得其死然。"

【引言】

这一章是在讲孔子的四个学生——闵子骞、子路、冉有和子贡各自的性格特征。孔子根据子路勇猛刚强、宁折不弯、不知通权达变的个性,判断出子路未来很有可能死于非命,不得善终。后来,子路的结局不幸被孔子言中。

【释解】

(1)闵子:即闵子骞。
(2)侍侧:侍立在旁边。
(3)訚訚如也:说话或争辩时正直而和颜悦色的样子。訚(yín):正直而和悦地说话或争辩。如也:好像……的样子。

---

① 周易[M].靳极苍,详解.太原:山西古籍出版社,2003:79.
② 左丘明.左传[M].杜预,注.上海:上海古籍出版社,2016:133.
③ 论语[M].陈晓芬,译注.北京:中华书局,2016:72.
④ 左丘明.左传[M].杜预,注.上海:上海古籍出版社,2016:829.

(4)行行(hàng hàng)如也:刚强好胜的样子。

(5)侃侃如也:说话理直气壮、从容不迫、滔滔不绝的样子。

(6)子乐:孔子感到开心愉快。子:指孔子。乐:喜乐,愉快。

(7)若由也:像仲由这样。由:仲由,字子路,又字季路。

(8)不得其死然:不得善终。然:语气助词,表示判断,相当于古汉语的"焉"或"也"。

【译文】

待立在孔子身旁时,闵子骞表现出正直又和悦的样子;子路表现出刚强好胜的样子;冉有、子贡表现出信心十足、从容不迫的样子。孔子非常愉快。但孔子接着说:"像仲由这样的人,恐怕不能得到善终吧!"

【拓展】

从这一章的记述来看,孔子对自己的学生是知根知底的。闵子骞是大孝子,对父母忠孝,对兄弟友爱,闻名于当时社会。所以,闵子骞身上的气质是正直、豁达、诚实而又心平气和、坦然愉快的。子路爱好军事,孔武有力,争强好胜,但缺少通权达变的谋略智慧,容易冲动和鲁莽。冉有和子贡多才多艺,才具很高,信心满满。冉有在行政、外交、军事、经济等方面都有所长,而子贡在行政、外交、经商等方面都表现突出。孔子看到几个优秀学生都能有自己的特长和长进,想一想他们将来都能为政做官,为社会贡献才智,就抑制不住地高兴起来。但在开心愉快的同时,孔子对子路的未来和命运有些担忧。这是因为子路有点有勇无谋,过于耿直、冲动和鲁莽,容易让自己处于危险的境地。后来,子路果然就死于卫国的一场军事政变。当时,子路做卫大夫孔悝的家臣,但卫出公的父亲蒯聩回国后,希望夺回君主之位,就纠集亲信挟持了孔悝,强迫孔悝站在自己一边。子路听说后,为了解救自己的主人孔悝而被蒯聩的卫兵杀死。最终,蒯聩政变成功,做了卫国国君,而卫出公出逃国外。后来,蒯聩昏庸,被国人赶下了台,卫出公重新回到卫国做了国君。

孟子曰:"君子有三乐,而王天下者不与存焉。父母俱存,兄弟无故,一

乐也;仰不愧于天,俯不怍于人,二乐也;得天下英才而教育之,三乐也。"①孔子能够拥有三千弟子,七十二贤人,能得颜渊、闵子骞、子贡、冉有、子张、子夏等众多英才而教育之,"仰不愧于天,俯不怍于人",怎么能不快乐呢?

11.14 鲁人为长府

【原文】

鲁人为长府。闵子骞曰:"仍旧贯,如之何?何必改作?"子曰:"夫人不言,言必有中。"

【引言】

这一章是闵子骞对鲁国"三桓"想要改建鲁国国库的做法所做的评价。孔子对闵子骞的评论意见表示支持和肯定。他们在看待这件事上有着完全相同的观点。

【释解】

(1)鲁人:指鲁国权臣"三桓",即季平子、孟懿子和叔孙氏。

(2)为长府:改建鲁国的府库。为:改建,改造。长府:春秋时鲁国储藏财货、武器的府库。

(3)仍旧贯:仍旧按照以前的做法、样子或惯例来。仍旧:依旧,照旧。贯:通"惯",指按照惯常的做法做事。

(4)如之何:怎么样,如何。之:代词,指代"仍旧贯"。

(5)何必改作:何必改建呢。改作:改建,另建。

(6)夫人不言,言必有中:此人平时不多言语,但一旦说话就必然说得中肯。夫(fú):文言指示代词,相当于"此""这"。夫人:此人。言:说话,发言。中(zhòng):中肯,击中要害,此处指说话能说到点子上或直击要害。

【译文】

鲁国人正在改建鲁国的府库。闵子骞说:"仍旧按照以前的样子翻修,

---

① 孟子[M].万丽华,蓝旭,译注.北京:中华书局,2007:297-298.

怎么样？何必改建得面目全非呢？"孔子说道："此人平时不多言语，但一旦发言就必然说中要害。"

【拓展】

鲁桓公有四个儿子，嫡长子鲁庄公做了鲁国国君，其兄弟庆父、叔牙和季友被封为卿大夫，这三个兄弟的后代后来分别形成了鲁国的三大家族——孟孙氏、叔孙氏和季孙氏，逐渐掌握了鲁国的实权，被人们称为"三桓"。

鲁国人改建府库的事情发生在鲁昭公被驱赶出鲁国之后，很有可能是在鲁定公在位的时期。鲁昭公五年（公元前 537 年），掌握鲁国实权的季孙氏季武子将鲁国军队一分为四，季孙氏的军队称左师，孟孙氏的军队称右师，叔孙氏的军队则自称叔孙军。这三家各自有征收赋税的权力，鲁国公室或国君的势力更加衰微。但鲁昭公二十五年（公元前 517 年），鲁昭公与季孙氏季平子产生了矛盾，率领自己的军队攻打季孙氏，孟孙氏和叔孙氏自觉站在季孙氏一边，联合起来打败了鲁昭公的军队，鲁昭公不得不逃往国外。鲁昭公先是逃往齐国，后来逃往晋国。鲁昭公三十二年（公元前 510 年）十二月，鲁昭公在晋国的乾侯去世，季平子等"三桓"拥立鲁昭公的弟弟公子宋为国君，是为鲁定公。鲁定公五年（公元前 505 年），季平子去世，其子季桓子（季孙斯）接替季平子掌握了鲁国实权。

鲁昭公在被驱赶前，一直住在鲁国的府库长府里。长府这个地方就成为"三桓"比较讨厌和忌讳的地方。他们一看到这个地方，就会想起攻打鲁昭公的"以下犯上"之事，觉得"如鲠在喉，如芒在背"，所以想把这个地方的面貌彻底改变一下。这才有了大改长府的计划和行动。

闵子骞好学深思，成熟稳重，常常有深邃的见解。他看问题入木三分，总能击中要害。在鲁国人改建长府这件事情上，显然，闵子骞一下子看到了"三桓"的真实动机和意图。但"三桓"打败并驱赶鲁昭公的事实是不可能磨灭的，所以，改建长府最多是掩耳盗铃罢了，客观上还造成了财物的浪费。因此，闵子骞和孔子这些明眼人都能看穿"三桓"的把戏，觉得改建长府实在没有什么必要。

11.15 由之瑟奚为于丘之门

【原文】

子曰:"由之瑟奚为于丘之门?"门人不敬子路。子曰:"由也升堂矣,未入于室也。"

【引言】

这一章是孔子对仲由鼓瑟的思想境界和技艺水平表示不满和批评。但孔子的学生因为老师对仲由的这个批评而对仲由产生了轻视。孔子敏锐地发现了这个问题,便纠正自己对仲由的评价,评价仲由虽然还未入室但已经是登堂了,以便引导其他学生要给仲由以起码的尊敬。

【释解】

(1)由:仲由,字子路,又字季路。
(2)瑟:中国古代一种拨弦乐器,有25根弦,形似古琴。
(3)奚为于丘之门:为什么在我这里弹瑟呢。奚:为什么。为:动词,指弹瑟。于:在。丘:孔丘,孔子。门:门庭,家庭。
(4)门人:指孔子的学生。
(5)由也升堂矣:仲由已经到了登堂的程度。也:语气助词,表示停顿。升堂:进入厅堂。堂:指房屋的正厅、厅堂,厅堂是进入内室的通道。此句用"升堂"比喻仲由的鼓瑟水平已经达到一定的程度了,很快就能"入室"。
(6)未入于室也:没有进入内室而已。未:没有。室:指房屋的内室,借以比喻高超而娴熟的技艺水平。

【译文】

孔子说:"仲由为什么在我这里弹瑟呢?"孔子的学生们因为孔子对子路的评价不好都开始不尊敬子路。孔子发现自己的评价误导了学生,便纠正说:"仲由已经到了登堂的程度,只是还没有进入内室而已。"

【拓展】

音乐的思想境界和技艺水平各有不同。在孔子看来,舜帝时代的《韶》乐是"尽美矣,又尽善也";而周武王时代的《武》乐"尽美矣,未尽善也"。①《韶》和《武》虽然都是雅正美妙的音乐,但是从"尽善"的角度来看,前者是尽善的,而后者因为多了杀伐之气,所以并不尽善。这是喜欢中庸和谐之道的孔子喜欢《韶》胜于喜欢《武》的根本原因。

子路好勇斗狠,其鼓瑟的思想中充满了杀伐之气,因此弹奏出来的音乐充斥着杀伐之声。杀伐之声让人战战栗栗,是战乱和杀戮的征兆,无法给人带来安宁,也无法给社会带来和谐稳定。这是孔子所不喜欢的。《孔子家语·辨乐解》记载:"子路鼓琴,孔子闻之,谓冉有曰:'甚矣!由之不才也!夫先王之制音也,奏中声以为节,流入于南,不归于北。夫南者生育之乡,北者杀伐之域。故君子之音温柔居中,以养生育之气,忧愁之感不加于心也,暴厉之动不在于体也。夫然者,乃所谓治安之风也。小人之音则不然,亢厉微末,以象杀伐之气,中和之感不载于心,温和之动不存于体。夫然者,乃所以为乱之风。……由,今也匹夫之徒曾无意于先王之制,而习亡国之声,岂能保其七尺之体哉?'冉有以告子路。子路惧而自悔,静思不食,以至骨立。夫子曰:'过而能改,其进矣乎。'"②

从这段记载来看,子路听到孔子说自己弹奏的瑟乐是"亡国之声"、为乱之乐,就感到恐惧和后悔,好多日子吃不好,睡不香,身体都消瘦了。为此,孔子鼓励他说:"有了过错便改掉,不就是进步吗?"由此看来,子路是个闻过即改的人。

这一章的内容也反映出孔子的评价对其学生的思想认识有很大影响。孔子的学生一开始对子路是十分尊敬的,但当听到孔子对子路提出严厉批评之后,就失去了对子路的尊敬。由此可见,老师的权威和言语的巨大影响。孔子觉得学生们没有搞清楚自己为什么批评子路。学生们认为子路在鼓瑟方面一无是处,其实这是不对的。于是,孔子特意指明子路的鼓瑟水平还是达到了比较高的高度,只不过音乐中多了杀伐之气,虽然很美,但未尽

---

① 论语[M].陈晓芬,译注.北京:中华书局,2016:36.
② 王德明.孔子家语译注[M].桂林:广西师范大学出版社,1998:374—375.

善。这正如朱熹所解释的:"门人以夫子之言,遂不敬子路,故夫子释之。升堂入室,喻入道之次第。言子路之学,已造乎正大高明之域,特未深入精微之奥耳,未可以一事之失而遽忽之也。"①所以,君子应该做到:"不以言举人,不以人废言"②,也不以言废人。

11.16 师与商也孰贤

【原文】

子贡问:"师与商也孰贤?"子曰:"师也过,商也不及。"曰:"然则师愈与?"子曰:"过犹不及。"

【引言】

这一章在讲孔子对颛孙师和卜商好坏强弱的评价。这两个人思想行为的特点是:一个太过分,另一个不足够。在孔子看来,过分和不足都不足取,都有问题,都不符合尽善尽美的中庸之道。

【释解】

(1)师:颛(zhuān)孙师,姓颛孙,名师,字子张,春秋末年陈国阳城(今河南登封)人。子张之儒列儒家八派之首。

(2)商:卜商,字子夏。

(3)孰贤:谁更好一些。孰:谁,哪一个。贤:胜过,更好。

(4)过:过分,过头。

(5)不及:赶不上,不足够,达不到。

(6)然则师愈与:既然这样,那么是子张更好一些吗。然则:既然这样,那么……。愈:胜过,更好。与(yú):同"欤",吗。

(7)过犹不及:过分和不及是相似的。犹:如同,类似于。

---

① 朱熹.四书章句集注[M].北京:中华书局,2011:120.
② 论语[M].陈晓芬,译注.北京:中华书局,2016:212.

【译文】

子贡请教孔子:"颛孙师和卜商谁更好一些呢?"孔子说:"颛孙师有点过分,卜商有点不足。"子贡又问:"既然这样,那么是颛孙师更好一些吗?"孔子回答说:"过分和不足差不多。"

【拓展】

孔子说:"中庸之为德也,其至矣乎!"①自从孔子提倡中庸之道以来,中庸就成为儒家历代遵循和推崇的道德标准。中庸的"中"就是不偏不倚、中正平和,"庸"在古代同"用",为发挥作用之意。中庸,即是中用,也是中和。君子无论是做人处世、为政做官,还是待人接物,都要坚持中庸之道,保持中正平和,能因时制宜、因地制宜、因人制宜、因事制宜地应对问题。《中庸》说:"喜怒哀乐之未发,谓之中;发而皆中节,谓之和。中也者,天下之大本也;和也者,天下之达道也。致中和,天地位焉,万物育焉。"②人们只要做到中庸或中和,那么,天地万物都能和谐共生,繁荣发展。

在这一章中,孔子认为颛孙师过于张扬,要求太高,做事容易过分;卜商做人保守,做事过于谨慎,器量有点狭小,显得欠缺和不足。中庸之道是不过分,也无不及。过分和不及皆非中庸之道。差之毫厘,谬以千里。过与不及,都是我们要避免的。

孔子说:"君子中庸,小人反中庸。君子之中庸也,君子而时中;小人之中庸也,小人而无忌惮也。"③换言之,君子是拥护和支持中庸之道的,总是因时制宜,一切恰到好处;而小人是反对和否定中庸之道的,其做人处世往往胆大妄为,无所顾忌,对社会的破坏往往很大。

11.17 季氏富于周公

【原文】

季氏富于周公,而求也为之聚敛而附益之。子曰:"非吾徒也。小子鸣

---

① 论语[M].陈晓芬,译注.北京:中华书局,2016:74.
② 朱熹.四书章句集注[M].北京:中华书局,2011:20.
③ 朱熹.四书章句集注[M].北京:中华书局,2011:21.

鼓而攻之可也。"

【引言】

　　这一章是在讲孔子关于鲁国军赋征收制度改革,即按田亩征收军赋的观点。毋庸置疑,孔子在按田亩征收军赋制度改革方面所持的观点是保守、消极和落后的,没有看到社会生产力的大发展必然要求生产关系发生变革。而孔子的学生冉求的经济观点却是与时俱进的先进的经济学思想。

　　按田亩征收军赋是鲁国初税亩制度在军赋征收制度改革方面的应用。客观地说,鲁国初税亩制度的建立是鲁国生产关系主动适应社会生产力发展的必然结果。到了春秋末年,西周施行的井田制越来越不适应社会生产力发展的需要。随着铁制生产工具和农业开垦、耕作技术的进步,荒地被大量开垦,私田不断增多,而公田因为国君和贵族之间的赏赐、转让等日渐减少,且农奴或自耕农服务于公田的劳动积极性下降,公田的经济收益开始下降。同时,诸侯国之间的兼并、攻伐以及贵族领主生活腐化堕落,都使得军费和日常财政开支加大,国家财政捉襟见肘。

　　因此,管理鲁国的大夫不得不思考如何增加国家的收入。鲁国在鲁宣公十五年(公元前594年)实行的按亩征税的田赋制度,即初税亩制度,就是解决土地财政和税收问题的一大举措。初税亩制度的施行,标志着鲁国开始承认土地私有合法化。初税亩的"初"是开始的意思,"税亩"指无论是公田还是私田,一律按土地亩数征税。具体方法是:"公田之法,十取其一;今又履其余亩,复十收其一。"[1]大意是征税的税率是土地产量的十分之一。

　　在实行初税亩之前,鲁国施行按井田征收田赋的制度,公田的收入作为国家财政收入,而私田是不向国家交税的。但公田日益减少,私田日益增多,国家军备开支等又不断增加,所以如何增加税收成了执政者面临的一大难题,对私田征税成为必然的考量。对私田征税,国家就必须承认私田的合法性,所以初税亩从法律的角度肯定了土地私有制,使原来的土地领主所有制转变为地主所有制,不仅调动了地主和农民劳动的积极性,还适应和促进了新生的封建土地占有关系的确立,变革了社会生产关系,增加了国家财政收入。新的生产关系更加符合新的社会生产力的发展要求,大大提高了社

---

[1] 左丘明.左传[M].杜预,注.上海:上海古籍出版社,2016:377.

会劳动生产率,给整个社会带来了实际效益和好处。采邑制、农奴制和井田制生产关系开始瓦解,县乡统一行政、土地所有制和地主—农民的生产关系开始走向成熟和稳固,为建立中央集权制的统一国家奠定了坚实基础。秦国的商鞅变法是井田制彻底崩溃的重要标志。

【释解】

(1)季氏:又称"季孙氏",鲁国"三桓"之首。季孙氏长期掌握着鲁国实权。这里的季氏当指季康子。季康子,即季孙肥,春秋时期鲁国的正卿,事鲁哀公。鲁哀公十二年(公元前483年),季康子改革军队征税制度,实行"用田赋",即供给军队开支的赋税也按照土地田亩征收,理顺了日常财政赋税和军赋之间的关系,保证了军队开支的基本需要。

(2)周公:周公旦,周文王姬昌第四子,周武王姬发的弟弟。其采邑在周,故称周公。周公是鲁国实际上的第一任君。因周成王年幼,故周公在京城摄政,其长子伯禽去鲁国封地代替周公实际管理鲁国。

(3)求:冉求,任季康子的家臣和宰官。

(4)为之聚敛:为他聚敛财富。之:他,指季康子。聚敛:收集赋税,搜刮财富。

(5)附益之:增加他的财富。附益:增加,增益。

(6)非吾徒也:不是我的学生了。徒:学生,弟子。

(7)小子鸣鼓而攻之可也:你们可以大张旗鼓地声讨他。小子:你们,指孔子的学生们。鸣鼓而攻之:宣布其罪状,大张旗鼓地声讨、攻击。可:可以。

【译文】

季氏比周公都要富有,但是冉求还要为他聚敛搜刮更多的财富。孔子说:"冉求不再是我的学生了,你们可以大张旗鼓地声讨他。"

【拓展】

鲁宣公十五年(公元前594年),鲁国开始施行初税亩制度。鲁成公元年(公元前590年),即初税亩后4年,鲁国开始施行"作丘甲"制度。作丘甲指按丘出车马兵甲的制度。军赋征收,原以一甸为单位。改成"作丘甲"之

后,军赋征收改为以一丘为单位。一丘田为 16 井,一甸田为 64 井。以一甸为单位改为以一丘为单位,意味着老百姓的军赋负担是原来的 4 倍。鲁哀公十二年(公元前 483 年),鲁国进一步改为"用田赋",即按田亩数征收军赋。到此时,鲁国在军赋征收方面也彻底施行了税亩制度。整个社会的赋税征收方式完全统一起来,有力地保证了国家财政的充实。

冉求在季康子手下做宰官,为季康子谋事,自然要忠诚于季康子。再说,军赋制度改革也是为了国家的军队力量建设,在"春秋无义战"的时代背景下,未雨绸缪,加强军赋征收,充实府库,也是合理合情之举。所以,冉求的所作所为,应该说没有什么可指摘的。

那么,为什么孔子还要指责冉求的所作所为呢?这是因为:第一,孔子所持的是中正平和之道,期望国与国之间按照周礼有所节制,不要以战争解决问题,这样就不需要过多地扩充军赋和加强军备;第二,孔子认为之前鲁国的"初税亩"制度已经使国家府库充盈,之前的军赋征收也足够了,不需要再改革以增加军赋了;第三,孔子认为季孙氏已经比开国君主周公的财富都多了,应该知足,不应该再与民争利;第四,孔子也明知冉求在季康子手下做事,决定权在季康子手里,冉求只能起到建议、劝谏的作用,所以,他明着是叫学生们声讨冉求,实际上是指桑骂槐,让学生们借着声讨冉求变相讨伐季康子。第五,季康子是鲁国权臣、卿大夫,按照礼制,明着谴责或声讨季孙氏是违礼的,孔子只能通过间接声讨冉求来传递自己的不满。

总之,立场决定观点,站在不同的立场和高度,就会产生不同的观点和主张。过与不及,都不符合中庸之道。但是,历史发展有其内在规律,不以人的意志为转移。人们只有自觉遵循自然规律和社会规律办事,才能对社会的进步和发展作出贡献。

11.18 柴也愚

【原文】

柴也愚,参也鲁,师也辟,由也喭。

【引言】

这一章是孔子对自己的四个学生——柴、参、师、由个性特征的评价。

【释解】

(1)柴:高柴,字子羔,齐国人,孔子的学生,比孔子小30岁,为人憨直忠厚,公正廉明,寿128岁。高柴在鲁、卫两国先后四次为官,做过鲁国费宰、郕宰、武城宰和卫国的士师,为官清廉,执法公平。

(2)愚:憨直,敦厚。这里的"愚"不是愚笨、愚蠢的意思。

(3)参(shēn):曾参,字子舆,春秋末年鲁国南武城(今山东平邑)人,孔子的学生,以修身和孝行著称,其父曾点也是孔子的学生。曾参是孔子的孙子子思的老师,而子思又是孟子的老师。曾参被其门生尊称为"曾子",撰写了《大学》《孝经》等,参与编写《论语》,提出了儒学"三纲""八目"等思想。"三纲"是明明德、亲民、止于至善;"八目"是格物、致知、诚意、正心、修身、齐家、治国、平天下。

(4)鲁:迟钝,愚钝,愚拙。

(5)师:颛孙师,字子张。

(6)辟(pì):偏颇,偏激。

(7)由:仲由,字子路,又字季路。

(8)喭(yàn):鲁莽,粗率,刚猛。

【译文】

高柴比较憨直,曾参比较迟钝,颛孙师比较偏激,仲由比较鲁莽。

【拓展】

这一章是孔子对高柴、曾参、颛孙师和仲由四个学生身上的性格缺点进行评点。每个人都会有长板和短板,有长处和短处,关键在于如何扬长补短或扬长避短,不断地完善自己。

11.19 回也其庶乎

【原文】

子曰:"回也其庶乎?屡空。赐不受命,而货殖焉,亿则屡中。"

【引言】

　　这一章是在讲孔子对颜回和端木赐道德、才学以及命运的评价。有的人道德、才学都好,但是财运不佳,家里经济条件一般或很差;有的人既有道德、才学,又有财运,经商、做生意容易发财,好像有财神眷顾一般。所以,人们有时候不得不承认,生死有命,富贵在天。

【释解】

　　(1)回:颜回,颜渊。

　　(2)其庶乎:大概差不多吧。此处指颜回的道德学问大概接近完美了。其:也许,大概。庶:庶几,差不多。乎:语气助词,表示推测语气。

　　(3)屡空:常常一贫如洗。屡:屡次,常常。空:匮乏,贫穷,缺吃少穿。

　　(4)赐不受命:端木赐不接受命运的安排,不安分守己。赐:端木赐,字子贡。

　　(5)货殖焉:进行商业活动以营利。焉:语气助词,表示停顿。

　　(6)亿则屡中:屡次预判市场行情都判断对了。亿:通"臆",臆测,预判。屡中:屡次猜对。

【译文】

　　孔子说:"颜回的道德学问大概接近完美了吧？可是他常常一贫如洗。端木赐不接受命运的安排,而去做生意,却往往能准确预判市场行情。"

【拓展】

　　这一章是孔子在陈述他看到的两种事实:一种是颜回这样的人,道德、学问都很好,但就是贫穷不堪。尽管颜回能安贫乐道,有着"素贫贱,行乎贫贱"的君子美德,值得赞赏,但是君子"邦有道,贫且贱焉,耻也",即君子在天下有道的时候,或者在天下太平的时候,应该具有为政做官、脱贫致富等过上富裕生活的能力。君子应该是社会的精英,在道德学问、发家致富等方面都应该拥有杰出能力。在这里,孔子实际上也在为颜回家里困顿的经济条件表示惋惜和遗憾。他认为,颜回这样的君子应该过上比较好的生活。另一种是子贡这样的人,不愿安分守己,不愿过安贫乐道的生活,而愿意不断折腾努力,争取过上安富乐道的日子。结果呢,子贡还真有做生意赚钱的本领,每次做生意都能预判准确,赚得盆满钵满。孔子对子贡拥有经商致富的本领和运气,也是感慨万千。在周游列国的过程中,孔子在钱财上也少不了子贡的赞助和支持,所以,孔子绝不像有些学者所认为的那样,在这一章中赞赏颜回能够安贫乐道,而讥讽子贡不能安贫乐道。① 事实上,一方面,孔子对颜回拥有杰出的道德学问却不能过上富裕的生活表示遗憾;另一方面,孔子对子贡拥有得天独厚的经商致富本领赞叹不已。颜回和子贡两人不同的贫富命运,使得孔子也不得不将其原因归结为"生死有命,富贵在天"。

11.20　子张问善人之道

【原文】

子张问善人之道。子曰:"不践迹,亦不入于室。"

【引言】

这一章是孔子的学生子张在向孔子请教有关善人之道的问题。孔子给出了自己的回答。

【释解】

(1)善人之道:做善人的原则和方法。善人:有仁德、良善的人。道:原则和方法。

(2)践迹:亦作"践跡",踩着前人的脚印走。这里引申为学习圣贤的言行来提高自己。迹:脚印,足迹。

(3)入于室:进入内室。这里引申为道德学问达到了精深地步。

【译文】

子张向孔子请教做善人的原则和方法。孔子说:"如果善人不跟着圣贤

---

① 如《史记·货殖列传》说:"子赣(即子贡)既学于仲尼,退而仕卫。发贮鬻财曹、鲁之间,七十子之徒,赐最为饶。而颜渊箪食瓢饮,在于陋巷。子赣结驷连骑,束帛之币聘享诸侯,所至,国君无不分庭与之抗礼。然孔子贤颜渊而讥子赣,曰:'回也其庶乎,屡空。赐不受命,而货殖焉,亿则屡中。'"见:班固.汉书[M].北京:中华书局,2007:924.

言行来学习和提高自己,那么,他们的道德学问也无法达到精深的境界。"

【拓展】

人在社会中,做不了圣贤和君子,起码要做个善人。所谓善人就是心地善良、内心愿意与人为善的人。当子张向孔子请教如何做善人的时候,孔子提醒子张不要仅仅满足于做一个善人,而要积极主动跟着圣贤足迹来学习和不断充实提高自己。

比善人标准更高的是君子,比君子标准更高的是贤人,比贤人标准更高的是圣人。圣人是具有最高尚品德、最高超智慧和最勇敢品质的人。贤人仅次于圣人。孔子对于贤人的解释是:"所谓贤人者,德不逾闲,行中规绳。言足以法于天下而不伤于身,道足以化于百姓而不伤于本。富则天下无宛财,施则天下不病贫。此则贤者也。"①也就是说,贤人有才有德,能与百姓心连心,做事顺从天道、民心,行为中规中矩,言行可以成为天下人效法的准则。他愿意与老百姓共享财富,同舟共济,同甘共苦。

君子是具有高尚品德、智慧和勇敢品质的人。"君子喻于义,小人喻于利。"②也就是说,君子义以为质,品行崇高,才德兼修,其才德标准要高于善人。

我们要警惕那些伪善的人。伪善的人,看到当善人有利可图,就会为博取好名声而去假意行善。这样的人,往往先高调行善,然后凭借媒体的力量,大张旗鼓地宣传自己,以博取慈善的名声,并利用这个名声谋取更大的利益。古人言:"有心为善,虽善不赏;无心为恶,虽恶不罚。"天不藏奸,蓄意弄虚作假,不过是搬起石头砸自己的脚。做人还是诚实守信、脚踏实地为好。

11.21 论笃是与

【原文】

子曰:"论笃是与,君子者乎?色庄者乎?"

---

① 王德明.孔子家语译注[M].桂林:广西师范大学出版社,1998:52.
② 论语[M].陈晓芬,译注.北京:中华书局,2016:43.

【引言】

这一章是孔子在强调要听其言、观其行。有的人说的话听起来也很诚恳、笃实,但是这诚恳和笃实的背后有没有伪装？是其真心的流露,还是伪善、造作？有些乞丐就是故意装出可怜兮兮的样子来骗取他人钱财;电信诈骗的人也是振振有词,信誓旦旦,一副忧国忧民的样子。所以,人不能被外表和言语欺骗了。

【释解】

(1)论笃是与:言论笃实诚恳的虽然要赞美。论:言论,说话。笃:笃实,诚实。是:关联词,表示转折关系,相当于"虽然……但是……",或者"自然要……但是……"。与:赞许,赞赏。有的学者把"是"作为宾语前置的助词,认为"论笃是与"是倒装句式,是"与论笃"的倒装说法。但我个人认为这是不对的,因为这不是"唯……是……"的倒装句式,所以这里的"是"不应当是用来将宾语前置到动词之前的助词。"唯你是问"和"唯利是图"这样的倒装句,都是"唯……是……"句式,显然"论笃是与"并不符合这样的句式。

(2)君子者乎:是君子吗。君子者:君子人或真君子。乎:吗,呢。

(3)色庄者乎:只是脸色庄重的人吗？色庄:脸色庄重。者:指代人。

【译文】

孔子说:"言论笃实诚恳的人自然要赞美,但他是真正的君子人吗？还是脸色庄重的伪君子呢？"

【拓展】

俗话说:"人不可貌相,海水不可斗量。"孔子也曾说:"吾以言取人,失之宰予;以貌取人,失之子羽。"①可见要认识清楚一个人的真面目不是轻而易举的事情。"画虎画皮难画骨,知人知面不知心",但路遥知马力,日久见人心。只要不断地仔细观察、冷静思考,总能根据蛛丝马迹弄清楚一个人的真面目。

---

① 司马迁.史记:全四册[M].萧枫,主编.哈尔滨:北方文艺出版社,2007:556.

孔子曾说:"视其所以,观其所由,察其所安。人焉廋哉?人焉廋哉?"①又说:"众恶之,必察焉;众好之,必察焉。"②"视其所以,观其所由,察其所安"就是孔子的观人之法。孔子认为,人们可以从一个人行为的目的、动机、原因、历史过往、内心真正所安等几方面来观察他真正的品性和意图。

相传曾国藩写过一本总结观人心得的书《冰鉴》,提出了"功名看器宇""事业看精神""寿夭看脚踵""条理看言语"等观人之法。器宇轩昂、精神抖擞、脚步踏实、说话有条理,这样的人无论是智商、情商、能力、精神,还是身体素质都应是不错的。

诸葛亮也曾提出观人之法。他在《将苑·知人性》中说道:"然知人之道有七焉:一曰,问之以是非而观其志;二曰,穷之以辞辩而观其变;三曰,咨之以计谋而观其识;四曰,告之以祸难而观其勇;五曰,醉之以酒而观其性;六曰,临之以利而观其廉;七曰,期之以事而观其信。"③他提出从其志向、变通能力、计谋识见、性情特征、清正廉洁和诚信等方面来考察一个人。

一个人既有外在的表现,也有内在的活动。详细考察一个人的言语、行为、目的、经历等内在动机和外在表现,才能判断这个人究竟是否诚实可靠、能力突出或言行一致,是否具有真才实学,能否独当一面,等等。总之,观察一个人自有观察的方法,只要认真学习和掌握这些方法,我们总能更好地识人。

11.22 闻斯行诸

【原文】

子路问:"闻斯行诸?"子曰:"有父兄在,如之何其闻斯行之?"冉有问:"闻斯行诸?"子曰:"闻斯行之。"公西华曰:"由也问'闻斯行诸',子曰:'有父兄在',求也问'闻斯行诸',子曰:'闻斯行之'。赤也惑,敢问。"子曰:"求也退,故进之;由也兼人,故退之。"

---

① 论语[M].陈晓芬,译注.北京:中华书局,2016:15.
② 论语[M].陈晓芬,译注.北京:中华书局,2016:214.
③ 诸葛亮.诸葛亮集[M].段熙仲,闻旭初,编校.北京:中华书局,2012:77.

【引言】

这一章在讲孔子因材施教的思想。子路和冉有是两种不同性格的人。子路行事比较草率或鲁莽,容易因冲动坏事。冉有往往瞻前顾后,思虑过多,行动过于谨慎。孔子面对这两种不同性格特征的学生,建议子路三思而后行,而建议冉有果断行动,在行动中再酌情完善计划。这正是孔子因材施教、因人制宜的表现。

【释解】

(1)闻斯行诸:听到了正确的事就立即去做吗。闻:听到。斯:这,指正确的事情,对的事情。行:行动,做。诸:之。

(2)如之何其闻斯行之:怎么可以听到正确的事情就马上去做呢。如之何:如何,怎么,为什么。其:助词,表示反诘语气,可译为"可以""岂可"。闻斯行之:相当于"闻斯行诸",即听到了正确的事就去做吗。

(3)公西华:公西赤,姓公西,名赤,字子华,又称公西华,春秋末年鲁国(今河南省濮阳市濮阳县)人。孔门七十二贤之一,比孔子小42岁,擅长外交,精通祭祀之礼、宾客之礼。

(4)由:仲由,字子路,又字季路。

(5)求:冉求,冉有。

(6)赤:公西赤,公西华。

(7)敢问:在对方地位较高时提问用的谦辞,带着自谦和尊敬向对方提问。相当于"斗胆问一句"或"冒昧地问一下",比"请问"更加谦卑和恭敬。

(8)求也退:冉求性格优柔寡断,遇到事情往往退缩不前。退:退缩不前,畏缩。

(9)故进之:所以鼓励他大胆果断一些。故:所以,因此。进:鼓励,促进。之:他,指冉求。

(10)由也兼人:子路好勇过人,往往行事鲁莽、冒失。兼人:能力胜过他人,勇气可嘉,但往往盛气凌人,行事粗率。

(11)故退之:所以就抑制他。退:抑制,约束。之:他,指子路。

【译文】

子路问孔子:"听到了正确的事就立即去做吗?"孔子回答说:"有父亲和兄长在,怎么能一听到正确的事情就马上去做呢?"冉有问孔子:"听到了正确的事就立即去做吗?"孔子回答说:"一听到正确的事情就马上去做。"公西华感到迷惑不解,就请教孔子说:"仲由问:'听到了正确的事就立即去做吗?'您说:'有父亲和兄长在,怎么能一听到正确的事情就马上去做呢?'冉求问:'听到了正确的事就立即去做吗?'您却回答说:'一听到正确的事情就马上去做。'他们两个提出相同的问题,却得到您不同的回答。我真的感到迷惑不解了,敢问您为什么对相同的问题给出不同的回答呢?"孔子回答说:"冉求性格优柔寡断,遇到事情往往退缩不前,所以我就鼓励他大胆果断一些;子路好勇过人,往往行事鲁莽、冒失,所以我就抑制抑制他,让他三思而后行。"

【拓展】

这是孔子因材施教的又一个具体案例。孔子根据学生的兴趣和爱好,把自己的教学内容分为"文、行、忠、信"四大方面,又根据学生的天赋资质,把学生分为上智之人、中智之人和下智之人。孔子说:"中人以上,可以语上也;中人以下,不可以语上也。"① 他根据学生实际的接受能力而给学生以不同的教学内容。这一章中,子路和冉求是两种截然不同的性格的代表。子路行动果敢,但往往有些鲁莽;冉求优柔寡断,往往有失果断。所以,孔子鼓励冉求大胆一些,而劝说子路冷静一些,遇到事情多征求父亲和兄长的意见再做决定。总之,过犹不及,过度和不及都不好,应该坚持中庸之道。"中庸之为德也,其至矣乎!民鲜久矣。"②

---

① 论语[M].陈晓芬,译注.北京:中华书局,2016:71.
② 论语[M].陈晓芬,译注.北京:中华书局,2016:74-75.

11.23 子畏于匡

【原文】

子畏于匡,颜渊后。子曰:"吾以女为死矣。"曰:"子在,回何敢死?"

【引言】

这一章在讲孔子经过卫国匡地时,因被匡人误认为曾经欺凌过匡人的鲁国季孙氏家臣阳虎而遭受长达五天的围困。后来经过与卫国大夫宁武子的沟通,误会解除,孔子及随行学生脱险。在被围困的过程中,一些学生被匡人冲散了。围困解除后,被冲散的学生陆陆续续找到孔子,而颜渊是最后一个归队的。孔子和颜渊彼此关心的对话就发生在颜渊归队那一刻。

【释解】

(1)子畏于匡:孔子被围困于匡地。子:孔子。畏:被围困。匡:地名,卫国的一个地方,在今河南长垣县西南。

(2)颜渊后:颜渊是被冲散后最后归队的。后:最后一个,指颜渊等人被匡人冲散后,颜渊是最后一个找到孔子的。

(3)吾以女为死矣:我以为你已经死了。吾:我,指孔子。女:通"汝",你,指颜渊。矣:了。

(4)子在:先生还活着呢。子:夫子,古代对人的尊称。在:活着,在世。

(5)回何敢死:颜回怎么敢死去呢。回:颜回。何:怎么,如何。

【译文】

孔子被匡人围困于匡地(后来与匡人的误会解除)。被冲散的学生陆续归队,颜渊是最后归队的。孔子一看到颜渊,就说:"我以为你已经死了呢。"颜渊答道:"先生还活着,我怎么敢死去呢?"

【拓展】

鲁定公十五年(公元前495年),57岁的孔子带着随行学生离开卫国去

往陈国。经过卫国的匡地时,孔子被匡人误认作曾经伤害过匡人的鲁国季孙氏家臣阳虎。因为孔子的长相和口音都与阳虎相似,恰巧给孔子驾车的学生颜高(又称颜刻)之前给阳虎驾车,所以,匡人认定孔子就是阳虎,于是就把孔子一行给围困起来,其中一些学生在这个过程中被冲散了。后来,孔子临危不惧,仍然唱歌弹琴,并且积极派人去联络卫国大夫宁武子,说服匡人,最终脱险。

孔子以周代文化的传承者自居,并靠着自己对天命的坚定信仰,临危不惧,大义凛然。他不仅自己不胆怯,还安慰学生说:"文王既没,文不在兹乎?天之将丧斯文也,后死者不得与于斯文也。天之未丧斯文也,匡人其如予何!"①

孔子认为,生死有命,富贵在天。如果上天选择自己作为周代文化的传承者和传播者,那么,有上天的庇佑,匡人是奈何不了他的。就是这种大义凛然和无所畏惧的勇气给了孔子及随行学生以顽强地活下去的力量。最终,误会解除,被困于匡地的磨难被化解,这也增强了孔子及随行学生的信心。

儒家崇尚"仁、智、勇"三达德,即君子要做到"仁者不忧,智者不惑,勇者不惧"②。仁者很少为个人利益而焦虑,自然不忧;智者总是好学不倦,不耻下问,自然很少心生疑惑;勇者铁肩担道义,即使牺牲生命也在所不惜,自然无惧艰险。

11.24 仲由、冉求可谓大臣与

【原文】

季子然问:"仲由、冉求可谓大臣与?"子曰:"吾以子为异之问,曾由与求之问。所谓大臣者,以道事君,不可则止。今由与求也,可谓具臣矣。"曰:"然则从之者与?"子曰:"弑父与君,亦不从也。"

---

① 论语[M].陈晓芬,译注.北京:中华书局,2016:107.
② 论语[M].陈晓芬,译注.北京:中华书局,2016:194.

【引言】

这一章是孔子在谈大臣和具臣的区别。孔子回答季子然说,仲由和冉求充其量只是具臣。所谓大臣,就是要"以道事君,不可则止"的臣子;所谓具臣,就是严格执行上级命令、具体办事的臣子。

【释解】

(1)季子然:鲁国季孙氏家族的一位成员。

(2)可谓大臣与:可以说是大臣吗。可谓:可说是。大臣:能够自主影响、制定政策和决定政策走向的臣子。大臣按照德政礼治的道义侍奉君主,"君使臣以礼,臣事君以忠"。如果君主不能接受大臣这样的治国理政理念,那么,大臣就会另择明君,或者隐居不仕。与:同"欤",表示疑问语气。

(3)吾以子为异之问:我以为您是为了他人而问,或我以为您是问他人。吾:我。以:以为,认为。子:夫子,对他人的尊称,"您"。为:为了。异:他人,别人。之:助词,表示领有、连属关系。问:提问,发问。

(4)曾由与求之问:原来是为仲由和冉求而发问,或原来是在问仲由和冉求怎么样。曾:乃是,原来是。由:仲由。求:冉求。

(5)以道事君:用周礼之道或德政礼治之道来侍奉君主。事:事奉,侍奉。

(6)不可则止:不可以的话就辞职。则:就,那么。止:停止,中止,指辞职不干。

(7)可谓具臣矣:可以说是具臣而已。具臣:具体执行命令和办事的臣子。如果说大臣是能够制定政策的臣子,那么,具臣只是负责落实和执行政策的臣子。具臣要对上级言听计从,必须听话办事。对于具臣,主要考核的是其执行力和忠诚度。

(8)然则从之者与:然而他们会是完全听从季孙氏(的命令或吩咐)的人吗。然则:然而,那么。从:听从,听命于。之:他,指季孙氏。

(9)亦不从也:也不会听从于季孙氏。

【译文】

季孙氏家族的季子然问孔子说:"仲由和冉求可以说是大臣吗?"孔子回

答说:"我以为您是问他人,原来是在问仲由和冉求怎么样啊。所谓大臣,就是要用德政礼治之道来侍奉君主的臣子,如果环境条件不允许他以道事君的话,他宁愿辞职不干。现在的仲由和冉求这两个人,只能算是负责落实和执行政策的具臣。"季子然又问:"那么,他们是完全听从季孙氏(的命令或吩咐)的人吗?"孔子回答说:"杀父弑君的事,他们也不会听命于季孙氏的。"

【拓展】

这一章,在与季子然的问答中,孔子指出了大臣与具臣的区别,并根据仲由和冉求在季孙氏家做家臣的行为表现,而断定仲由和冉求充其量只是具臣而已。"季子然问子路、冉有其才是否称得上大臣。孔子对季氏歌《雍》舞佾,把持鲁国政权的僭越行为是相当不满的,而子路、冉有为季氏家臣,屈从于季氏,不能谏阻祭泰山、伐颛臾;冉有还替季氏聚敛,征收田赋,增加人民负担,(孔子对这些)也是相当不满的。所以不以大臣相许,有意压低他们的才能。只说他们不过是备位充数的一般具臣。"①

从仲由和冉求在季孙氏家做家臣的实际表现来说,二人都没有决策权,只有建议权。他们对季孙氏超规格使用礼乐和僭越周礼而去祭祀泰山神等僭越礼制的行为都无可奈何。但是,孔子也知道仲由和冉求还是有起码的道德底线的,这个底线就是绝不可能杀父弑君。

总之,在孔子生活的春秋末年,尽管天下普遍礼崩乐坏,人们对僭越周礼的现象司空见惯,但杀父弑君的极端现象还是少见的,也为当时的人所不齿。因此,即使是季孙氏这样的权臣,也不敢轻易杀父弑君,最多是把国君赶到国外,自己独揽大权罢了。

11.25 子路使子羔为费宰

【原文】

子路使子羔为费宰。子曰:"贼夫人之子。"子路曰:"有民人焉,有社稷焉,何必读书,然后为学?"子曰:"是故恶夫佞者。"

---

① 来可泓.论语直解[M].上海:复旦大学出版社,2000:305.

【引言】

　　这一章通过子路与孔子的问答,来阐述孔子"学而优则仕"和出仕之前必须先完成学业的思想主张。否则,一个人无才、无学、无德,是很难做好官的。做不好官,无异于祸国殃民,害人害己。

【释解】

　　(1)子羔:高柴,字子羔。

　　(2)费宰:费地的最高长官。费:鲁国季孙氏的采邑,位于今山东临沂费县西北。因季孙氏季友有功于鲁国社稷,鲁僖公便把汶水北面的土地及费这个地方赐给了他,从此费地成为季孙氏的采邑。

　　(3)贼夫人之子:害了人家的孩子。贼:贼害,祸害。夫人:人家,别人。子:孩子,指子羔。

　　(4)有民人焉:有老百姓在那里。民人:老百姓,国民。焉:在那里。

　　(5)有社稷焉:有社稷在那里。社稷:本义是土地和五谷,后引申为土地神和谷神的总称。这里是指祭祀土地神和谷神的祭坛。因为古代国都和地方的社稷祭坛分别由国君和地方最高长官主祭,所以社稷也成为国家政权的象征。

　　(6)何必读书,然后为学:为什么必须读书才是学习呢。何必:为什么必须。然:如此,这样。后:之后。为学:是学习。

　　(7)是故恶夫佞者:因此我讨厌那些胡搅蛮缠、强词夺理的人。是故:因此,所以。恶:厌恶,讨厌。夫:这,这类。佞者:佞言狡辩、巧言谄媚之人。

【译文】

　　子路推荐子羔做费地的最高长官。孔子评论说:"子羔还未完成学业。你叫他去费地做官,简直就是在贼害人家的孩子。"子路辩解说:"那里有老百姓,有社稷,治理百姓和祭祀土地神与谷神都是一种学习的方式,为什么必须读书才是学习呢?"孔子有点生气地说:"所以我讨厌那些胡搅蛮缠、强词夺理的人。"

【拓展】

这一章在阐述孔子"学而优则仕"的思想。子路的意思是可以让子羔去费地做官,一边做官,一边学习。"实践出真知",在实践中经受锻炼,不断学习和提高也是一种成才路径。但是这种成才路径,首先必须有富有实践经验的老师或师傅去引导或教导,其次可能需要经过多次"试错",才能积累起足够的工作经验。但是,为政做官以及祭祀神灵等活动,是严肃而不能马虎的事情,要求做官者掌握足够的为政道德和本领,这样才能造福一方和利益百姓。

在现代社会,教育更是要先行,各行各业招聘人才,都是招聘学有所成、学有所长者,而不会招聘半生不熟的生手或缺乏才学者。所以,孔子"学而优则仕"的思想主张是值得肯定的,也是选拔任用官员的通常做法。当然,我们也不能否认,个别人由于种种原因先进入官场,然后边做官边学习,同样取得了不错的政绩。但这毕竟是非主流的。子羔当时学业未成,道德修养、学问知识、从政能力等都还不成熟,尚不具备为政做官的基本条件。如果做官出现纰漏,很容易引起民怨,造成恶劣的影响。再者,社会和官场也是个染缸,形形色色的陷阱和诱惑太多,"人性如素丝,染于苍则苍,染于黄则黄",道心不坚固的人很容易堕落,成为社会的害群之马。所以,一个人先接受正能量的教育,提高自身的"免疫力",才能真正一展所学,为社会作出积极而有益的贡献。

11.26 子路、曾皙、冉有、公西华侍坐

【原文】

子路、曾皙、冉有、公西华侍坐。子曰:"以吾一日长乎尔,毋吾以也。居则曰:'不吾知也!'如或知尔,则何以哉?"子路率尔而对曰:"千乘之国,摄乎大国之间,加之以师旅,因之以饥馑,由也为之,比及三年,可使有勇,且知方也。"夫子哂之。"求!尔何如?"对曰:"方六七十,如五六十,求也为之,比及三年,可使足民。如其礼乐,以俟君子。""赤!尔何如?"对曰:"非曰能之,愿学焉。宗庙之事,如会同,端章甫,愿为小相焉。""点!尔何如?"鼓瑟希,铿

尔,舍瑟而作,对曰:"异乎三子者之撰。"子曰:"何伤乎? 亦各言其志也。"曰:"莫春者,春服既成,冠者五六人,童子六七人,浴乎沂,风乎舞雩,咏而归。"夫子喟然叹曰:"吾与点也!"三子者出,曾皙后。曾皙曰:"夫三子者之言何如?"子曰:"亦各言其志也已矣。"曰:"夫子何哂由也?"曰:"为国以礼。其言不让,是故哂之。""唯求则非邦也与?""安见方六七十如五六十而非邦也者?""唯赤则非邦也与?""宗庙会同,非诸侯而何? 赤也为之小,孰能为之大?"

【引言】

这一章是孔子让子路、曾皙、冉有、公西华四位弟子谈谈自己的人生理想和志向。每个学生都根据自己的才能特点和性格爱好,谈了谈自己的人生志向。孔子说自己的人生理想和志向与曾皙的相同,那就是推行德政礼治的治国理民之道。这一章内容较长,我在这里把这一章分为五个小节分别释解和翻译。

(一) 原文第一节

子路、曾皙、冉有、公西华侍坐。子曰:"以吾一日长乎尔,毋吾以也。居则曰:'不吾知也!'如或知尔,则何以哉?"子路率尔而对曰:"千乘之国,摄乎大国之间,加之以师旅,因之以饥馑。由也为之,比及三年,可使有勇,且知方也。"夫子哂之。

【释解】

(1)曾皙:曾点,字皙,又名曾晳、曾蒧,鲁国南武城(今山东省临沂市平邑县)人,和其儿子曾参都是孔子的学生。曾皙比孔子小6岁,为孔门七十二贤之一。

(2)侍坐:晚辈或下级陪着长辈或上级坐着。

(3)以吾一日长乎尔:因为我比你们都年长一些。以:因为。一日:一天,指孔子比他的学生年长一些。长:年长。乎尔:于你们,比你们。

(4)毋吾以也:倒装句,即"毋以吾也",不要因为我(而不敢谈自己的志向)。毋:不要,别。以:因为。

(5)居则曰:平时却说。居:平日,平时。则:就,却。曰:说。

(6)不吾知也：不了解我啊。知：了解。也：表示感叹，"啊""呀"。

(7)如或知尔，则何以哉：如果有人想了解你们，那么你们凭借什么让他人了解呢。如：如果，假如。或：有人。尔：你，你们。则：那么。何以：凭借什么，用什么。哉：语气助词，呢。

(8)率尔而对曰：抢着说，急切地回答说。率尔：抢先一步地，不假思索地。对曰：回答说。

(9)千乘之国：拥有一千辆兵车的国家，在春秋末年属于中等规模的诸侯国。乘(shèng)：古代指兵车，四马一车为一乘。

(10)摄乎大国之间：夹在大国之间。摄：夹，管辖，统摄。乎：在，于。

(11)加之以师旅：有别国军队来侵略它。加：施加，施以某种动作。之：它，指子路所假设的千乘之国。师旅：别国的军队。

(12)因之以饥馑：紧接着这个国家遭受了饥荒之灾。因：紧接着。之：它，指子路所假设的国家遭受了侵略。饥馑：饥荒，饥饿。

(13)由也为之：仲由治国理政。由：仲由，字子路。为之：为政做官，治国理政。

(14)比及三年：等到三年。比及：等到，及至。

(15)可使有勇：可使这个国家的人民勇敢善战。

(16)且知方也：而且让他们知道做人处世的道理。且：而且，并且。知：了解，明白。方：做人处世之道，君子的行事准则。

(17)夫子哂之：孔子神情略带讥讽地哂笑子路。哂(shěn)：讥笑，略带讥讽地微笑。

【译文】

子路、曾晳、冉有、公西华四个学生陪着孔子闲坐。孔子说："我比你们都年长一些，但不要因为我而不敢谈自己的志向。你们平时总是说：'没有人了解我啊。'现在如果有人想了解你们，那么，你们凭借什么让他人了解呢？"子路抢先回答说："一个拥有一千辆兵车的国家，夹在大国之间，有别国军队来侵略它，紧接着这个国家还遭受了饥荒之灾。如果让我仲由来治理它，三年之后，可使这个国家的人民勇敢善战，并且明白做人处世的道理。"孔子听了之后，神情略带讥讽地哂笑子路。

(二)原文第二节

"求!尔何如?"对曰:"方六七十,如五六十,求也为之,比及三年,可使足民。如其礼乐,以俟君子。"

【释解】

(1)尔何如:你怎么样呢。尔:你。何如:如何,怎么样。

(2)方六七十:纵横六七十里的国家。方:纵横,长宽。

(3)如五六十:或者纵横五六十里的国家。如:或者。

(4)可使足民:可使人民富足。足:富足,富裕。

(5)如其礼乐:至于这个国家的礼乐教化。如:至于。其:代词,指代冉求所说的这个国家。礼乐:礼乐教化,礼乐事宜。

(6)以俟君子:即"以之俟君子",把这件事留给君子来做。以:把,用。俟:等待,留待。

【译文】

孔子又问冉求说:"冉求,你怎么样呢?"冉求回答说:"纵横六七十里的国家,或者纵横五六十里的国家,如果让我冉求来治理的话,三年之后,可使那里的人民富足起来。至于这个国家的礼乐教化,那就留待君子来做了。"

(三)原文第三节

"赤!尔何如?"对曰:"非曰能之,愿学焉。宗庙之事,如会同,端章甫,愿为小相焉。"

【释解】

(1)非曰能之:不敢说能做好治理国家的事。非曰:不敢说。之:它,指治国理政。

(2)愿学焉:愿意学习治国理政之道。焉:代词,相当于"之",它。

(3)宗庙之事:在宗庙祭祀的活动。

(4)如会同:或者诸侯会盟和朝见天子的事情。如:或者。会:诸侯会盟。同:诸侯一起朝见天子。

(5)端章甫:穿礼服,戴礼帽。端:古代礼服。章甫:古代礼帽。

(6)愿为小相焉:愿意在这些活动中做一个小小的傧相。相:傧相,司仪,赞礼人,辅助主人迎宾行礼的人。焉:于此,在这里。

【译文】

孔子接着问公西赤:"公西赤,你怎么样呢?"公西赤回答说:"我不敢说我能做好治理国家的事,但是我愿意学习治国理政之道。在宗庙祭祀的活动中,或者在诸侯会盟和朝见天子的活动中,我愿意穿着礼服,戴着礼帽,做一个小小的傧相。"

(四)原文第四节

"点!尔何如?"鼓瑟希,铿尔,舍瑟而作,对曰:"异乎三子者之撰。"子曰:"何伤乎?亦各言其志也。"曰:"莫春者,春服既成,冠者五六人,童子六七人,浴乎沂,风乎舞雩,咏而归。"夫子喟然叹曰:"吾与点也!"

【释解】

(1)鼓瑟希:弹瑟的节奏开始放慢。鼓瑟:弹瑟。希:通"稀",稀疏,指放慢弹瑟的节奏,准备停下来。

(2)铿尔:"铿"的一声结束了。铿(kēng):弹瑟完毕前的最后一个乐音。尔:然,样子。

(3)舍瑟而作:离开瑟站起身来。舍:放下,离开。作:站起身来。

(4)异乎三子者之撰:我的才能与前面三位同学的才能不同。异乎:不同于。三子者:指子路、冉求和公西赤。撰:才能,才具。

(5)何伤乎:有什么妨碍吗。伤:妨碍,妨害。乎:吗,呢。

(6)亦各言其志也:也就是各自说说自己的志向而已。

(7)莫春者:农历三月的时候。莫(mù):通"暮",傍晚。莫春:晚春,春天最后的一段时间,即农历三月。者:语气助词,表示停顿。

(8)春服既成:穿上春天的衣服。既成:已经完成,此句指已经换穿春天的衣服。①

(9)冠者五六人:五六个成年人。冠者:成年人。在古代,男子满二十岁

---

① 有的学者认为,"'春服既成',当是指供给朝廷君王的祭服之事已经完成。在完成国家春祈大典祭服任务,即'春服既成'后,才去进行个人的'修禊'活动,求吉避凶,正好符合孔子以定名分、明等级为评论世事的标准。"见:顾凤威.《论语》"春服既成"新议[J].广西民族学院学报(哲学社会科学版),1990(1):54-56.

要举行束发加冠的冠礼,以示已经成年。

(10)童子六七人:六七个孩童。

(11)浴乎沂:到沂河里洗洗澡。浴:洗澡。乎:于,到,在。沂(yí):沂河,沂水,位于今山东省曲阜市南部与江苏省北部,是古淮河支流泗水的支流。

(12)风乎舞雩:在舞雩台上吹吹风。风:吹风,让身体迎风吹。舞雩:鲁国祭天求雨的祭台或祭坛。雩(yú):古代为求雨而举行的一种祭祀活动,因为古人在求雨祭祀时要伴有音乐和舞蹈,所以又称"舞雩"。

(13)咏而归:唱着歌回家。咏:唱歌。

(14)夫子喟然叹曰:孔子叹息地说。喟然:形容叹气的样子。

(15)吾与点也:我赞同曾点所说的志向。与:赞同,赞许。

【译文】

孔子接着问曾点说:"曾点,你怎么样呢?"曾点当时正在弹瑟,听到老师发问,就开始放慢弹瑟的节奏,只听"铿"的一声,曾点就结束了弹瑟。曾点离开瑟站起身来,回答道:"我的才能与前面三位同学的才能不同。"孔子说:"这有什么妨碍吗?也都是各自说说自己的志向而已。"于是,曾点就谈起自己的人生志向:"暮春三月的时候,我和大家穿上春天的衣服,五六个成年人,六七个孩童,到附近的沂河里去洗洗澡,然后在舞雩台上吹吹风,最后唱着歌回家。"孔子喟然而叹说:"我赞同曾点所说的志向。"

(五)原文第五节

三子者出,曾皙后。曾皙曰:"夫三子者之言何如?"子曰:"亦各言其志也已矣。"曰:"夫子何哂由也?"曰:"为国以礼。其言不让,是故哂之。""唯求则非邦也与?""安见方六七十如五六十而非邦也者?""唯赤则非邦也与?""宗庙会同,非诸侯而何?赤也为之小,孰能为之大?"

【释解】

(1)三子者出:子路、冉求和公西赤三个人都从与孔子闲坐的地方退出去了。

(2)曾皙后:曾皙留了下来。

(3)夫三子者之言何如:这三位同学所说的话怎么样。夫:文言指示代词,相当于"这"。言:话语,言语。

(4)亦各言其志也已矣:也就是各自谈谈自己的志向罢了。也已:语气助词,表示肯定。矣:语气助词,相当于"了"。

(5)夫子何哂由也:老师为什么哂笑子路呢。夫子:老师,先生。何:为什么,为何。由:仲由,字子路。也:语气助词,表示疑问,相当于"呢"。

(6)为国以礼:治理国家要用礼制。以:用。

(7)其言不让:他的言语一点也不谦让。让:谦让,谦逊。

(8)是故哂之:因此才哂笑他。是故:因此,所以。之:他,指子路。

(9)唯求则非邦也与:难道冉求所说的小国家就不是国家吗。唯:难道,难道说。则:就。非:不是。邦:邦国,国家。也与:同"也欤",表示疑问,相当于"吗"。

(10)安见方六七十如五六十而非邦也者:怎见得纵横六七十里或者五六十里的国家就不是国家呢。安见:怎见得。如:或者。也者:语气助词,表示疑问,相当于"呢"或"吗"。

(11)唯赤则非邦也与:难道公西赤所说的小国家就不是国家吗。赤:公西赤。

(12)非诸侯而何:不是诸侯的事情又是什么。诸侯:指诸侯国家的事情。而:而是。何:什么。

(13)赤也为之小:如果公西赤做的傧相的事情小的话。为之:指公西赤所说的做迎宾赞礼的小傧相。

(14)孰能为之大:谁又能做比公西赤做小傧相之事更大的事情呢。孰:谁。

【译文】

子路、冉求和公西赤三个人都从与孔子闲坐的地方退出去了,只有曾皙留了下来。曾皙问孔子:"这三位同学所说的话怎么样?"孔子回答说:"也就是各自谈谈自己的志向罢了。"曾皙又接着问孔子:"老师为什么哂笑子路呢?"孔子回答说:"治理国家要用礼制,他的言语一点也不谦让,这不符合礼制,我这才哂笑他。"孔子接着一连串地反问道:"难道冉求所说的小国家就不是国家吗?""怎见得纵横六七十里或者五六十里的国家就不是国家呢?""难道公西赤所说的小国家就不是国家吗?""宗庙祭祀、诸侯会盟和朝见天子的事情,不是诸侯国家的事情又是什么?如果公西赤做傧相的事情小的话,谁又能做比公西赤做小傧相之事更大的事情呢?"

【拓展】

俗话说,有志之人立常志,无志之人常立志。有志者,事竟成。志向是人生前进的方向,是人生进步的动力,也是事业成功的基础。正所谓'立志而圣,则圣矣;立志而贤,则贤矣'"。

明代哲学家王阳明在《教条示龙场诸生》一文中指出,求学者应做好立志、勤学、改过和责善四件事。立志、勤学和改过这三点,人们都容易理解,而所谓责善指朋友们在相处过程中要互相责求向善。这里重点谈谈立志的问题。

王阳明在"立志"这一部分指出:"志不立,天下无可成之事。虽百工技艺,未有不本于志者。今学者旷废隳惰,玩岁愒时,而百无所成,皆由于志之未立耳。故立志而圣,则圣矣;立志而贤,则贤矣。志不立,如无舵之舟,无衔之马,漂荡奔逸,终亦何所底乎?"[①]大意是说,人没有志向,就无法成就一番事业;没有志向,就容易好吃懒做,虚度光阴。而人如果立志成圣,就会成圣;如果立志成贤,就会成贤。可见立志的必要性和重要性。

世上无难事,只怕有心人。每个人的兴趣和能力不同,志向也不同。例如,子路喜欢军事,冉求喜欢从政和发展经济,公西赤喜欢外交礼仪,曾皙喜欢田园休闲生活。但有一个方面是共同的,那就是成功贵在坚持。

对于孔子为什么赞同曾点的志向这一问题,有的学者认为曾点所谈的休闲快乐的生活属于"尧舜气象",如朱熹说:"曾点之学,盖有以见夫人欲尽处,天理流行,随处充满,无少欠缺。故其动静之际,从容如此,而其言志,则又不过即其所居之位,乐其日用之常,初无舍己为人之意。而其胸次悠然,直与天地万物上下同流,各得其所之妙,隐然自见于言外。视三子之规规于事为之末者,其气象不侔矣。故夫子叹息而深许之。"[②]这一类学者认为,曾点所谈的志向正是人类理想的大同社会,在大同理想社会,人们生活惬意舒

---

① 王守仁.王文成公全书[M].王晓昕,赵平略,点校.北京:中华书局,2015:1120.
② 朱熹.四书章句集注[M].北京:中华书局,2011:124.

适,自由洒脱,这正是孔子内心深处所向往的。而也有学者观点与此不同,如来可泓说:"其实,曾点何曾有尧舜气象,不过是隐士的气象,超然物外而已。孔子是一个积极用世的人,他周游列国,寻求施展其抱负的机会;不为世用之后,仍回鲁国授徒讲学,删诗书,定礼乐,赞周易,作春秋,整理古代文献,何尝有出世消极情绪。孔子之所以赞许曾点,不过是感慨身世,自伤不遇于时罢了。"①

　　事实上,这两类学者的见解各有一定的道理。在古人眼中,尧、舜、禹、汤、文、武、周公这些圣贤所处的时代,由于他们施行德政礼治,整个社会尊卑得当、上下相安、井然有序;君礼臣忠,父慈子孝,兄友弟恭,夫妻和睦,朋友有信;人民安居乐业,其乐融融。这不就是包括孔子在内人人所钦羡的理想社会或说尧舜气象吗?因此,孔子打心底憧憬和赞同曾点关于理想生活的描述。但对理想生活的憧憬和向往,毕竟属于理想的层面,而非现实的层面。处于春秋末年的孔子,不得不积极入世用世,以期改变礼崩乐坏的局面,恢复周礼文明秩序。所以,孔子明知不可为而为之,与其内心对尧、舜、禹时代的向往并不矛盾,也不冲突,而是具有根本的一致性。正是"尧舜气象"、大同社会的理想吸引着、激励着孔子不断努力,百折不挠。孔子到了晚年,即使明知此生没有实现理想抱负的可能,也要整理好古典文献,以利于传统文化流传后世。曾点所谈的志向触及了孔子的内心深处,所以,孔子才喟然而叹:"吾与点也。"

---

① 来可泓.论语直解[M].上海:复旦大学出版社,2000:312.

颜渊篇第十二

该篇共计 24 章。"其中,记孔子直接论述四章,记孔子答国君、大夫、学生问十六章,记子夏答司马牛一章,记子贡答棘子成一章,记有若答哀公一章,记曾子论友一章。"①

该篇对仁、君子、为政做官、治国理政、德政礼治等概念,以及仁与礼、学习与修身、修身与治国、君子交友与修身等之间的辩证关系进行阐述。可以看出,该篇仍然是对修身、齐家、治国和平天下等"为政以德"理念的阐发和诠释。

12.1 颜渊问仁

【原文】

颜渊问仁。子曰:"克己复礼为仁。一日克己复礼,天下归仁焉。为仁由己,而由人乎哉?"颜渊曰:"请问其目。"子曰:"非礼勿视,非礼勿听,非礼勿言,非礼勿动。"颜渊曰:"回虽不敏,请事斯语矣。"

【引言】

这一章中,孔子给"仁"下了一个定义,即"克己复礼为仁"。严格来说,孔子自始至终都没有给"仁"下一个精确而具体的定义。换言之,孔子并没有把"仁"的概念定义清楚,只说了如何行仁或者如何做仁人的方法。孔子具体地提出了如何行仁的四个条目,即"非礼勿视,非礼勿听,非礼勿言,非礼勿动"。周礼是行仁的标准,根据周礼的规定去看、去听、去说话、去行动,就是克己复礼,也就是"为仁"。"仁"在孔子的心中是一个可望不可即的概

---

① 来可泓.论语直解[M].上海:复旦大学出版社,2000:313.

念,也许只有等到人死的时候才能盖棺定论。所以,孔子从来不把活着的人称为"仁"。

【释解】

(1)克己复礼为仁:克制住自己的欲望,一切按照礼的要求去做,这就是仁。克己:克制住自己的私欲,严于律己。复礼:复归到礼的规定要求上来。

(2)天下归仁焉:整个天下都复归到仁德上了。归:复归,回归。仁:仁道,仁德。焉:语气助词,了。

(3)为仁由己:行仁完全在于自己。为仁:行仁。由:在于,决定于。

(4)而由人乎哉:难道在于他人吗。而:表示反问,相当于"难道"或"岂"。乎哉:语气助词,表示反问,相当于"吗"。

(5)请问其目:请问它的条目是什么。其:它的,指"仁"的。目:条目,具体条件。

(6)回虽不敏:颜回虽然不聪敏。回:颜回,颜渊。敏:聪敏,聪慧。

(7)请事斯语矣:请让我实践这些话语吧。事:实行,实践。斯:这,这些。语:言语,话语。矣:语气助词,表示请求,相当于"吧"。

【译文】

颜渊向孔子请教什么是仁。孔子回答说:"克制住自己的欲望,一切按照礼的要求去做,这就是仁。如果有一天人人都能做到克制住自己的欲望,并严格按照礼的要求去做,那么,整个天下就都复归到仁道、仁德上了。行仁完全在于自己,难道还在于他人吗?"颜渊又问孔子说:"请问行仁的条目是什么?"孔子又回答说:"不符合礼的不要去看,不符合礼的不要去听,不符合礼的不要去说,不符合礼的不要去做。"颜渊说:"我颜回虽然不聪敏,但请让我实践这些话语吧!"

【拓展】

这一章,孔子实际上阐述了仁与礼之间的辩证关系。仁是纲领,礼是细目,纲举目张。仁是内容,礼是形式。内容决定形式,反过来,形式对内容也有一定的规约性。换言之,仁的内容可以用一定的礼制加以规范。在孔子看来,周礼很好地规约了仁的根本内涵,人们只要克己复礼,就是在行仁,就是在做仁德之事。

仁作为孔子仁政德治的核心概念,有许多的衍生概念,如孝、悌、礼、忠、诚信、恭敬、宽恕、文质彬彬、好学不倦、舍生取义、友爱、谦逊、谦让、推己及人、严于律己,等等。而这些衍生概念都可以用礼制规范。在孔子看来,周礼就是完美的礼仪规范。所以人只要克己复礼,那就是在为仁,就是在推行仁道。

有的学者,如朱熹、杨伯峻等,把"一日克己复礼,天下归仁焉"理解为"一日克己复礼,则天下之人皆与其仁,极言其效之甚速而至大也"①,或"一旦这样做到了,天下的人都会称许你是仁人"②。他们把"天下归仁焉"中的"归仁"理解为"称仁",即"天下的人都会称许你是仁人"。我个人认为,这个逻辑推理有点牵强,或者说难以成立。因为仁者见仁,智者见智,即使你真正做到了克己复礼,但并不一定天下所有人都认为你是仁人,称许你是仁人。况且,孔子多次强调"人不知而不愠,不亦君子乎",怎么在这里就十分在意"天下的人都会称许你是仁人"了?按照孔子的一贯思想,他是不会在意别人赞扬的名声的,他在意的是自己和弟子能否真正地行仁。

至于钱穆所说的"言天下于此归仁,原义当谓苟能一日克己复礼,即在此处,便见天下尽归入我之仁心中"③,即认为只要一个人有一天能做到克己复礼,那么整个天下都进入他的仁心中,这显然有些唯心主义。试想一下,整个天下都纳入自己的仁心中,对于客观的社会现实问题来说,又能怎么样呢?自己仁心之外的地方,污浊的仍然污浊,不堪的仍然不堪。所以,"一日克己复礼,天下归仁焉"这一句,绝对不是钱穆所理解的那样,而只能是我这里所理解的"如果有一天人人都能做到克制住自己的欲望,并严格按照礼的要求去做,那么,整个天下就都复归到仁道、仁德上了"的意思。

12.2 仲弓问仁

【原文】

仲弓问仁。子曰:"出门如见大宾,使民如承大祭。己所不欲,勿施于人。在邦无怨,在家无怨。"仲弓曰:"雍虽不敏,请事斯语矣。"

---

① 朱熹.四书章句集注[M].北京:中华书局,2011:125.
② 杨伯峻.论语译注[M].北京:中华书局,2009:121.
③ 钱穆.论语新解[M].北京:生活·读书·新知三联书店,2012:274.

【引言】

本篇第一章是颜渊问仁,孔子讲了克己复礼为仁,并具体提出"非礼勿视,非礼勿听,非礼勿言,非礼勿动"。这一章是仲弓问仁,孔子讲了要恭敬对待任何人,要庄敬对待老百姓,不要把自己不想要的东西强加于他人,以便做到国家和家庭中都没有人对自己有任何抱怨。这样就是仁了。其实,尽管孔子对颜渊和仲弓关于仁的说法不尽相同,但是仍然离不开"克己复礼为仁"几个字。恭敬待人,庄敬对待百姓,让他人对自己没有抱怨,不就是尊礼守仁之道吗?所以,孔子关于仁的说法有异,但其根本意思也没有什么不同。要说有不同,可能对天赋比较高的颜渊说法有点抽象,对天赋稍差的仲弓说法较为具体罢了。

【释解】

(1)出门如见大宾:出门就好像要去会见贵宾一般恭敬。大宾:贵宾,重要的宾客。

(2)使民如承大祭:役使百姓就好像举办重大祭祀活动那样庄敬。使民:役使百姓。承:举办,承办。大祭:重大祭祀活动。

(3)己所不欲:自己不想要的东西。

(4)勿施于人:不要强加于他人。施:施加,强加。

(5)在邦无怨:在国家为政做官没有遭人怨恨。邦:国家,这里指为国家做事,即为政做官。怨:抱怨,怨恨。

(6)在家无怨:在家庭里做事没有遭人怨恨。

(7)雍虽不敏:我冉雍虽然不聪敏。雍:冉雍,字仲弓。敏:聪敏,聪慧。

(8)请事斯语矣:请让我实践这些话语吧。事:实行,实践。斯:这,这些。语:言语,话语。矣:语气助词,表示请求,相当于"吧"。

【译文】

仲弓向孔子请教什么是仁。孔子回答说:"出门就好像要去会见贵宾一般恭敬,役使百姓就好像举办大祭活动那样庄敬。自己不想要的东西,也不要强加于他人。在国家为政做官没有遭人怨恨,在家庭里做事也没有遭人怨恨。"仲弓说:"我冉雍虽然不聪敏,但请让我实践这些话语吧!"

【拓展】

对于这一章的内容,朱熹解释说:"敬以持己,恕以及物,则私意无所容而心德全矣。内外无怨,亦以其效言之,使以自考也。"①朱熹这里的总结很全面。也就是,孔子在这一章主要谈及三个方面:敬道、恕道和做到内外无怨。

首先,敬道,即时刻保持礼敬他人之道。一个人无论什么时候,无论在什么场合,无论遇到什么人,长辈还是晚辈,上级还是下级,只要保持礼敬他人,尊敬他人,就会受到尊敬。孟子曰:"君子所以异于人者,以其存心也。君子以仁存心,以礼存心。仁者爱人,有礼者敬人。爱人者,人恒爱之;敬人者,人恒敬之。"②

其次,恕道,即推己及人之道。如果说敬道的本质是严以律己,那么,恕道的本质就是宽以待人。"己欲立而立人,己欲达而达人"③,"己所不欲,勿施于人"。这就是推己及人之道。

最后,要做到内外无怨。如何才能做到家里家外都没有人怨恨或抱怨自己呢?这其实很不容易。因为即使是一碗水端平,公平正义,也有遭小人或误解之人抱怨或怨恨的事情。孔子在鲁国做大司寇时,"隳三都"没有成功,还得罪了"三桓",最后不得不离职而去,也没能做到为政做官的时候不遭人怨恨。就是在家里,孔子也一定遭受过家人或学生的误解或抱怨。要不然,他也不会说出"唯女子与小人为难养也,近之则不孙,远之则怨"④这样的话。

总之,尽管做到内外无怨很难,但是尽量做到非礼勿视、勿听、勿言、勿动,做到表里如一、内外一致,做到心存虔敬、将心比心,还是比较容易的吧?

12.3 司马牛问仁

【原文】

司马牛问仁。子曰:"仁者,其言也讱。"曰:"其言也讱,斯谓之仁已乎?"

---

① 朱熹.四书章句集注[M].北京:中华书局,2011:126.
② 孟子[M].万丽华,蓝旭,译注.北京:中华书局,2007:185.
③ 论语[M].陈晓芬,译注.北京:中华书局,2016:75.
④ 论语[M].陈晓芬,译注.北京:中华书局,2016:244.

子曰:"为之难,言之得无讱乎?"

【引言】

本篇第一、二章写了颜渊和仲弓问仁,这一章是司马牛问仁。孔子又根据发问之人天赋或仁道根基的不同而做出了不同的回答。因为司马牛生在贵族世家,自小养成了心浮气躁和信口开河的毛病。这显然非仁德的表现。因此,孔子对症而治,因材施教,教育司马牛行仁先从改掉心浮气躁和信口开河的习惯做起。

【释解】

(1)司马牛:子姓,司马氏,名耕(又名犁),字子牛,春秋时宋国人,宋桓公的后代,世袭贵族。他兄弟五人,有两个哥哥,两个弟弟。分别是向巢、桓魋、子牛(司马牛)、子颀、子车。其中,大哥向巢任宋国左师,是名义上的军队统帅。二哥桓魋为司马,掌握宋国军队实权。司马桓魋跟两个弟弟一起犯上作乱失败而逃往他国,司马牛受其牵连,也出逃他国。司马牛先出逃到卫国,其二哥桓魋也逃到卫国,他不愿和二哥同在一个国家就又奔向齐国;后其二哥逃到齐国,他又离齐奔吴,后来,司马牛又到了鲁国,并在鲁国去世。司马牛是孔子的弟子之一,《史记·仲尼弟子列传》评论他"多言而躁"。

(2)其言也讱:仁者说话是谨慎迟缓的。其:指代仁者。也:语气助词,表示停顿。讱(rèn):说话谨慎迟缓。

(3)斯谓之仁已乎:就称其为仁了吗。斯:就,则。谓之:称其为。已乎:表示疑问,相当于"了吗"。

(4)为之难:做起来难。为之:做起来,指行仁。

(5)言之得无讱乎:说起话来能不谨慎迟缓吗。言之:说起话来。得无:能不。乎:表示疑问,相当于"吗"。

【译文】

司马牛向孔子请教什么是仁。孔子回答说:"仁者说话是谨慎迟缓的。"司马牛又问:"仁者说话谨慎迟缓,就称其为仁了吗?"孔子又回答说:"行仁的话,做起来难,一个仁人说起话来能不谨慎迟缓吗?"

【拓展】

孔子习惯于因材施教，对症下药。司马牛这个学生性情有些急躁，说话也有些冒失随意，往往口不择言，脱口而出。这显然非仁者所为。但司马牛追求仁道、仁德的心是坚定无疑的。所以，孔子告诉他行仁先从谨慎迟缓地说话做起，即三思而后言。"仁者心存而不放，故其言若有所忍而不易发，盖其德之一端也。夫子以牛多言而躁，故告之以此。使其于此而谨之，则所以为仁之方，不外是矣。"①

朱熹在总结自己对这一章的学习心得时说："愚谓牛之为人如此，若不告之以其病之所切，而泛以为仁之大概语之，则以彼之躁，必不能深思以去其病，而终无自以入德矣。故其告之如此。盖圣人之言，虽有高下大小之不同，然其切于学者之身，而皆为入德之要，则又初不异也。读者其致思焉。"②其大意是说，司马牛性格急躁，如果像指点颜渊那样跟他说得很抽象，或者说个大概，司马牛很难知道自己如何做才是行仁道。所以，孔子总是根据学生的性格特点和学习能力来因材施教，给其指明具体的前进方向。

总之，不同的学生有不同的学习基础、能力特点和性格特征，也有不同的毛病或不良习惯。要引导他们积极向仁，就要有与其各方面素质相应的抓手和策略。一般来说，先从帮其改正身上明显的缺点做起。从理论角度来说，就是同时存在多种矛盾，有主要矛盾和次要矛盾，那么，就先从解决主要矛盾入手。

12.4 司马牛问君子

【原文】

司马牛问君子。子问："君子不忧不惧。"曰："不忧不惧，斯谓之君子已乎？"子曰："内省不疚，夫何忧何惧？"

---

① 朱熹.四书章句集注[M].北京:中华书局,2011:126.
② 朱熹.四书章句集注[M].北京:中华书局,2011:126.

【引言】

这一章是《颜渊篇第十二》的第四章。上一章,司马牛向孔子请教什么是仁,这一章,司马牛接着向孔子请教什么是君子。孔子仍然根据司马牛当时的心理状态对症而治。因为其二哥司马桓魋犯上作乱,牵连他们兄弟几人,所以司马牛不得不离开自己的国家宋国而逃往他国避难。逃难的生活充满艰辛,司马牛内心常怀忧惧,时常感叹不已。孔子面对他的这种忧惧心理,劝诫他,只要自己没有犯上作乱,内心无愧于天地、他人,就不必忧惧。是君子,就应该做到仁、智、勇,即无忧、无惑、无惧。

【释解】

(1)君子:品德高尚、重义轻利、德才兼备、文质彬彬、刚毅坚卓和自强不息的人。孔子说:"君子道者三,我无能焉:仁者不忧,知者不惑,勇者无惧。"①

(2)不忧不惧:没有忧愁和恐惧。

(3)斯谓之君子已乎:就称其为君子了吗?斯:就,则。谓之:称其为。已乎:表示疑问,相当于"了吗"。

(4)内省不疚:自我反省没有愧疚。

(5)夫何忧何惧:有什么忧愁和恐惧。夫:文言发语词,不译。何:什么。

【译文】

司马牛向孔子请教怎么做君子。孔子回答说:"君子没有忧愁和恐惧。"司马牛又问:"没有忧愁和恐惧,就称其为君子了吗?"孔子接着回答说:"自我反省内心没有愧疚,那还有什么忧愁和恐惧呢?"

【拓展】

《大学》言:"知止而后有定,定而后能静,静而后能安,安而后能虑,虑而后能得。"②一个君子,"仰无愧于天,俯无愧于地,行无愧于人,止无愧于心",

---

① 论语[M].陈晓芬,译注.北京:中华书局,2016:194.
② 朱熹.四书章句集注[M].北京:中华书局,2011:4.

行事光明磊落,坦坦荡荡,内无愧疚,外无负债,乐天知命,安分守己,守死善道,"素富贵,行乎富贵;素贫贱,行乎贫贱"①,能有什么忧愁和恐惧呢?反过来,"仰不愧于天,俯不怍于人"②,不就是君子之风吗?

本章引言中说到,司马牛因为其二哥司马桓魋犯上作乱而受牵连,不得已逃往国外避难。这种避难的生活充满艰辛和忧患。司马牛常常为其兄弟和家人的罪过、为生活和安全保障而担忧恐惧。这种内忧外患的焦虑时常折磨着司马牛。所以,司马牛希望通过寻求君子之道和仁道而转移自己的注意力并减轻这方面的折磨和困扰。孔子对此心知肚明,所以就劝他放下一切忧愁和恐惧的思想包袱,只要问心无愧,就不要对过往之事做无谓的和毫无意义的感伤和担忧。"破山中贼易,破心中贼难",司马牛能很快地从忧惧中走出来吗?

12.5 人皆有兄弟,我独亡

【原文】

司马牛忧曰:"人皆有兄弟,我独亡。"子夏曰:"商闻之矣:死生有命,富贵在天。君子敬而无失,与人恭而有礼,四海之内皆兄弟也。君子何患乎无兄弟也?"

【引言】

这一章是司马牛对子夏说自己实际上没有了兄弟的忧虑。这个话,应该是司马牛在向孔子请教怎么做君子后对子夏说的。如果真是这样的话,我们就可断定司马牛要从对家人和兄弟的忧惧中走出来着实不那么容易。

【释解】

(1)我独亡:唯独我没有。独:唯独,独自。亡:同"无",没有。

(2)商闻之矣:卜商听人这样说了。商:卜商,字子夏。闻:听说。之:它,指代下面要说的话。矣:语气助词,了。

---

① 朱熹.四书章句集注[M].北京:中华书局,2011:26.
② 孟子[M].万丽华,蓝旭,译注.北京:中华书局,2007:297-298.

(3)死生有命:人的生死都是由命运决定的。

(4)富贵在天:人的富贵取决于上天的安排。在:在于,取决于。天:上天,老天爷。

(5)敬而无失:做事庄敬严肃,认真负责,避免出现差错和纰漏。敬:庄敬,虔敬。失:过失,过错。

(6)与人恭而有礼:待人恭敬有礼貌。与:对待。

(7)四海之内皆兄弟也:普天之下的人都是兄弟。四海:指整个天下。

(8)何患乎无兄弟也:为何要忧愁于没有兄弟呢。何:为何,为什么。患:忧患,忧愁。乎:于。也:语气助词,表示疑问,相当于"呢"。

【译文】

司马牛忧愁地说:"别人都有兄弟,而唯独我没有。"子夏安慰他说:"我卜商听说过这样的话:人的生死都是由命运决定的,人的富贵也取决于上天的安排。一个人只要做事庄敬严肃,认真负责,避免出现差错和纰漏,待人恭敬有礼貌,那么,普天之下的人就都是他的兄弟了。为何要忧愁于没有兄弟呢?"

【拓展】

上一章引言中讲到,司马牛有两个哥哥、两个弟弟。这一章里,为何司马牛又说自己没有兄弟呢?这是因为,其二哥司马桓魋和两个弟弟犯上作乱,最后恐惧失败而逃往他国,这牵连到司马牛和其大哥的前途和生活。司马牛也不得不逃往他国避难。而司马牛一心坚守仁义之道,耻于与犯上作乱的兄弟为伍,也不愿和他们生活在一个国家或地方,所以司马牛实际上孑然一身,茕茕独立,无依无靠,这是他如此忧愁的原因。

朱熹说:"既安于命,又当修其在己者。故又言苟能持己以敬而不间断,接人以恭而有节文,则天下之人皆爱敬之,如兄弟矣。盖子夏欲以宽牛之忧,故为是不得已之辞,读者不以辞害意可也。"[1]在这一章,子夏劝慰司马牛要乐天知命;做好工作和生活的事情;以诚待人,真诚交友。做到这三点,那么,普天下人都可以是自己的兄弟。事实上也是如此,纵然是亲兄弟,如果

---

[1] 朱熹.四书章句集注[M].北京:中华书局,2011:127.

彼此钩心斗角、斤斤计较,早晚会形同陌路;反而,人在患难中交到的真朋友胜似亲兄弟。

12.6 子张问明

【原文】

子张问明。子曰:"浸润之谮,肤受之愬,不行焉,可谓明也已矣。浸润之谮,肤受之愬,不行焉,可谓远也已矣。"

【引言】

这一章是子张问孔子什么是明智或者什么样的人才是有智慧的人。孔子给子张做了耐心的解答。

【释解】

(1)问明:请问怎么做才算明智。明:明智,智慧。

(2)浸润之谮:像液体慢慢渗入一般逐渐发生作用的谗言和诬陷。浸润:液体渐渐渗入。谮(zèn):谗言和诬陷。

(3)肤受之愬:像皮肤感受到的那种直接可以觉察的诬告和毁谤。肤受:皮肤直接感受。愬(sù):同"诉",控诉,诬告,毁谤。

(4)不行焉:在那里行不通。不行:行不通。焉:在那里。

(5)可谓明也已矣:可以说是明智了吧。也已:语气助词,表示肯定。矣:语气助词,"了"。

(6)可谓远也已矣:可以说是有远见了吧。远:有远见,有高深的智慧。

【译文】

子张向孔子请教怎么做才算明智。孔子回答说:"像液体慢慢渗入一般逐渐发生作用的谗言和诬陷,像皮肤感受到的那种直接可以觉察的诬告和毁谤,在你那里都不起作用,那你可以说是明智了吧。像液体慢慢渗入一般逐渐发生作用的谗言和诬陷,像皮肤感受到的那种直接可以觉察的诬告和毁谤,在你那里都不起作用,那你可以说是有远见了吧。"

【拓展】

老子说:"知人者智,自知者明。"①子张问怎样做才算明智,孔子回答说只要让明里暗里进谗言、挑拨离间、造谣中伤的人在自己身上不起作用,那就是明智。显而易见,这与"知人者智"根本上是一致的。

人心隔肚皮,知人知面不知心,这些都说的是人心难测。《尚书·大禹谟》说:"人心惟危,道心惟微,惟精惟一,允执厥中。"②真正明智的人是洞察入微,看得懂人心,对对方的一举一动、一言一行都感知敏锐,很快辨明是正是邪,是忠是奸,是善是恶,是美是丑,是好是坏,是真是假。不明智的人难以知人,也难以分辨正邪、忠奸、善恶、美丑、好坏、真假、君子和小人等。庸君、昏君往往如此,常导致国家混乱,甚至国破身死。

《红楼梦》中,迎春的判词说:"子系中山狼,得志便猖狂;金闺花柳质,一载赴黄粱。"为什么小人容易得志,好人常常受委屈?这是因为小人可以为了一己私利不择手段,无原则无底线,但正人君子则不屑为之。

小人喜欢对君王、领导和上级投其所好,阿谀奉承,溜须拍马,无所不用其极。他们往往善于研究人的心理,常不择手段地投人所好,最终都能迷惑住其想要迷惑的人。齐桓公在管仲的辅佐下,一度成为诸侯各国的霸主,但管仲死后,就被竖刁、易牙、卫开方三人玩得团团转,易牙甚至亲手杀掉和烹煮自己的儿子给齐桓公吃,以满足齐桓公想吃人肉的好奇心。后来齐桓公病重时,这三人将齐桓公囚禁于卧室内,把齐桓公活活饿死,其尸体六十多天都没人收葬。

秦始皇跟前有小人赵高,汉武帝身边有江充。秦始皇死后,赵高专权,指鹿为马,葬送了大一统的秦朝;江充利用汉武帝晚年昏聩而制造巫蛊之祸,害死了皇后卫子夫和太子刘据等许多人。可见,古代君王很容易"亲小人,远贤臣",这不仅因为奸佞小人善于伪装自己,容易讨得君王的欢喜,还因为正人君子不屑于阿谀奉承,不知不觉中就被君王讨厌和疏远了。当然,小人得志便猖狂,最终也免不了被国法惩处。

朱熹说:"毁人者渐渍而不骤,则听者不觉其入,而信之深矣。愬冤者急

---

① 老子[M].饶尚宽,译注.北京:中华书局,2015:73.
② 尚书[M].王世舜,王翠叶,译注.北京:中华书局,2012:361.

迫而切身,则听者不及致详,而发之暴矣。二者难察而能察之,则可见其心之明,而不蔽于近矣。此亦必因子张之失而告之,故其辞繁而不杀,以致丁宁之意云。"①子张可能具有不辨忠与奸、谗言和美言、诬告和正告的毛病,所以孔子对症下药,反复叮咛子张要仔细分辨他人之言,不要先入为主,否则容易听信谗言和诽谤,做出错误的判断。

谣言止于智者。花言巧语的不一定是好人,少言寡语的也不一定是坏人。人想要足够明智的话,还得努力掌握观人之法,练就火眼金睛,以明察秋毫。

12.7 子贡问政

【原文】

子贡问政。子曰:"足食,足兵,民信之矣。"子贡曰:"必不得已而去,于斯三者何先?"曰:"去兵。"子贡曰:"必不得已而去,于斯二者何先?"曰:"去食。自古皆有死,民无信不立。"

【引言】

这一章是子贡向孔子请教如何治国理政。孔子提出要做到三点:足食、足兵和民信。

【释解】

(1)问政:请教如何治国理政。

(2)足食:要使粮食充足。

(3)足兵:要使军备充足。兵:军队,军备。

(4)民信之矣:要赢得人民的信任。矣:语气助词,表示肯定。

(5)必不得已而去:迫不得已去掉其中一项的话。去:去掉,排除。

(6)于斯三者何先:在这三者中先去掉哪一项。于:在。斯:这。何:哪个,哪一项。先:首先。

(7)去兵:去掉军备。

---

① 朱熹.四书章句集注[M].北京:中华书局,2011:127.

(8)去食:去掉粮食。

(9)自古皆有死:自古以来人总是要死的。

(10)民无信不立:如果老百姓对统治者不信任,国家就无法强大起来。立:站立,生存,强大。

【译文】

子贡向孔子请教如何治国理政。孔子说:"第一要使粮食充足起来,第二要使军备充足起来,第三要赢得人民的信任。"子贡又问:"如果迫不得已去掉其中一项的话,那么,在这三者中先去掉哪一项?"孔子回答说:"去掉军备。"子贡又问:"如果迫不得已再去掉其中一项的话,那么,在这余下的二者中先去掉哪一项?"孔子回答说:"去掉粮食。自古以来人总是要死的,如果老百姓对统治者不信任,国家就无法强大起来。"

【拓展】

民以食为天。治理国家,先要使人民生活温饱、粮食充足起来,因此一个国家要先发展经济,让经济实力强大起来。但是,如果只是经济上强大,军备却松弛不堪,军队力量弱小不堪,那么,其经济财富就会被其他军事强国所觊觎、掠夺和占有。我国历史上,宋朝的经济实力很强大,百业兴旺,人民饱足,但是周围军事强国林立,宋先后被辽、金侵略,不得不割地赔款,最终被金所灭。1127年,康王赵构建立南宋。1206年,成吉思汗统一蒙古各部,建立大蒙古国。蒙古国先后攻灭西辽、西夏、花剌子模、金等政权。1235年,蒙古大军开始攻略南宋。1260年,忽必烈称帝,建元"中统",定都开平府。1271年,忽必烈改国号为"大元",次年定都大都。1276年,元军攻占临安,1279年崖山海战后,南宋灭亡。

一个国家的强大是要建立在政治、经济和军事等基础上的。朱熹说:"言仓廪实而武备修,然后教化行,而民信于我,不离叛也。"①他又说:"愚谓以人情而言,则兵食足而后吾之信可以孚于民。以民德而言,则信本人之所固有,非兵食所得而先也。是以为政者,当身率其民而以死守之,不以危急

---

① 朱熹.四书章句集注[M].北京:中华书局,2011:127.

而可弃也。"①水能载舟,亦能覆舟。赢得民心就是最大的政治,有了这个强大的基础,必然就能富国强兵。可见,孔子首先把赢得民心作为立国强国最重要的基础。其次是经济,让人民粮食饱足,社会不断发展。最后是军事,要加强军备,以保卫社会发展成果。

12.8 君子质而已矣

【原文】

棘子成曰:"君子质而已矣,何以文为?"子贡曰:"惜乎,夫子之说君子也!驷不及舌。文犹质也,质犹文也。虎豹之鞟犹犬羊之鞟。"

【引言】

这一章是卫国大夫棘子成在对孔子所讲的"文质彬彬,然后君子"表示质疑。子贡反驳了他的这种观点。

【释解】

(1)棘子成:卫国大夫,生平事迹不详。

(2)君子质而已矣:君子只要具备好品质就可以了啊。质:有好品质,质朴。而已:罢了,就可以。矣:语气助词,表示感叹。

(3)何以文为:倒装句,正常句序应是"以文为何",即要文采干什么呢。以:用,要,拿。文:文采。为何:为什么,干什么。有的学者认为"何以文为"的正常句序应是"以何文为",即要什么文采呢。这样的话,"以"是"要"或"用"的意思,"何"是"什么"的意思。"为"在这个句式中虚化为语气助词,相当于"呢"。两种解释意思大致一样。

(4)惜乎:可惜啊。

(5)夫子之说君子也:先生您这样谈论君子。夫子:古代对尊者的尊称,先生。之:助词,用在主谓结构之间,起连接作用。说:谈论,讲说。

(6)驷不及舌:一言既出,驷马难追。驷(sì):同驾一辆车的四匹马。不

---

① 朱熹.四书章句集注[M].北京:中华书局,2011:128.

及:赶不上,追不上。舌:舌头,这里指人用嘴和舌头所说的言语。

(7)虎豹之鞹犹犬羊之鞹:虎豹去掉毛的皮犹如犬羊去掉毛的皮一般。鞹(kuò):去掉毛的皮。犹:犹如,如同。

【译文】

卫国大夫棘子成说:"君子只要具备好品质就可以了啊,要那文采干什么呢?"子贡接话说:"可惜啊,先生您这样谈论君子!一言既出,驷马难追。文采如同本质,本质如同文采,它们是相辅相成的。虎豹去掉毛的皮犹如犬羊去掉毛的皮一般,它们能有什么差别呢?"

【拓展】

中国文化史有这样的共识:"夏尚忠,商尚质,周尚文。"①夏代民风淳朴但粗野,整个社会提倡忠诚。在提倡忠诚的同时,因为对许多自然现象难以解释,所以也发展起鬼神崇拜和祭祀活动。商朝是继夏朝之后建立的王朝,继承了夏的忠诚、淳朴以及鬼神信仰,但鬼神信仰和崇拜以及祭祀、占卜等活动愈演愈烈。"国将兴,听于民;将亡,听于神。"②商朝最后一个王商纣王极端迷信鬼神和君权神授,而不顾人民死活,违背了民心民意,搞得天怒人怨,最终被武王伐纣之兵打败,被迫自焚于鹿台而国灭身死。

周朝充分汲取了商朝亡国的教训,开始转向人文和敬德保民。尽管周王朝同样继承了前二代以来的崇尚忠诚、质朴、信仰和祭祀鬼神等文化传统,但"敬鬼神而远之",开始相信虽然周天子受命于天,但天听于民,"天视自我民视,天听自我民听","民之所欲,天必从之",所以实际上转向了倾听民心民意,制礼作乐制定礼仪文明规范,开启了"为政以德"的德政礼治传统。

孔子盛赞周代的德政礼治灿烂夺目,说:"周监于二代,郁郁乎文哉!吾从周。"③孔子还充分研究了质和文的辩证关系,提出"质胜文则野,文胜质则史。文质彬彬,然后君子"④。孔子主张文采和本质要做到相互平衡,相得益

---

① 朱熹.四书章句集注[M].北京:中华书局,2011:60.
② 左丘明.左传[M].杜预,注.上海:上海古籍出版社,2016:133.
③ 论语[M].陈晓芬,译注.北京:中华书局,2016:29.
④ 论语[M].陈晓芬,译注.北京:中华书局,2016:70.

彰,相辅相成。而棘子成不太理解文采的作用,认为君子只要品质或本质好就可以,文采并不重要。子贡听到这种不合乎孔子关于质朴和文采关系的观点的议论,就明确提出反对意见,以比喻的方式告诉他,如果没有文采的话,君子和其他人就没多少差别了。当然,如果文采和本质不可兼得,君子就要舍文而取质。

12.9 年饥,用不足,如之何

【原文】

哀公问于有若曰:"年饥,用不足,如之何?"有若对曰:"盍彻乎?"曰:"二,吾犹不足,如之何其彻也?"对曰:"百姓足,君孰与不足?百姓不足,君孰与足?"

【引言】

这一章是鲁哀公和有若关于征税以增加财政收入的一场对话。鲁哀公向有若提出,现在因为有了饥荒,所以国家的收入有些不足,该怎么办。有若给出的办法,不仅不是增税,反而是减税。这让鲁哀公着实不解。于是,有若给鲁哀公上了一课。但鲁哀公能否接受有若的说法呢?答案是显而易见的。作为一心都想着自己享受而不顾百姓死活的君主,鲁哀公怎么能够与民休息,给人民让利呢?

【释解】

(1)哀公:鲁哀公,姬姓,名将,鲁定公之子,鲁悼公之父,春秋时期鲁国第26任君主。

(2)有若:有氏,名若,字子有,世称"有子",孔门七十二贤之一,比孔子小43岁。

(3)年饥:遭了饥荒,收成不好。

(4)用不足:国家可供花费的钱粮不充足。

(5)如之何:该怎么办,如何办。

(6)盍彻乎:何不实行彻法呢。盍:何不,为什么不。彻:彻法,即古代抽

十分之一田亩税的税法。乎：表示疑问，"呢"。

(7)二：指古代抽十分之二田亩税的税法。

(8)吾犹不足：我还不够用。犹：还。

(9)如之何其彻也：如何能实行那个彻法呢。如之何：如何可以，怎么能。其：指示代词，那，那个。也：语气助词，表示疑问，相当于"呢"。

(10)君孰与不足：君主怎么会不足。君：国君，君主。孰与：怎么会。

(11)君孰与足：君主怎么会足够。

【疑问】

鲁哀公问有若说："遭了饥荒，收成不好，国家可供花费的钱粮不充足，该怎么办？"有若回答说："何不实行只抽十分之一田亩税的彻法呢？"鲁哀公说："现在抽十分之二的田亩税，我还不够用，如何能实行彻法呢？"有若回答说："如果百姓可供花费的钱粮够用，您怎么会不够用呢？如果百姓可供花费的钱粮不够用，您又怎么会够用呢？"

【拓展】

鲁国在鲁宣公十五年（公元前594年）开始实行初税亩制度。其具体方法是："公田之法，十足其一；今又履其余亩，复十取一。"实行初税亩制度改革前，只是对公田抽十分之一的田亩税，改革后对公田和私田都各抽取十分之一的田亩税。这个制度改革是土地私有合法化的开始，是进步的改革。

鲁哀公时，鲁国实行十分之二的税制。鲁哀公问有若该如何增加国家的赋税收入，是为了在十分之二抽税的基础上继续增加税收，但有若却建议他减税，回到以前抽十分之一税的彻法上去。有若的逻辑是，如果给百姓减税，百姓就会富足起来，这是藏富于民，百姓富足了，就会对国家有信心，也更加忠诚，干劲也就起来了，公田粮食就会越打越多，这样国家的税收就会增加，国库就会更加充盈；但如果给百姓继续加税，百姓可能就会陷入贫困，一旦民不聊生，他们对国家就失去了信心和忠诚，他们耕种公田的积极性就不会高，公田的税收就会继续下降，其结果就是国家和百姓都陷入贫穷。

总之，民心民意就是最大的政治，得民心者得天下。

12.10 子张问崇德辨惑

【原文】

子张问崇德辨惑。子曰:"主忠信,徙义,崇德也。爱之欲其生,恶之欲其死。既欲其生,又欲其死,是惑也。'成不以富,亦祇以异'。"

【引言】

这一章是子张向孔子请教崇德辨惑方面的问题。孔子给他讲了如何做才是崇德,又如何做才是辨惑,并用了《诗》中的语句来作比。

【释解】

(1)崇德辨惑:崇尚道德以提升道德修养水平,辨别疑惑以判明是非曲直。

(2)主忠信:以忠厚信实为主。主:以……为主。

(3)徙义:看到正义的人和事,就向其学习和看齐,唯义是从。徙:向……迁移,接近。

(4)爱之欲其生:爱上一个人就希望他好好活下去。

(5)恶之欲其死:厌恶一个人就恨不得他马上死去。

(6)成不以富,亦祇以异:的确不是因为你嫌贫爱富,也只是因为你见异思迁了。成:同"诚",诚然,的确。以:因为。富:富有,富裕,指嫌贫爱富。祇(zhǐ):同"只",只是。异:见异思迁,喜新厌旧。"成不以富,亦祇以异"出自《诗·小雅·我行其野》。

【译文】

子张向孔子请教如何做才能崇德辨惑。孔子回答说:"要以忠厚信实为主,看到正义的人和事,就向其学习和看齐,唯义是从,这就是崇德。爱上一个人就希望他好好活下去,厌恶一个人就恨不得他马上死去。既希望他好好活下去,又巴不得他马上死去,这就是疑惑。这正如《诗·小雅·我行其野》中所说的那样:'的确不是因为你嫌贫爱富,也只是因为你喜新厌旧了。'"

【拓展】

这一章中,子张问了孔子两方面的事情。一方面是崇德,这个好解释,所以孔子告诉子张要"主忠信"和"徙义"。主忠信就是要以忠厚信实为本,坚持做忠厚信实的人。徙义,就是追求正义的事业,也就是孔子所说的"见贤思齐焉,见不贤而内自省也"①。另一方面是辨惑。辨惑涉及的知识面很广,不太好解释,所以孔子用了比喻。但孔子无论用什么比喻,都是在指出一个大道理:所谓的迷惑或疑惑,不过是人心的变化而已。

无独有偶。禅宗发展史上有个风动还是幡动的故事。在这个故事中,禅宗六祖惠能说:"不是风动,不是幡动,仁者心动。"②人类所察觉的一切变化本质上是人心的变化。

"爱之欲其生,恶之欲其死。既欲其生,又欲其死,是惑也。"孔子在这里指出,爱恨交加就是一种疑惑。因为他人身上的优点和对自己好而爱之,又因为他人身上的缺点和对自己的粗暴无礼而厌恶之。这就是人心变化的作用。

"诚不以富,亦祇以异"出自《诗·小雅·我行其野》。有的学者认为这是一首弃妇诗,还有的学者论证这是一首弃夫诗,我个人赞同这是一首弃夫诗。《诗》的时代,一位男子入赘到女方家,结果女方见异思迁,喜新厌旧,要驱逐这位男子。这位男子无奈之下,只好与女子恩断义绝,离异回家。其根据就是这首诗的第三章中出现了"姻""特"二字。"据《尔雅·释亲》和《说文》对'姻'和'婚'的解释,这两个字有明确的分工。'姻'指婿家,而'婚'指妇家。可见'不思'者为妇,而非夫;被弃者为夫而非妇。其次,下一句'求尔新特'的'特'字,朱熹训为'匹',后有学者指出当读如《鄘风·柏舟》'实维我特'之'特',亦即配偶的意思。但'匹'和'特'也是有区别的。'特'的本义是公牛,引申为雄性动物,再引申为男性配偶。《诗》中出现的'特'字,凡指称人的,都是讲男性,可作旁证。而'匹'字则泛指配偶,不论性别。诗中用'求尔新特'不讲'求尔新匹',正说明诗中人物要另觅的新人

---

① 论语[M].陈晓芬,译注.北京:中华书局,2016:43.
② 坛经[M].尚荣,译注.北京:中华书局,2010:31.

是男性而非女性。可见被弃者是夫而非妇。"①

《诗·小雅·我行其野》②这首诗内容如下：

我行其野，蔽芾其樗。昏姻之故，言就尔居。尔不我畜，复我邦家。

我行其野，言采其蓫。昏姻之故，言就尔宿。尔不我畜，言归斯复。

我行其野，言采其葍。不思旧姻，求尔新特。成不以富，亦祇以异。

蔽芾（bì fèi），形容植物长得茂盛的样子。樗（chū），即"臭椿"。蓫（zhú），羊蹄菜。葍（fú），一种多年生蔓草，地下茎可蒸食。这首诗大意是说：我和你从此恩断义绝，走在回家的田野路上。路旁长着茂盛的臭椿、羊蹄菜和蔓草等，我一边走，一边采摘着能吃的羊蹄菜和蔓草的根茎，同时心里还在愤愤不平地想着这么多年婚姻的事情。我入赘到你家去生活，结果到现在你不再喜欢我，爱上了别人。既然你赶我走，我也只好回我父母的家。我也知道，我们分手的原因并不是因为日子贫穷过不下去，而是因为你心中有了别人，喜新厌旧了。我就想不明白了，难道旧爱比不上新欢吗？

总之，首先，做人要以忠信为本；其次，在人们观察到的现象中，其实质是人心发生了变化或出了问题。爱恨交加和移情别恋都是心出了问题。心不变，就不惑；心变了，自然就迷惑。

12.11 齐景公问政于孔子

【原文】

齐景公问政于孔子。孔子对曰："君君，臣臣，父父，子子。"公曰："善哉！信如君不君，臣不臣，父不父，子不子，虽有粟，吾得而食诸？"

【引言】

这一章是齐景公在向孔子请教治国理政的道理。孔子针对当时齐国君不君、臣不臣、父不父和子不子的情况做了针对性的回答。这个回答就是"君君，臣臣，父父，子子"。其实质，还是劝齐景公实行德政礼治，整顿当时

---

① 《诗经·小雅·我行其野》原文翻译赏析注释[EB/OL].（2022-05-09）[2022-08-31]. https://www.libaishige.com/shangxi/12984.html.
② 诗经[M].孔丘，编订.北京：北京出版社，2006：238-239.

礼治混乱的局面。

【释解】

(1)齐景公:姜姓,吕氏,名杵臼,春秋时期齐国国君,齐灵公之子,齐庄公之弟,齐悼公之父,公元前547年至公元前490年在位。

(2)问政于:向……请教治国理政的事。

(3)君君:国君要像国君的样子。第一个"君"是国君的意思,第二个"君"是要做为政以德的国君的意思,即国君要以礼对待臣民。

(4)臣臣:臣子要像臣子的样子。第一个"臣"是臣子的意思,第二个"臣"是要做忠诚和依礼事奉国君的臣子。

(5)父父:父亲要像父亲的样子。第一个"父"是父亲的意思,第二个"父"是要做合格、称职的父亲,要以礼处理与家人的关系。

(6)子子:儿子要像儿子的样子。第一个"子"是儿子的意思,第二个"子"是要做孝顺忠义的儿子的意思。

(7)善哉:好啊。哉:啊,呀。

(8)信如:诚如。

(9)虽有粟:虽然有粮食。粟:小米,泛指粮食。

(10)吾得而食诸:我能吃上这些粮食吗。吾:我。得:可以,能够。食:吃。诸:相当于"之乎"。之:指前文中的"粟"。乎:疑问词,吗。

【译文】

齐景公向孔子请教如何治国理政。孔子回答说:"国君要像国君的样子,臣子要像臣子的样子,父亲要像父亲的样子,儿子要像儿子的样子。"齐景公听到后高兴地说:"你说得好啊!诚如你说的,如果国君不像国君,臣子不像臣子,父亲不像父亲,儿子不像儿子,那虽然有粮食,但我能吃上这些粮食吗?"

【拓展】

齐庄公六年(公元前548年),齐国权臣崔杼联合大夫庆封弑杀了齐庄公,拥立齐庄公幼小的弟弟杵臼为国君,这就是齐景公。此后,崔杼和庆封共同掌握了齐国大权。在共同执政的过程中,庆封和崔杼之间的矛盾尖锐化,庆封借崔杼家庭发生内乱摧毁了这个家庭,崔杼因家庭破灭而自杀。后来,公孙灶与公孙虿等人又攻灭了庆封的势力,陈无宇等人又攻灭了公孙灶的儿子栾施与公孙虿的儿子高强等势力,长达16年的齐国内乱至此才告一段落。齐景公开始在大夫国弱、晏婴等大臣的辅佐下,亲理朝政。

鲁昭公二十五年(公元前517年)九月十一日,鲁昭公联合臧孙氏和郈昭伯等鲁国贵族讨伐季孙氏(当时季孙氏实际掌权的是季平子),但叔孙氏与孟孙氏站在季孙氏这一边,率领援兵打败了鲁昭公率领的联合军。九月十二日,鲁昭公奔逃到齐国避难,后又到晋国避难,在外漂泊7年,最后死于晋国乾侯。支持国君和周礼的孔子随后也来到齐国,做了齐大夫高昭子的家臣。孔子希望高昭子能向齐景公推荐自己,从而被重用,但齐景公最终在国相晏婴的劝阻下,对孔子弃之不用。孔子与齐景公的会见就发生在这期间。

朱熹对孔子提出的"君君,臣臣,父父,子子"的建议如此解说道:"此人道之大经,政事之根本也。是时景公失政,而大夫陈氏厚施于国。景公又多内嬖,而不立太子。其君臣父子之间,皆失其道,故夫子告之以此。"他还总结说:"景公善孔子之言而不能用,其后果以继嗣不定,启陈氏弑君篡国之祸。"①

也就是说,当时齐国也面临着内忧。齐景公贪图美色享乐,身边有许多宠妃,久久不立太子,几家贵族钩心斗角,大夫陈乞在用"大斗出,小斗进"的方式收买人心,图谋不轨,而齐景公却毫无警觉。举国上下,君不君,臣不臣,父不父,子不子,礼制受到极大破坏,孔子正是针对这一情况,建议齐景公要整顿人伦纲常秩序,恢复周礼制度,让所有人安分守己。但是,说起来容易做起来难,齐景公年纪也大了,不愿折腾了。齐景公死后,其子吕荼于公元前489年继位,这就是齐晏孺子。第二年,陈乞联合鲍牧等贵族发动军事政变,杀死了齐晏孺子,扶立齐景公另一个儿子吕阳生为君,即齐悼公。齐悼公四年(公元前485年),齐悼公被陈乞之子田常、鲍息等人杀害,齐悼公之子吕壬被立为国君,即齐简公。齐简公四年(公元前481年),陈乞之子田恒(即田成子)杀死齐简公与诸多公族,另立齐简公之弟吕骜为齐平公,其自立为太宰,把持朝政。当时,孔子听说齐国发生了弑君事件,强烈要求鲁国出兵干涉,但鲁国婉拒。齐平公之后是齐宣公,齐宣公之后是齐康公。公

---

① 朱熹.四书章句集注[M].北京:中华书局,2011:129.

元前386年，陈乞的后人田和正式被周安王册命为齐侯，史称"田齐"。至此，田氏代齐，或田代齐姜。

礼崩乐坏，不仅使国君性命不保，更会引发社会动乱，甚至发生田代齐姜这样的事。

12.12 片言可以折狱者

【原文】

子曰："片言可以折狱者，其由也与！"子路无宿诺。

【引言】

这一章是孔子在评价和赞美子路具有忠诚和信守诺言的品质。

【释解】

（1）片言：一面之词，诉讼案件中原告或被告单方面的言辞。

（2）折狱者：断案的人。折：审判。狱：案件。者：指代人。

（3）其由也与：大概只有仲由了吧。其：也许，大概。由：仲由，字子路。也与：同"也欤"，表示感叹，相当于"了吧"。

（4）宿诺：未及时兑现的诺言，食言。宿：留下来的，这里指未兑现的。诺：诺言，承诺。

【译文】

孔子说："只听了原告或被告单方面的言辞就可以断好案的人，大概只有仲由了吧！"子路诚实守信，从不食言。

【拓展】

朱熹说："片言，半言。折，断也。子路忠信明决，故言出而人信服之，不待其辞之毕也。"又说："急于践言，不留其诺也。记者因夫子之言而记此，以见子路之所以取信于人者，由其养之有素也。"①

---

① 朱熹. 四书章句集注[M]. 北京：中华书局，2011：129.

在实际断案中,法官能否只听一面之词就断案呢?显然,这在古代和现代都是不可能的,也是法律程序所不允许的。但为什么孔子在这里却说子路有能力只听一面之词就把案子结审了呢?清朝汪烜在《四书诠义》中说:"此称子路有服人之德,非称子路有断狱之才也。"①这应该是最正确的解释。也就是说,子路因为忠厚、诚信守诺,所以普遍赢得了人们的高度信任,人们都愿意相信他所说的,都信服他。如果人们遇到普通的纠纷,让子路来做调解人,无论是原告还是被告都愿意相信子路给出的解决办法,所以,这个纠纷不用告到负责审理案件的官员那里就能解决。这就叫"片言可以折狱"。孔子对子路这种以德服人的诚信品质给予高度赞扬。

但是,正像南怀瑾所分析的那样,"我们读遍了四书和传记,所提到的子路,并没有那么大的本事,可是孔子的确说他片言可以折狱的……既不是大政治家,又不是搞司法的,孔子怎么说他可以片言折狱呢?这就是子路有侠义精神"②。这个侠义精神使得子路获得了民众的普遍信任,他三言两语就可以帮大家解决纠纷。这也就是孔子所说的"片言可以折狱"的真正含义。当然,遇到复杂难解的案件,子路很可能并不具备相应的断案能力。因此,孔子对子路的称赞,更多的是对子路忠厚、诚信美德的赞扬。

12.13 听讼,吾犹人也

【原文】

子曰:"听讼,吾犹人也。必也使无讼乎!"

【引言】

上一章中,孔子赞扬子路因为忠厚信实而具有化解一般纠纷的能力。这一章是孔子自己对法官审理案件的最高理念和目标做了宣示。这就是,法官或官员审理案件,不能希望官司或诉讼案件越来越多,而应想方设法使其越来越少。

---

① 转引自:来可泓. 论语直解[M]. 上海:复旦大学出版社,2000:329.
② 南怀瑾. 论语别裁:下册[M]. 上海:复旦大学出版社,2015:503.

【释解】

(1)听讼:审理诉讼案件。讼:诉讼。

(2)吾犹人也:我和他人一样。吾:我。犹:犹如,如同。

(3)必也使无讼乎:一定也要使诉讼案件愈来愈少,直到再也没有诉讼之事啊。乎:感叹词,"啊""呀"。

【译文】

孔子说:"审理诉讼案件,我和他人一样。一定也要使诉讼案件愈来愈少,直到再也没有诉讼之事啊!"

【拓展】

社会中总会发生这样那样的矛盾、冲突和纠纷。人们要么私下解决,要么告到司法部门去。双方能够达成和解最好,实在不行,就由法官依据国家法律法规来审判。但是,光靠法律法规来约束人们的行为是有问题的,因为许多诉讼案件是因为双方或一方当事人不懂法律法规或不懂做人处事的道理造成的。因此,法治和道德礼制教化必须相辅相成,相得益彰。"道之以政,齐之以刑,民免而无耻。道之以德,齐之以礼,有耻且格。"①孔子提出实行德政礼治的主张,要求统治者为政以德,实行德政礼治,用道德教化来引导人们的言行,用礼制规范来规约人们的言行,那么,民众自己就会产生羞耻心,自觉遵守礼制规范和法律制度。如果只是用政令来命令民众服从,用刑法震慑他们,那么,老百姓就只求能免于刑罚,而不会产生羞耻心、犯罪感,也就无法形成自律。可见,法律惩戒是堵,道德教化是疏,疏堵要结合。

如果国家规定法官审理案件越多,奖金就越多,那么会出现一种什么样的局面?可能相当数量的法官内心就希望诉讼案件越来越多,这种心理当然是对社会治安不利的。同样地,如果医院规定医生治病与个人奖金收入挂钩,那么,必定有相当数量的医生希望病人越来越多,且所患病情越是严重,越是住院时间长越好。这样下去,必然导致医患矛盾越来越多,越来越

---

① 论语[M].陈晓芬,译注.北京:中华书局,2016:11.

大,对社会治安同样不利。因此,一些公益属性强的行业和领域,一定要公益性优先,盈利性次之。

12.14 子张问政

【原文】

子张问政。子曰:"居之无倦,行之以忠。"

【引言】

这一章中,子张向孔子请教如何治国理政。孔子告诉他要忠诚,孜孜以求,而不能懈怠。

【释解】

(1)居之无倦:处于为政做官的工作岗位上就不能懈怠。居:居于,处于。之:它,指为政做官。

(2)行之以忠:为政做官要忠诚。行之:执行它,指为政做官。

【译文】

子张向孔子请教为政做官的道理。孔子回答说:"处于为政做官的工作岗位上就不能有丝毫懈怠,为政做官也要忠贞不贰。"

【拓展】

孔子告诫子张,为政做官要做到对国君和国家忠心耿耿,还要持之以恒,不知疲倦。孔子一生好学不倦,诲人不倦,为了寻找施展平生所学的机会而周游不倦,可以说是依礼做人处世和任劳任怨的典型之一。周公吐哺,天下归心。周公旦一生为了建立和安定周朝谦逊礼让,兢兢业业,在立德、立功和立言三个方面都做到了极致,成为儒家眼中罕有的圣贤人物之一。他去世后,周成王用最高的天子规格把他安葬在周文王和周武王的陵墓附近,并允许鲁国世世代代在周公庙以天子礼乐祭祀他。

总之,无论是学习还是工作,为政做官还是经营企业等,都要忠于国家

和人民,都要孝顺父母,友爱他人,都要坚持不懈,持之以恒。有志者事竟成,坚持到底就是胜利。

12.15 博学于文

【原文】

子曰:"博学于文,约之以礼,亦可以弗畔矣夫!"

【引言】

本章与《雍也篇第六》之第二十七章内容重复。《雍也篇第六》第二十七章原文为:"子曰:'君子博学于文,约之以礼,亦可以弗畔矣夫!'"由此可见,这一章只是少了"君子"二字。

上一章,孔子给子张讲了君子如何从政的道理,这一章,孔子接着提出,君子自己要广博地学习知识,并用周礼约束自己的行为,这样就不会离经叛道。

【释解】

(1)博学于文:广泛地学习社会文化知识。文:文献知识,文化知识。
(2)约之以礼:用周礼约束自己。约:约束。礼:周礼,社会礼仪规范和规矩。

【译文】

孔子说:"君子广泛地学习社会文化知识,并用周礼来约束自己,也就可以做到不离经叛道了啊!"

【拓展】

孔子一贯主张"学而优则仕,仕而优则学"。一个人只有广博地学习,不断地学习,才能不断提升自己的学识和道德修养。但人是容易疏懒、懈怠的高级动物,所以必须有礼制、戒律、纪律或者社会道德规范来约束行为,否则可能变得恃才傲物、放荡不羁,甚至离经叛道,干出僭越礼仪和违法乱纪的事情来。修齐治平是孔子教育的最高目的,而不离经叛道是孔子教育目的的底线。

12.16　君子成人之美

【原文】

子曰:"君子成人之美,不成人之恶。小人反是。"

【引言】

这一章,孔子又讲了一个君子与小人的区别。之前,孔子已经讲了许多君子与小人之间的区别,如"君子喻于义,小人喻于利"①、"君子坦荡荡,小人长戚戚"②等,后面还会讲一些君子与小人的不同,如"君子和而不同,小人同而不和"③,"君子求诸己,小人求诸人"④,等等。

【释解】

(1) 成人之美:成全别人的美事。成:成全。美:美事,好事。
(2) 成人之恶:促成别人的丑事。成:促成,力推。恶:丑事,坏事。
(3) 小人反是:小人与此恰恰相反。反:与……相反。是:代词,这,此。

【译文】

孔子说:"君子总是成全别人的美事,不促成别人的丑事。小人则与此恰恰相反。"

【拓展】

君子和小人是两种有着不同价值取向的人。君子眼里是大我,小人眼里只有自己这个小我。君子是社会本位的,小人是个人本位的。君子"己欲立而立人,己欲达而达人",小人却常常通过排挤、打压、诋毁、诽谤、丑化和

---

① 论语[M].陈晓芬,译注.北京:中华书局,2016:43.
② 论语[M].陈晓芬,译注.北京:中华书局,2016:93.
③ 论语[M].陈晓芬,译注.北京:中华书局,2016:177.
④ 论语[M].陈晓芬,译注.北京:中华书局,2016:211.

贬低等手段,搞坏他人的名誉,并见缝插针地从中渔利。君子总是宽容地看待这个世界,而小人则严苛地对待他人,纵容自己。君子爱财,取之有道,但小人爱财,不择手段。君子尊重他人的利益,将国家利益和集体利益置于个人利益之前,而小人却恰恰相反。

12.17 季康子问政于孔子

【原文】

季康子问政于孔子。孔子对曰:"政者,正也。子帅以正,孰敢不正?"

【引言】

这一章是鲁国权臣季孙氏家的季康子在向孔子请教如何治国理政。孔子给出了自己的意见,那就是作为鲁国实际掌握政治权力的人,季康子应当坚持周礼和正义,实行德政礼治,以身作则,为人表率。这样整个国家上行下效,社会风气就会转好。

【释解】

(1)政者:治国理政。者:语气助词,表示停顿。
(2)正:端正,正直,此处指坚持公平正义和周礼之道。
(3)子帅以正:您带头坚持公平正义和周礼之道。子:对卿大夫的尊称,相当于"您"。帅:带头,做表率。以:文言连词,相当于"而"。
(4)孰敢不正:谁还敢不坚持公平正义和周礼之道。孰:谁,哪一个。

【译文】

季康子向孔子请教如何治国理政。孔子回答说:"治国理政,就是要坚持公平正义和周礼之道。您带头坚持公平正义和周礼之道,谁还敢不坚持公平正义和周礼之道?"

【拓展】

实行德政礼治,就是为政以德和礼。身教重于言教。孔子说:"其身正,不令而行;其身不正,虽令不从。"①领导者或为官者要正人先正己,这样才能为人表率,做好榜样。上有所好,下面的人必然会争相仿效,这就是上行下效的意思。"楚王好细腰,宫中皆饿死"就是一个有代表性的例子。因此,领导者一定要以身作则,率先垂范,克己奉公,廉洁从政,带头坚持和切实保障社会公平正义,积极发挥好领头人的作用。

12.18 季康子患盗

【原文】

季康子患盗,问于孔子。孔子对曰:"苟子之不欲,虽赏之不窃。"

【引言】

上一章,季康子向孔子请教如何治国,这一章,季康子向孔子请教为什么社会上盗窃的案件很多。孔子给出了自己的回答。

【释解】

(1)患盗:苦恼于社会上盗窃案件频发。患:忧患,苦恼。

(2)苟子之不欲:如果您自己不贪图钱财和个人享受的话。苟:如果,假如。之:助词,用于主谓结构之间,不译。欲:贪图钱财和个人享受。

(3)虽赏之不窃:即使奖励人们盗窃,人们也不会去盗窃。虽:即使。赏:奖赏,奖励。之:它,指盗窃。

【译文】

季康子苦恼于社会上盗窃案件频发,向孔子请教该如何办。孔子回答说:"作为鲁国掌握实际最高治国理政权力的人,您如果不贪图钱财和个人享受的话,那么,即使奖励人们盗窃,人们也不会去盗窃。"

【拓展】

季康子是鲁国当时最高的行政执行官,掌握着鲁国的权力。高高在上,

---

① 论语[M].陈晓芬,译注.北京:中华书局,2016:169.

就要正人先正己,为政以德,以德服人,以理服人。孔子曾说:"道之以政,齐之以刑,民免而无耻。道之以德,齐之以礼,有耻且格。"①统治者只用行政命令和刑法来规约人民,人民虽然惧怕刑法但不会有耻辱感,只能做到他律而不能自律;但是如果统治者率先垂范,以身作则,用道德教化人民,引导人民,用礼制规约人民,人民就会做到自律自觉。

因此,鲁国患盗,首先应从季康子等居高位者身上找原因。领导者自己贪图钱财和个人享受,百姓怎会不争相仿效?盗窃案件多发,也是因为整个社会都"向钱看"。明代戚继光《练兵实纪》上说:"古人所谓武臣不惜死,文官不爱钱,天下太平矣。是故不惜死,由不爱钱中生来。不爱钱,由无欲而充之。"②

总之,无欲则刚,无欲就不会去违法,不会去偷盗。

12.19　如杀无道,以就有道,何如

【原文】

季康子问政于孔子曰:"如杀无道,以就有道,何如?"孔子对曰:"子为政,焉用杀?子欲善而民善矣!君子之德风,小人之德草。草,上之风,必偃。"

【引言】

这一章接着前两章,都是季康子在向孔子请教如何治国。孔子都在告诉季康子同一个道理,那就是他要为政以德,以身作则。为官者爱好道德,提倡道德,民众就会以道德自律;为官者爱好钱财享受,千方百计搜刮民间财富,老百姓也会趋之若鹜。这一章,借着季康子所问的问题,即想要通过肉体消灭的办法把偷盗的、违法犯罪的"无道之人"除去,孔子还是建议季康子实行德政礼治,用君子的道德风气去影响百姓,使百姓得到好的道德教化,这样,违法乱纪的无道行为自然就会减少和消除。

---

① 论语[M].陈晓芬,译注.北京:中华书局,2016:11.
② 张鲁原.中华古谚语大辞典[M].上海:上海大学出版社,2011:300.

【释解】

(1) 如杀无道：如果杀掉不行正道的坏人。如：如果。无道：不行正道，做坏事。

(2) 以就有道：而接近行正道的好人。以：文言连词，相当于"而"。就：接近，亲近。有道：行正道，做好事。

(3) 焉用杀：哪里用得着杀人这种办法呢。焉：哪里，怎么。用：用上，用得着。

(4) 子欲善而民善矣：您只要行善，百姓就会跟着行善啊。欲：想，想要。善：行善，做善事。矣：助词，表示感叹。

(5) 君子之德风：为政者的品德就好比风。君子：指为政者，治国理政的人。德：道德，品德。风：就像风一样。

(6) 小人之德草：百姓的品德就好比草。小人：指百姓。草：像草一样。

(7) 草，上之风，必偃：风吹向草，草一定会跟着倒伏。上之风：让风吹到草上。上：给……加上。之：它，指草。偃(yǎn)：仰面倒下，倒伏。

【译文】

季康子向孔子请教如何治国理政时说："如果杀掉不行正道的坏人，而亲近行正道的好人，怎么样？"孔子回答说："您治国理政，哪里用得着杀人这种办法呢？您只要行善，百姓就会跟着行善啊！为政者的品德就好比风，百姓的品德就好比草。风吹向草，草就一定会跟着倒伏。"

【拓展】

季康子想用刑杀的办法消灭在社会上违法犯罪的人，而孔子主张还是要实行德政礼治。只要为政者做好道德表率，那么，上行下效，百姓自然会敬服自律。相反，以暴制暴，以杀止杀，但"民不畏死，奈何以死惧之"[①]？特别是，统治者自己残暴不仁，贪图个人享受，不顾人民死活，那么，暴力杀戮必然带来更为激烈的反抗。

---

① 老子[M].饶尚宽,译注.北京:中华书局,2015:159.

老子说:"以道莅天下,其鬼不神。"①所以说,居高位者要想治理好国家,还得要以德服人,依法治国。就像给人做思想工作一样,要晓之以理,动之以情,信之以德。

12.20 士何如斯可谓之达矣

【原文】

子张问:"士何如斯可谓之达矣?"子曰:"何哉,尔所谓达者?"子张对曰:"在邦必闻,在家必闻。"子曰:"是闻也,非达也。夫达也者,质直而好义,察言而观色,虑以下人。在邦必达,在家必达。夫闻也者,色取仁而行违,居之不疑。在邦必闻,在家必闻。"

【引言】

这一章是子张与孔子之间的对话。子张在向孔子请教读书人怎么做才是"达"。孔子告诉他,读书人先要做君子,既要品质好,又要为人仗义,还要洞察入微、谦和有礼。这样在国和在家都可以做到"达"了。

【释解】

(1)士何如斯可谓之达矣:读书人怎么做就可以称为"通达"呢。士:指文士、读书人或知识分子。何如:怎么样,怎么做。斯:就。可谓之:可称为。达:通达事理,通行天下。矣:疑问词,"呢"。

(2)何哉:是什么呢。何:什么。哉:助词,表示疑问,"呢"。

(3)尔所谓达者:你所说的"通达"。者:助词,表示停顿。

(4)在邦必闻:在国家一定有名望。邦:邦国,诸侯国。闻:有名望,有名声。

(5)在家必闻:在大夫家里一定有名望。家:指在大夫家里。

(6)质直而好义:品质正直而喜好正义。

(7)察言而观色:善于观察分析别人的言语、语气和神情。言:言语和语

---

① 老子[M].饶尚宽,译注.北京:中华书局,2015:129.

气。色:神情,脸色,动作语言。

(8)虑以下人:总想着要礼贤下士,谦逊待人。下人:礼贤下士,谦逊对待下级和晚辈。

(9)夫闻也者:所谓"有名望的人"。夫:发语词,不译。闻:指有名望的人。也者:语气助词,表提示。

(10)色取仁而行违:神情上表现出有仁德的样子,但行动上违背了仁道。取:选择,采用。而:但是,却。行:行动,实践。违:违背了仁道。

(11)居之不疑:竟然以仁人自居而心安理得。居之:以仁人自居。之:指"仁"或"仁人"。不疑:没有疑问,指自以为是而心安理得。

【译文】

子张问孔子说:"读书人怎么做就可以称为'通达'呢?"孔子反问子张说:"你所说的'通达'是什么意思呢?"子张回答说:"在国家一定有名望,在大夫家里一定有名望。"孔子说:"这是有名望,但不是通达。通达的人,品质正直而喜好正义,能善于观察分析别人的言语、语气和神情,总想着要礼贤下士,谦逊待人。这样的人才必定能在国家通达,也必定能在大夫家里通达。而所谓有名望的人,他们神情上表现出有仁德的样子,但行动上却实际违背了仁道仁德。他们竟然还以仁人自居而心安理得。但他们在国家也一定有名望,在大夫家里也一定有名望。"

【拓展】

这一章实质上讲了闻人和达人的区别。闻人就是有一定的名声或名望,但其往往言行不一,表里不一。他们表面上装着有仁德,具体做事时总是违背仁德,做一些非仁义或非正义的事情。达人则不同。达人通达事理,仁、智、勇三达德都具备,不仅坚持仁、义、礼、智、信,而且情商很高,对他人的言语神情和心理活动洞察入微,总能知道他人真正所想,还能礼貌待人,谦逊和气。他们是表里如一、言行一致的君子,绝不会追求虚名,也绝不会做出违背仁义道德和礼制的事。

12.21 樊迟从游于舞雩之下

【原文】

樊迟从游于舞雩之下,曰:"敢问崇德、修慝、辨惑?"子曰:"善哉问!先事后得,非崇德与?攻其恶,无攻人之恶,非修慝与?一朝之忿,忘其身以及其亲,非惑与?"

【引言】

前一章是子张问孔子什么是"通达",这一章是樊迟在向孔子请教什么是"崇德、修慝、辨惑"。孔子都给予了耐心细致的回答。

【释解】

(1)樊迟:樊须,姓樊,名须,字子迟,春秋末年鲁国人,比孔子小36岁。樊哙是樊迟的第七世孙。

(2)从游于舞雩之下:跟从孔子在舞雩祭坛下游玩。从游:伴游,陪他人游玩。

(3)崇德:崇尚道德,推崇道德。

(4)修慝:清除心中邪念。修:修正,清除。慝(tè):心中的邪念、邪恶。

(5)辨惑:辨别疑惑。

(6)善哉问:倒装句,即"问善哉",问得好啊。

(7)先事后得:先做好事然后再考虑分配收益的问题。事:做事。得:得到收益。

(8)非崇德与:不就是崇尚道德礼让吗。与:同"欤",疑问词,吗。

(9)攻其恶:攻击自己的邪恶。攻:攻击,打击。恶:邪恶。

(10)无攻人之恶:不去攻击他人的邪恶。

(11)非修慝与:这不就是清除自己心中的邪念吗。

(12)一朝之忿:一时的愤怒。一朝:一时。忿:愤怒,恼怒。

(13)忘其身以及其亲:置自己的身家性命和亲人的利益与心理感受于不顾。忘:忘掉,置……于不顾。其亲:他自己的亲人。

(14)非惑与:这不就是疑惑吗。

【译文】

樊迟跟从孔子在舞雩祭坛下游玩。樊迟说:"请问如何才能崇尚道德、清除心中邪念和辨别疑惑呢?"孔子回答说:"你问得好啊!先努力去做事再考虑分配收益的问题,这不就是崇尚道德吗?只攻击自己的邪念,不去攻击他人的邪念,这不就是清除自己心中的邪念吗?只顾一时的愤怒,而置自己的身家性命和亲人的利益与心理感受于不顾,这不就是疑惑吗?"

【拓展】

这一章实际上谈及了崇尚道德、修正身心和辨别疑惑三个问题。朱熹对这一章的解释是:"先事后得,犹言先难后获也。为所当为而不计其功,则德日积而不自知矣。专于治己而不责人,则己之恶无所匿矣。知一朝之忿为甚微,而祸及其亲为甚大,则有以辨惑而惩其忿矣。樊迟粗鄙近利,故告之以此,三者皆所以救其失也。"①

首先,在推崇道德品质的社会,人们以道德高尚为荣,以道德低下为耻;但在世风日下和崇拜金钱利益的社会,人们则会以富有为荣,以贫穷为耻。春秋末年,礼崩乐坏,世风日下,僭越之事频频发生,个人物质利益成为许多人优先考虑的事情。而推崇道德,成为稀有之事。樊迟主动问如何提高个人的道德修养,可见其一心向善,想要努力做个君子。孔子告诉他,提高个人修养的方法很简单,那就是先养成积极做事而不计较个人得失的习惯。

其次,要严于律己,宽以待人。轻易指责他人或批评他人,不仅容易放纵自己心中的恶念,还容易激怒他人,引起他人的怨恨。这样一来,人与人之间的冲突就会升级,对于修养身心极为不利。

最后,要学会控制自己的情绪情感。"怒从心头起,恶向胆边生",自古迄今,社会中不乏因一时冲动酿成倾家荡产,甚至家破身亡之恶果的例子。特别是,古代有"连坐之法",个人违法乱纪很容易牵连整个家族。因此,学会掌控个人情绪,积极观照内心,清除内心邪念,不断提高自己的道德修养水平,就成为一个君子生活中最重要的事。

---

① 朱熹.四书章句集注[M].北京:中华书局,2011:131.

12.22 樊迟问仁

【原文】

樊迟问仁。子曰:"爱人。"问知。子曰:"知人。"樊迟未达。子曰:"举直错诸枉,能使枉者直。"樊迟退,见子夏曰:"乡也吾见于夫子而问知,子曰:'举直错诸枉,能使枉者直',何谓也?"子夏曰:"富哉言乎!舜有天下,选于众,举皋陶,不仁者远矣。汤有天下,选于众,举伊尹,不仁者远矣。"

【引言】

上一章是樊迟问孔子什么是崇德、修慝和辨惑,这一章是樊迟问什么是仁和智。因为樊迟在学习天赋上不如颜渊、子贡和子夏等人,所以,孔子给他的回答也是有针对性的。那就是答案必须可操作性强,便于他实践运用。

【释解】

(1)问知:问什么是明智。知:明智,聪明智慧。

(2)未达:没有明白是什么意思。达:通晓,明白。

(3)举直错诸枉:推举任用正直的人,贬黜邪恶的人。举:推举,任用。直:正直无私、耿直的人。错:通"措",放置,安置,这里是弃置、废弃的意思。诸枉:指邪恶不正的人。

(4)能使枉者直:能够使得邪恶不正的人变得正直。

(5)乡也吾见于夫子而问知:刚才我见到老师问了什么是明智。乡(xiàng):同"向",刚才。也:助词,表示停顿。见于:见到。夫子:先生,老师。

(6)富哉言乎:说得内涵丰富啊。富:富裕,丰富,这里引申为言语精辟或深刻。

(7)舜:中国上古部落联盟首领,被尊称为帝舜或虞舜。尧去世后,舜继位。舜帝有大禹、后稷、契、皋陶等贤臣辅佐。

(8)选于众:在众人中选拔人才。

(9)举皋陶(Gāo yáo):把皋陶选拔出来。举:推举,选拔。皋陶:偃姓

(一说为嬴姓),皋氏,名繇,字庭坚,历经尧、舜、禹三个时期。相传他构建了中国最早的司法制度体系(五刑、五教)。

(10)不仁者远矣:不仁不义的人就远离了。远:远离,离开,引申为不接近,不亲近。

(11)汤:商汤,又称成汤,子姓,名履,又名天乙,商朝开国君主。汤是契的第14代孙,建立商朝后在位12年。

(12)举伊尹:把伊尹推举出来。伊尹:姒姓,伊氏,名挚,辅助商汤灭夏兴商,历事成汤、外丙、仲壬、太甲、沃丁五代君主。

【译文】

樊迟向孔子请教什么是仁。孔子说:"仁就是爱他人。"樊迟又问什么是智。孔子说:"智就是了解他人。"樊迟不明白。孔子接着说:"推举任用正直的人,贬黜邪恶的人,这样就能使邪恶不正的人变得正直。"樊迟退出来,看到子夏,说:"刚才我见到老师,问了什么是智。老师说:'推举任用正直的人,贬黜邪恶的人,这样就能使邪恶不正的人变得正直。'这是什么意思呢?"子夏回答说:"这话说得精妙而深刻啊!舜帝拥有天下的时候,在众人中选拔人才,把皋陶选拔出来,不仁不义的人就远离了。商汤拥有天下的时候,在众人中选拔人才,把伊尹推举出来,不仁不义的人也远离了。"

【拓展】

仁、智、勇是儒家提倡的"三达德"。这三者也是君子的三大品质。仁者爱人,智者知人。"知人者智,自知者明",像尧、舜、禹、汤、文、武、皋陶和伊尹这些圣贤,必然会以天下为本,以民为本,并且还必须善于了解他人,辨别好坏、贤愚、美丑等,否则,就不会明智,就不能"亲贤臣,远小人"。因此,朱熹说:"爱人,仁之施。知人,知之务。迟以夫子之言,专为知者之事。又未达所以能使枉者直之理。不仁者远,言人皆化而为仁,不见有不仁者,若其远去尔,所谓使枉者直也。子夏盖有以知夫子之兼仁知而言矣。"[1]

樊迟比较愚钝,没能一下子明白孔子关于"知"的解释,孔子又进一步解释,他还是不太明白。所以,他遇到子夏又问孔子所讲的是什么意思。子夏

---

[1] 朱熹.四书章句集注[M].北京:中华书局,2011:131-132.

就又举例给他解释。一个圣明的君主知人善任,把贤能的人推举出来,奸佞小人自然就没有了容身之地,或许还能把奸佞小人改造为对社会有用的人。这样,社会就能和谐发展,繁荣昌盛。反之,"亲小人,远贤臣",则必定奸臣当道,忠臣、贤臣遭殃,整个社会就会乌烟瘴气,走向衰亡。

12.23　子贡问友

【原文】

子贡问友。子曰:"忠告而善道之,不可则止,毋自辱焉。"

【引言】

这一章是子贡在问交友之道。孔子告诉他交友也要投缘,相互劝诫,一心向善,如果做不到就适可而止。

【释解】

(1)忠告而善道之:(如果发现对方有缺陷或错误)就给对方提出忠告并合理地引导对方。善道:善于引导。之:代词,指朋友。

(2)不可则止:如果做不到就停止。

(3)毋自辱焉:不要在这方面自取其辱。毋:不要,别。焉:于此,在这方面。

【译文】

子贡向孔子请教如何交友。孔子回答说:"如果发现对方有缺陷或错误,就提出忠告并合理地引导对方。如果做不到就停止。不要在这方面自取其辱。"

【拓展】

和一个人交朋友,既不能离得太近,也不能太远。太近容易有失恭敬,太远了就容易疏远。同时,宁交益友,勿交损友。我们既然觉得对方忠信,适合做朋友,那么,看到对方身上有缺点,应当忠诚劝告,不能视而不见,这样有利于朋友各方面修养的提高。但是,如果朋友实在不愿听从你的劝告,则应适可而止。因为反复劝告,一方面毫无作用,另一方面会令朋友厌恶,最后朋友也无法做了。这正如朱熹所解释的:"友所以辅仁,故尽其心以告之,善其说以道之。然以义合者也,故不可则止。若以数而见疏,则自辱矣。"①

12.24 君子以文会友

【原文】

曾子曰:"君子以文会友,以友辅仁。"

【引言】

这一章是《颜渊篇第十二》的最后一章,接着上一章继续谈论君子的交友之道。上一章是孔子在讲论交友之道,这一章是曾子谈论交友之道。按照首尾呼应的惯例,本篇的这最后一章与第一章相互呼应。第一章是谈论仁道,孔子说为仁由己,而这一章强调君子也要交友,以便"以友辅仁"。这样就做到了主观上求仁与客观上辅仁的和谐统一。

【释解】

(1)以文会友:用文化知识和思想来会聚结交朋友。以:用,依靠。文:指文章、文化等思想和知识。会:会聚,引申为会聚结交。

(2)以友辅仁:依靠朋友来辅助培养和提升自己的仁德。

【译文】

曾子说:"君子用文化知识和思想来会聚结交朋友,依靠朋友来辅助培养和提升自己的仁德。"

【拓展】

君子的交友之道与小人的交友之道有着根本的不同。"君子喻于义,小

---

① 朱熹.四书章句集注[M].北京:中华书局,2011:132.

人喻于利。"①"君子之交淡若水,小人之交甘若醴。"②君子因为志在追求道义和仁德,所以总是"以文会友,以友辅仁"。只要志同道合,四海之内的君子就是同志加兄弟。但是,小人往往以金钱、利益、权势和低级趣味来交友,所以往往不能善始善终。隋代王通说:"以势交者,势倾则绝;以利交者,利穷则散。故君子不与也。"③

总之,小人之交树倒猢狲散,君子之交以心相交,如陈酿的美酒,愈久愈醇,甚至"可以托六尺之孤,可以寄百里之命,临大节而不可夺也"④。

---

① 论语[M].陈晓芬,译注.北京:中华书局,2016:43.
② 庄子[M].牧语,译注.南昌:江西人民出版社,2017:308.
③ 文中子[M].王路曼,池桢,注说.郑州:河南大学出版社,2016:219.
④ 论语[M].陈晓芬,译注.北京:中华书局,2016:98.

子路篇第十三

该篇共计30章。孔子直接的论述有16章,与他人的问答有14章。整篇以谈论治国理政之道为主,强调德政礼治,为政以德,为人表率,以身作则,正名正己,选贤与能,知人善任;强调要致力于经济建设,让老百姓富裕起来;强调要建设强大的军队,以保卫经济发展成果;强调要开展道德教化,以民为本,爱民、富民和教民,使整个社会恢复到高度发达的德政礼治文明社会。该篇可以被看作《为政篇第二》的续篇。

13.1 子路问政

【原文】

子路问政。子曰:"先之劳之。"请益。曰:"无倦。"

【引言】

这一章是子路在向孔子请教如何治国理政。孔子告诉他,为政者要身体力行,率先垂范,带领百姓勤勉地劳动和工作,持之以恒,不能倦息。

【释解】

(1)先之劳之:为政者要率先垂范,以身作则,带领百姓勤奋地劳动和工作。先之:率先垂范,为人表率。劳之:使百姓勤奋劳动和工作。之:代词,指百姓、民众。

(2)请益:请求再增加一些指教。益:增加,增添。

(3)无倦:不要倦息。

【译文】

子路向孔子请教如何治国理政。孔子回答说:"为政者要率先垂范,以身作则,带领百姓勤奋地劳动和工作。"子路请求再增加一些指教。孔子说:"不要倦怠。"

【拓展】

大禹、周公、范仲淹等人都是为政的优秀人物。大禹治水三过家门而不入,一生都在为国计民生而奔忙。孔子评价说:"禹,吾无间然矣。菲饮食而致孝乎鬼神,恶衣服而致美乎黻冕,卑宫室而尽力乎沟洫。禹,吾无间然矣。"①

周公旦辅佐周武王兴周灭商,又辅佐周成王巩固了周朝政权。周公不仅政治、军事、道德、文化了得,还制礼作乐,"一沐三握发,一饭三吐哺"。周公旦处于一人之下万人之上,却能如此礼贤下士,兢兢业业,实在难得。

范仲淹是宋朝首屈一指的人物。他忠君报国,坦荡磊落,文武兼备,以仁为己任,乐善好施,"先天下之忧而忧,后天下之乐而乐","居庙堂之高则忧其民,处江湖之远则忧其君",在政治、军事、经济、文化教育等方面都有杰出的才能,为宋朝江山稳固和社会发展作出了力所能及的贡献。明代冯梦桢评价说:"宋范文正公学术则为纯儒,立朝事业则为纯臣,垂范子孙则为贤祖宗,而师表百世则为殊绝人物。"②

13.2 仲弓为季氏宰

【原文】

仲弓为季氏宰,问政。子曰:"先有司,赦小过,举贤才。"曰:"焉知贤才而举之?"子曰:"举尔所知;尔所不知,人其舍诸?"

---

① 论语[M].陈晓芬,译注.北京:中华书局,2016:103-104.
② 冯梦桢.重修浒墅文正书院记[M]//范能濬,编集.薛正兴,校点.范仲淹全集.南京:凤凰出版社,2004:1171.

【引言】

这一章是仲弓在向孔子请教如何理政。孔子告诉他,要推举、任用贤能的人,同时要抓大放小,这样才能聚拢人心,干好为政做官的事情。

【释解】

(1)仲弓为季氏宰:仲弓担任季孙氏采邑的宰官。仲弓:冉雍。季氏:季孙氏。宰:宰官,指季孙氏一个采邑的行政长官。

(2)先有司:要先给负责具体事务的官吏做好表率。有司:负责某部门具体事务的官吏。

(3)赦小过:赦免他们小的过错。过:过错,过失。

(4)焉知贤才而举之:怎么才能知道谁是贤才而把他们推举出来呢。焉知:怎么知道。

(5)举尔所知:推举你所知道的。尔:你。

(6)人其舍诸:他人难道会舍弃他们吗。其:表示反问,难道会,岂会。舍:舍弃,埋没。诸:相当于"之乎",他们吗。

【译文】

仲弓担任季孙氏采邑的宰官。他向孔子请教如何理政。孔子说:"要先给负责具体事务的官吏做好表率,赦免他们小的过失,并提拔任用贤能的人。"仲弓又问:"怎么才能知道谁是贤才而把他们推举出来呢?"孔子回答说:"推举你所知道的贤才。至于其他你所不知道的贤才,他人难道会舍弃他们吗?"

【拓展】

上一章中,子路向孔子问政的时候,孔子提出"先之劳之",也就是为政者要以身作则,为人表率,然后让手下各安其职,各负其责。这一章,仲弓向孔子问政,孔子同样提出了这个意见,即"先有司"。可见,领导首先要起到好的带头作用,这样才能带动其他人一起努力工作。其次,要"赦小过"。人非圣贤,孰能无过?是人都会多少犯点错误。没有规矩不成方圆。大的原则不能违背,对大的错误该怎么处理就怎么处理,但是水至清则无鱼,人至

察则无徒。对于不太要紧的小过失,则可小事化了,让下属感受到上司的温暖和关怀,从而更加用心地工作。最后就是"举贤才",要充分发挥贤能者的建设作用,推动工作有序、高效开展。

13.3 卫君待子而为政

【原文】

子路曰:"卫君待子而为政,子将奚先?"子曰:"必也正名乎?"子路曰:"有是哉?子之迂也!奚其正?"子曰:"野哉,由也!君子于其所不知,盖阙如也。名不正则言不顺;言不顺则事不成;事不成则礼乐不兴;礼乐不兴则刑罚不中;刑罚不中则民无所措手足。故君子名之必可言也,言之必可行也。君子于其言,无所苟而已矣!"

【引言】

这一章是子路与孔子之间关于在卫国为政做官应该先做些什么的对话。孔子针对卫国当时"君不君,臣不臣,父不父,子不子"的社会实际,提出首先要做的就是"正名",并提出"名不正则言不顺;言不顺则事不成"等理由。

【释解】

(1)卫君:卫国国君,指当时在位的卫出公。卫出公,姬姓,卫氏,名辄,卫国第29位国君,前492年—前481年、前476年—前456年在位。他是卫灵公之孙、卫后庄公之子,卫悼公之侄。卫出公八年(前485年),孔子携一些学生来到卫国,第二年又返回鲁国。子路和孔子的对话就发生在他们逗留卫国期间。卫灵公去世时,原来的太子蒯聩被卫灵公驱逐在外,蒯聩的儿子蒯辄继位为卫出公。但蒯聩一直想回国争夺君位,于是就产生了君不君和臣不臣、父不父和子不子的问题。

(2)待子而为政:期待您去治国理政。待:等待,期待。

(3)子将奚先:您将先从什么事情做起呢。奚(xī):什么事。

(4)必也正名乎:一定是先正名了。必也:必定,一定。正名:端正名分。

(5)有是哉:有这样(做)的吗。是:这样。哉:疑问词,"吗"。

(6)子之迂也:您太迂腐了。之:助词,用在主谓结构之间,不译。迂:迂腐,不合时宜。

(7)奚其正:为什么要正名呢。奚其:为何,为什么。正:指正名。

(8)野哉:真粗野啊。野:粗野。哉:感叹词,"啊""呀"。

(9)由:仲由,字子路,又字季路。

(10)君子于其所不知:君子对于他所不知道的。于:对于。其:代词,他。

(11)盖阙如也:大概会存疑而不论。盖:大概,或许。阙:同"缺",空缺,指存疑。

(12)言不顺:如果说话不合理。顺:合理,顺理成章。

(13)刑罚不中则民无所措手足:如果刑罚不得当的话,老百姓就会不知所措。中(zhòng):得当,合理。无所措手足:不知所措,不知道怎么办。

(14)故君子名之必可言也:因此君子定名分一定要说得明白合理。名之:定名分。可言:可以说得明白合理,顺理成章。

(15)君子于其言:君子对于自己的言语。

(16)无所苟而已矣:绝不可以马虎了事啊。无所:绝不可以。苟:随便,马虎。已矣:算了,了事。

【译文】

子路问孔子说:"卫国国君期待您去治国理政,您打算先从什么事做起呢?"孔子回答说:"一定是先正名了。"子路反问:"有这样做的吗?您太迂腐了!为什么要正名呢?"孔子说:"仲由,你真粗野啊!君子对于他所不知道的,大概会存疑而不论。名分不正,说话就不会合理;说话不合理,事情就办不成;事情办不成,礼乐就不能振兴;礼乐不能振兴,刑罚就不会得当;刑罚不得当,老百姓就会不知所措。因此,君子定名分一定要说得明白合理,话一旦说出来就一定要可实行。君子对于自己的言语,绝不可以马虎了事啊!"

【拓展】

这一章继续谈论如何治国理政。但这一章所谈论的是卫国为政的问

题。当时卫国的国君是卫出公。其父蒯聩此前因要暗杀母亲南子而被卫灵公驱逐。但蒯聩一心要回国争取国君之位。这样,卫国当时就面临着"君不君,臣不臣,父不父,子不子"的问题。如果卫国国君父子争斗不止,必定国无宁日。

但这里存在一个问题,蒯聩的儿子蒯辄已经继位当了国君,其父就应该是臣子或者太上皇的身份了。所以,卫出公作为儿子应当迎回和孝敬父亲蒯聩,而作为臣子的蒯聩也应当熄灭争夺国君之位的欲望。但事实上,卫出公拒绝其父亲归国,而其父也坚决要回国当国君,父子互不相让。

针对这个难题,孔子认为还得先正名。因为卫出公已经是国君,并且不愿意退位,所以这个正名不可能是让卫出公让出国君之位,只能是先把其父蒯聩接回国内妥善安置。当然,前提是不使其父篡权乱政。只要这个问题得以妥善解决,其他的事情只要依礼而行,自然就会国泰民安。

后来,蒯聩回国政变成功,把儿子卫出公赶出国外,自己做了国君,这就是卫后庄公。子路当时是卫国大夫孔悝的家臣,为营救孔悝而死于这场政变中。当然,好景不长,没过几年,卫后庄公得罪了晋国,被晋国军队打败,再度出逃。他的儿子卫出公又回国当了国君。

13.4　樊迟请学稼

【原文】

樊迟请学稼。子曰:"吾不如老农。"请学为圃。曰:"吾不如老圃。"樊迟出,子曰:"小人哉,樊须也!上好礼,则民莫敢不敬;上好义,则民莫敢不服;上好信,则民莫敢不用情。夫如是,则四方之民襁负其子而至矣,焉用稼?"

【引言】

这一章是孔子在讲自己关于读书人应该努力的方向。樊迟向孔子请教如何种庄稼和种菜,但孔子说自己不擅长做农事。等樊迟退出后,孔子对其他学生讲:"作为读书人,学而优则仕,将来是要为政做官的。要做好官,只要把仁、义、礼、智、信这些方面学好、做好就够了。这样老百姓都会仰慕而来,还会缺少种庄稼和种菜的人吗?"

【释解】

(1)樊迟:樊须。

(2)学稼:学习种庄稼。

(3)为圃:在菜地种菜。圃(pǔ):菜地,菜园。

(4)老圃:老菜农。

(5)小人哉:真是个小人啊。小人:指平民百姓,做小事的人。

(6)上好礼:为政者喜好礼仪。上:为政者,在上位者。

(7)则民莫敢不用情:那么百姓就不敢不用真情实感对待。用情:以真心对待。

(8)夫如是:如果这样的话。夫:发语词,不译。如:如果。是:这样。

(9)则四方之民襁负其子而至矣:那么四面八方的百姓就会用布巾把婴儿包起来,背在背上来投奔和归附了。襁(qiǎng):包裹婴儿用的布巾,在这里用作动词,指用布巾把婴儿包起来。负:背在背上。

(10)焉用稼:哪里用得上自己种庄稼呢。焉:哪里,怎么。用:用得上,用得着。

【译文】

樊迟向孔子请教如何学种庄稼。孔子说:"我不如老农民。"樊迟又请教如何种菜。孔子回答说:"我不如老菜农。"樊迟退出后,孔子说:"樊迟真是个做小事的人啊!如果为政者喜好礼仪,那么老百姓就不敢不恭敬;如果为政者喜好仁义,那么老百姓就不敢不服从;如果为政者喜好诚信,那么老百姓就不敢不用真情实感对待。如果这样做的话,四面八方的百姓就会用布巾把婴儿包起来,背在背上来投奔和归附了。哪里用得上自己种庄稼呢?"

【拓展】

孔子举办私学的目的就是培养学而优则仕的为政者,而不是培养种庄稼和种菜的农人。在孔子眼里,为政做官的人属于大人物,种庄稼、种菜的人属于小人物。社会上缺乏的是为政做官的优秀人才,而不缺农民这样的小人物。儒家一直强调"修身、齐家、治国、平天下",立功、立德、立言。为官一任,造福一方。"修己以安人,修己以安百姓。"这些都是一个读书人和君

子应该做的事情。

到了现代,教育的目的不再只是培养合格的为政做官的人,而是培养各行各业的人才。显然,孔子"学而优则仕"的思想有很大的时代局限性。

13.5 诵《诗三百》

【原文】

子曰:"诵《诗三百》,授之以政,不达;使于四方,不能专对;虽多,亦奚以为?"

【引言】

这一章是孔子在讲学习知识要学以致用,活学活用,要理论与实践相结合。死读书,读死书,读书死,是无济于事的。只有活读书,读活书,读书活,才能做一个对社会真正有用的人。

【释解】

(1)《诗三百》:《诗》,大约三百首。
(2)授之以政:让他从事政务。授:给,任命。之:代词,他。以:拿,把。
(3)不达:做不好。达:通达,指把政务做好。
(4)使于四方:派他出使外国。
(5)专对:独立应对。
(6)亦奚以为:又有什么用处呢。亦:又。奚(xī):何,什么。以:用,用处。为:句末助词,表示疑问,相当于"呢"。

【译文】

孔子说:"把《诗三百》背诵得滚瓜烂熟,让他从事政务,却做不好;派他出使外国,也不能独立应对。像这样虽然背诵得很多,但又有什么用处呢?"

【拓展】

《诗》里有许多学科的知识,也有许多的人情世故和真情实感。所以背诵或念诵《诗》,久而久之,可以培养"温柔敦厚"的品质和与人沟通的能力。孔子说:"温柔敦厚,《诗》教也。疏通知远,《书》教也。广博易良,《乐》教也。絜静精微,《易》教也。恭俭庄敬,《礼》教也。属辞比事,《春秋》教也。"①又说:"不学诗,无以言;不学礼,无以立。"②朱熹对《诗》的功用评价道:《诗》本人情,该物理,可以验风俗之盛衰,见政治之得失。其言温厚和平,长于风谕。故诵之者,必达于政而能言也。"③可见,读《诗》是大有好处的。

但是,读书的目的是学以致用,如果只是死读书,不能活学活用,那真的没有多大用处。这正如程子所说:"穷经将以致用也。世之诵《诗》者,果能从政而专对乎?然则其所学者,章句之末耳,此学者之大患也。"④华而不实,不如返璞归真;临渊羡鱼,不如退而结网。

13.6 其身正,不令而行

【原文】

子曰:"其身正,不令而行;其身不正,虽令不从。"

【引言】

这一章是孔子在讲为政者自身正直的身教与命令的执行之间的密切关系。

【释解】

(1)其身正:如果为政者自身行为正派。正:端正,正派。
(2)不令而行:即使不发布命令,百姓也会行正道。行:执行,指行正道。
(3)虽令不从:即使发布了命令,百姓也不会遵从。从:遵从,遵照执行。

【译文】

孔子说:"如果为政者自身行为正派,即使不发布命令,百姓也会行正

---

① 戴圣.礼记[M].李慧玲,吕友仁,注译.郑州:中州古籍出版社,2010:192.
② 论语[M].陈晓芬,译注.北京:中华书局,2016:228.
③ 朱熹.四书章句集注[M].北京:中华书局,2011:135.
④ 朱熹.四书章句集注[M].北京:中华书局,2011:135.

道;如果为政者自身行为不正派,即使发布了命令,百姓也不会遵从。"

【拓展】

身教重于言教。为政者在某种程度上既是领导者,又是导师。学高为师,身正为范。桃李不言,下自成蹊。正直无私的为政者率先垂范,治下百姓自然会默默跟随;反之,百姓就会一个耳朵进,一个耳朵出,视政令如儿戏。这正如南怀瑾所说的:"孔子讲到为政的道理,始终认为个人的修养非常重要,任何一种制度,到底还是人为的。领导人本身端正(正字包括的意义很多,思想的纯正,行为的中正等),就是一个良好政治的开端,用不着严厉的法令,社会风气自然会随着转化而归于端正。如果本身不正,仅以下达命令来要求别人,结果是没有用的。"①

13.7 鲁卫之政

【原文】

子曰:"鲁卫之政,兄弟也。"

【引言】

这一章是孔子基于对卫国和鲁国政治的熟悉而发出的感叹。鲁国和卫国政治有着很大的相似之处,就像兄弟一般。

【释解】

(1)鲁:鲁国(前1043—前255),周朝诸侯国,姬姓,鲁氏,侯爵,首任国君为周公旦,但周公在京城辅佐周成王摄政,其子伯禽代其实际成为鲁国第一任国君。鲁桓公、鲁庄公、鲁僖公时期是鲁国最强盛的时期。

(2)卫:卫国(前1117—前209),周朝诸侯国,姬姓,卫氏,侯爵,首任国君为周武王和周公旦的同母弟康叔。卫武公时,卫国一度强盛。

---

① 南怀瑾.论语别裁:下册[M].上海:复旦大学出版社,2015:530.

【译文】

孔子说:"鲁、卫两国的政事,就像兄弟一样,伯仲之间,相差无几。"

【拓展】

鲁国是周公旦的封地,卫国是周公旦同母弟弟康叔的封地。两国皆秉承周礼文化,所以政治、政事都极为相似。西周时,两国都尊崇周礼,为政以德,百姓崇德向善;到了春秋末年,两国礼乐文化开始衰败,为政者君不君、臣不臣、父不父和子不子的事情越来越多,民风每况愈下。

孔子说这话的时候,是在鲁哀公七年和卫出公五年。鲁国和卫国此时政治混乱的局面非常类似。所以,孔子发出由衷的感叹。

但历代以来,不同学者对孔子究竟感叹什么有不同的揣测和解释。朱熹说:"鲁,周公之后。卫,康叔之后。本兄弟之国,而是时衰乱,政亦相似,故孔子叹之。"①这是说孔子在感叹鲁、卫两国礼乐政治衰败的现实。而南怀瑾说:"这是孔子对当时历史文化的一个批判。他生长在鲁国,也继承了鲁国的文化,鲁国文化要保存周朝文化和周公流风遗政的精神。后来孔子多半在卫国,在卫国住得比较久。由卫国回来以后,才正式从事著作,删《诗》《书》,定《礼》《乐》。他认为卫国的文化、政治,基本上还是不错的,还能始终保存着周代封建当初的'兄弟之邦'的精神。孔子这句话是感叹,也是赞美。总之,言下之意,颇多感慨!"②这是说孔子在感叹鲁、卫两国在礼乐政治和文化方面仍然保留着大量的周礼文化和精神。

哪一种理解正确呢?我相信孔子所叹的内容和情感应更为宏观。因为鲁、卫本就是"兄弟之国",从立国之初一直秉承周礼文化及其精神,到春秋时期也一同衰败,这两个从同时繁荣到最后同时破败的难兄难弟,能不引起孔子的感叹吗?显而易见,这种感叹也是对两国发展历史和现状具有极大相似性的感叹,是一种既感叹其兴又感叹其败的整体性的感叹。

---

① 朱熹.四书章句集注[M].北京:中华书局,2011:135.
② 南怀瑾.论语别裁:下册[M].上海:复旦大学出版社,2015:530-531.

13.8 子谓卫公子荆

【原文】

子谓卫公子荆:"善居室。始有,曰:'苟合矣。'少有,曰:'苟完矣。'富有,曰:'苟美矣。'"

【引言】

这一章是孔子对卫国公子荆善于治家又容易知足、自得其乐这一心态的赞美。

【释解】

(1)卫公子荆:姬姓,名荆,字南楚,卫国大夫,卫献公之子。
(2)善居室:善于治家理财和居家过日子。居室:居家,指居家过日子。
(3)始有:家庭经济刚开始有起色。
(4)苟合矣:差不多够用了。苟:差不多。合:合适,引申为够用即可。
(5)少有:稍微富有一点。少:少量,稍微。
(6)苟完矣:差不多完备了。完:完备。
(7)富有:非常富有。富:丰富,充盈。
(8)苟美矣:差不多完美了。

【译文】

孔子在谈及卫国的公子荆时说:"他善于治家理财和居家过日子。家庭经济刚开始有起色时,他就说:'差不多够用了。'稍微富有一点时,他说:'差不多完备了。'很富有时,他说:'差不多完美了。'"

【拓展】

俗话说:"由俭入奢易,由奢入俭难。"卫公子荆是卫献公的儿子,出身贵族世家。公子哥从小习惯了锦衣玉食,往往做不到礼貌谦恭,知足而乐。但卫公子荆从小受过良好的教育,对世间财富看得通透,想得开,多挣多花,少挣少花,总是能够知足。这与那些骄奢淫逸、贪得无厌的公子哥形成了鲜明对比。于是,孔子对他连连称赞。

13.9 子适卫

【原文】

子适卫,冉有仆。子曰:"庶矣哉!冉有曰:"既庶矣,又何加焉?"曰:"富之。"曰:"既富矣,又何加焉?"曰:"教之。"

【引言】

孔子到了卫国,感觉那里的人口不少,就发出感叹。接着,陪伴其左右的冉有由此发问,引出孔子"庶、富、教"的思想。

【释解】

(1) 子适卫:孔子到了卫国。适:到。
(2) 冉有仆:冉有给孔子驾车。仆(pú):驾车。
(3) 庶矣哉:人口众多啊。庶:百姓众多。矣哉:感叹词,"啊""呀"。
(4) 又何加焉:又增加些什么呢,引申为在此基础上应当做些什么呢。又:接下来,下一步。加:施加,增加。焉:助词,"呢"。

【译文】

孔子到了卫国,当时是冉有为他驾车。孔子说:"卫国人口真多啊!"冉有接着说:"人口已经这么多了,接下来该做些什么呢?"孔子说:"使百姓富起来。"冉有接着问:"富裕之后,接下来该做些什么呢?"孔子回答说:"使百姓得到教化。"

【拓展】

管子说:"凡治国之道,必先富民。民富则易治也,民贫则难治也。奚以知其然也?民富则安乡重家,安乡重家则敬上畏罪,敬上畏罪则易治也。民贫则危乡轻家,危乡轻家则敢凌上犯禁,凌上犯禁则难治也。故治国常富,

而乱国必贫。是以善为国者,必先富民,然后治之。"①显然,孔子继承了管仲治国富民的思想。

当然,孔子的思想和管仲的思想稍有不同。管仲认为富民之后重在治民,而孔子认为富民之后重在教民。先让人口繁衍众多起来,然后发展经济让人们富裕起来,富裕之后让人们接受良好的教育。如果民众接受了良好的德政礼治教育,有了耻辱感和自律意识,社会自然会和谐有序。依靠教化要比依靠刑罚来治国好得多。教化是疏导,刑罚是堵塞,疏堵结合,社会才能得到切实有效的治理。

13.10 苟有用我者

【原文】

子曰:"苟有用我者,期月而已可也,三年有成。"

【引言】

这一章是孔子在表达自己治国理政的才能和信心。

【释解】

(1)苟:如果。
(2)期月而已可也:只要一个月时间就可以有所改观。期(jī)月:一个整月。而已:罢了。可:可以,引申为可以有所改观。
(3)三年有成:三年一定大有成效。成:成效,成功。

【译文】

孔子说:"如果有君主任用我来治理国家,我只要一个月时间就可以让国家有所改观,三年治理下来一定会大有成效。"

【拓展】

卫灵公年纪大了,对政事懈怠了,所以不能用孔子治国。孔子感到遗憾

---

① 管子[M].李山,译注.北京:中华书局,2009:256.

和无奈,遂发出如此之感叹。孔子主张为政以德,所以假如卫国君主能用孔子治国,孔子就肯定要实行德政礼治,选贤与能,对民众进行"孝、悌、忠、信、礼、义、廉、耻"等伦理道德的教化,使天下人"讲信修睦","不独亲其亲,不独子其子,使老有所终,壮有所用,幼有所长,矜(通'鳏')、寡、孤、独、废疾者皆有所养。男有分,女有归。货,恶其弃于地也,不必藏于己;力,恶其不出于身也,不必为己"①。最终,天下将成为大同社会。

除了孔子对自己治国理政才能有这么大的信心,孟子也对自己有极大信心。如孟子曾说:"老吾老,以及人之老;幼吾幼,以及人之幼。天下可运于掌。"②

13.11 善人为邦百年

【原文】

子曰:"'善人为邦百年,亦可以胜残去杀矣。'诚哉是言也!"

【引言】

这一章是孔子在对有关善人治理国家的一句话表示肯定。

【释解】

(1)善人:善良的、有起码道德底线的人。

(2)为邦百年:治理国家一百年。

(3)胜残去杀:消除残暴,废除死刑杀戮。胜:战胜,引申为用道德感化的方式来使恶人不再行恶。残:残暴。去:去除,废除。杀:杀戮,死刑。

(4)诚哉是言也:这话说得真实啊。诚:诚实,真实。哉:感叹词,啊。是:这。言:言语,话语。

【译文】

孔子说:"'让善人治理国家一百年,也可以消除残暴、废除死刑杀戮

---

① 戴圣.礼记[M].李慧玲,吕友仁,注译.郑州:中州古籍出版社,2010:89.
② 孟子[M].万丽华,蓝旭,译注.北京:中华书局,2007:14.

了。'这话说得真实啊!"

【拓展】

善人治理国家,实现"胜残去杀",需要至少一百年的时间。比善人在道德和能力上都强许多的君子和圣贤治理好国家需要的时间则要短得多。上一章,孔子曾说如果让自己治国,三年就会大见成效。其大致的治国思路是庶、富、教。先让人们富裕起来,然后教化之。"仓廪实则知礼节,衣食足则知荣辱",这样恶人不再产生,整个社会弃恶扬善,崇尚道德礼仪,自然就能天下大治。

13.12 如有王者

【原文】

子曰:"如有王者,必世而后仁。"

【引言】

这一章接着谈一个王者要治理国家,让德政礼治施行于天下,也至少需要三十年的时间。

【释解】

(1)王者:圣王,如尧、舜、禹、汤、文、武、周公等圣贤。
(2)必世而后仁:也必定需要三十年才能实现仁政礼治。世:三十年。仁:仁政。

【译文】

孔子说:"如果圣王在世,也必定需要三十年才能实现德政礼治。"

【拓展】

圣王实现仁政至少需要三十年,包括教化和刑法等方法。清代刘宝楠说:"《汉书·平当传》引此文解之云:'三十年之间,道德和洽,制礼兴乐,灾害不生,祸乱不作.'"①善人实现"胜残去杀"至少需要一百年。"胜残去杀"显然要比仁政的境界低不少。可见,圣王治国理政的能力和道德水平要比善人的高不少。

13.13 苟正其身矣

【原文】

子曰:"苟正其身矣,于从政乎何有? 不能正其身,如正人何?"

【引言】

这一章,孔子在讲从政为官的关键是正人先正己。己身不正,怎么能端正教化他人呢?

【释解】

(1)苟正其身矣:如果端正自身了。苟:如果。正:端正。
(2)于从政乎何有:对于从政来说有什么困难呢。于:对于。乎:助词,用在句中表示停顿。何有:有什么,指有什么困难。
(3)如正人何:即"如何正人",怎么端正他人呢。

【译文】

孔子说:"如果端正自身了,在从政上还有什么困难呢? 如果不能端正自身,又怎么端正他人呢?"

【拓展】

"正人先正己"是孔子一贯坚持的修身以齐家、治国、平天下的思想。这是因为"其身正,不令而行;其身不正,虽令不从"②。

---

① 刘宝楠.论语正义:全二册[M].高流水,点校.北京:中华书局,1990:531.
② 论语[M].陈晓芬,译注.北京:中华书局,2016:169.

13.14 冉子退朝

【原文】

冉子退朝。子曰:"何晏也?"对曰:"有政。"子曰:"其事也。如有政,虽不吾以,吾其与闻之。"

【引言】

这一章是孔子在讲"政事"和"一般事务"之间的区别。

【释解】

(1)冉子:冉求。
(2)退朝:朝见君主结束后退出朝廷。
(3)何晏也:为什么回来这么晚呢。晏:迟,晚。
(4)有政:有政事。政:政务,政事。
(5)其事也:那只是一般事务吧。其:那,那个。
(6)虽不吾以:虽然国君不用我。以:用。
(7)吾其与闻之:我大概也会参与其中而知道这件事。其:大概,也许。与:参与。闻:听到,知道。之:代词,它。

【译文】

冉求退朝回来。孔子说:"为什么回来这么晚呢?"冉求回答说:"有政事。"孔子接着说:"那只是一般事务吧。如果有政事,虽然国君不用我,我大概也会参与其中而知道这事的。"

【拓展】

孔子在晚年回到鲁国后,被季孙氏聘为国老。因此,鲁国凡是有关系重大的政务需要讨论,一般都要征求孔子的意见。这次,冉求回来这么晚,却说自己在讨论关系重大的政务,孔子认为其说法不太准确,就纠正其说法,说冉求和季孙氏所讨论的应当是一般事务。如果所讨论的是重大政务,却不征求孔子的意见,那只能是季孙氏僭越了鲁国国君的权力,做了违礼之事。

13.15 一言而可以兴邦

【原文】

定公问:"'一言而可以兴邦',有诸?"孔子对曰:"言不可以若是,其几也。人之言曰:'为君难,为臣不易。'如知为君之难也,不几乎'一言而兴邦'乎?"曰:"'一言而丧邦',有诸?"孔子对曰:"言不可以若是,其几也。人之言曰:'予无乐乎为君,唯其言而莫予违也。'如其善而莫之违也,不亦善乎?如不善而莫之违也,不几乎'一言而丧邦'乎?"

【引言】

这一章是孔子关于"一言而可以兴邦"和"一言而丧邦"的解释。

【释解】

(1)定公:鲁定公,姬姓,名宋,鲁国第25任君主,鲁昭公的弟弟,公元前509年至公元前495年在位。

(2)一言:一句话。

(3)有诸:有这样的话吗。诸:之乎。

(4)言不可以若是:不可能有像这样的话。若:像。是:这样,这。

(5)其几也:但大概也差不多。其:大概,也许。几:差不多,几乎。

(6)人之言曰:有人说。

(7)几乎:几乎是,差不多是。

(8)予无乐乎为君:我对做国君没有什么可高兴的。予:我。乐:高兴,喜乐。乎:于。

(9)唯其言而莫予违也:我所高兴的只是我所说的话没有人敢违抗。唯:只是。莫:没有人。

(10)如其善而莫之违也:如果说得好而没有人违抗。其:代词,指说的话。

(11)不亦善乎:不也好吗。善:好。乎:疑问词,"吗"。

【译文】

鲁定公问孔子说:"'一句话就可以振兴国家',有这样的话吗?"孔子回答说:"不可能有像这样的话,但大概也和这样的话差不多。有人说:'做国君难,做臣子也不容易。'如果知道了做国君难,这不就几乎是'一句话就可以振兴国家'了吗?"

鲁定公又问:"'一句话就可以灭亡国家',有这样的话吗?"孔子回答说:"不可能有像这样的话,但大概也和这样的话差不多。有人说:'我对做国君没有什么可高兴的,我所高兴的只是我所说的话没有人敢违抗。'如果说得好而没有人违抗,不也好吗?如果说得不好而没有人违抗,这不就几乎是'一句话就可以灭亡国家'了吗?"

【拓展】

祸福无门,唯人自召。如果国君热衷于纳谏,亲贤臣,远小人,集思广益,则国家自然繁荣昌盛;反之,国君沉醉于骄奢淫逸,亲小人,远贤臣,则国家必然衰亡。汉高祖刘邦不满陆贾给他讲说《诗》《尚书》,陆贾不卑不亢道:"居马上得之,宁可以马上治之乎?"①这一句惊醒梦中人,所以汉朝得以继续兴盛。

周幽王为博褒姒一笑而烽火戏诸侯,终致国败身死;吴王夫差听信奸臣伯嚭谗言而杀死忠臣伍子胥,最后国破身死。所以,信奉什么样的话,其实就是一个人的内心向往什么。一心向善,则和谐发展;贪求逸乐,则祸患不远。"人为善,福虽未至,祸已远离;人为恶,祸虽未至,福已远离",诚哉斯言也。

13.16 叶公问政

【原文】

叶公问政。子曰:"近者说,远者来。"

---

① 司马迁.史记:全四册[M].萧枫,主编.哈尔滨:北方文艺出版社,2007:766.

【引言】

叶公是楚国边境叶地的一个大夫。叶地原来是一个小国,后来成为楚国的一部分。公元前 489 年,孔子到了叶地,专门拜访了叶公,二人进行了开诚布公的对话。

【释解】

(1)叶公:芈姓,沈氏,名诸梁,字子高,生于楚国王室之家,楚国大夫。其封地在古叶邑(今河南省平顶山市叶县叶邑镇),故称叶公。叶:旧读 shè,今读 yè。

(2)近者说:使近处的民众高兴。说(yuè):同"悦",高兴,愉快。

(3)远者来:使远处的民众纷纷来归附。

【译文】

叶公向孔子请教如何治国理政。孔子说:"使近处的民众高兴,使远处的民众纷纷来归附。"

【拓展】

叶公本身是为政才能卓著、德高望重的人。他在叶地带领民众兴修水利,治理河流,发展农业和军备,深得民心。楚惠王十年(公元前 479 年),他果断从叶地起兵平息了楚国白公胜叛乱,救出楚惠王,被封为令尹与司马。孔子给叶公提出的为政建议,正好概括了叶公为叶地所做的事情。

13.17 子夏为莒父宰

【原文】

子夏为莒父宰。问政。子曰:"无欲速,无见小利。欲速则不达;见小利则大事不成。"

【引言】

这一章是子夏向孔子问政,孔子告诉他要有长远打算,通盘考虑,不要

贪求一时的小利和政绩,而要追求所治理地区的长治久安和长远利益。

【释解】

(1)莒父宰:鲁国莒父这个采邑的宰官。莒(jǔ)父:鲁国一个采邑,约在今山东省莒县。

(2)无欲速:不要贪求快出政绩。无:通"毋",勿,不要。欲:想要,贪求。

(3)无见小利:不要贪图小利。见:看见,引申为贪图、贪求。

(4)不达:不能达成目标。

【译文】

子夏在鲁国莒父这个采邑做宰官。向孔子请教如何治理当地。孔子说:"不要贪求快出政绩,也不要贪图小利。求快反而达不成目标,贪图小利也做不成大事。"

【拓展】

新官上任三把火,一般刚当上领导的人总要显示自己的能力和胆略,也就容易急功近利,贪图小利和见效快的政绩。然而,欲速则不达,所以孔子告诫子夏为官一任,造福一方,要从当地的长远利益出发思考如何治理当地的问题,以便让人民安居乐业,获得根本和长远的利益。

13.18 吾党有直躬者

【原文】

叶公语孔子曰:"吾党有直躬者,其父攘羊,而子证之。"孔子曰:"吾党之直者异于是:父为子隐,子为父隐。直在其中矣。"

【引言】

本篇第十六章是叶公向孔子请教如何为政。孔子告诉叶公要使"近者悦,远者来"。这一章同样是叶公与孔子之间的对话。如果说第十六章描述了叶公和孔子在治国理政上的共同点,那么,这一章正好讲述叶公与孔子在社会治理理念上的差异。

【释解】

(1)吾党有直躬者:我们家乡有位正直无私的人。党:古代一种地方组织,五百户人家为一党。直躬者:正直无私的人。

(2)攘羊:偷羊。攘:偷窃,侵占。

(3)子证之:其儿子告发了他。子:儿子。证:作证,告发。之:他。

(4)吾党之直者异于是:我们家乡关于正直的看法与此不同。异于是:与此不同。

(5)隐:隐瞒。

(6)直在其中矣:正直的意义就体现在里面了。矣:了。

【译文】

叶公告诉孔子说:"我们家乡有位正直无私的人,他的父亲偷占了别人家的羊,他就告发了父亲。"孔子说:"我们家乡关于正直的看法与此不同:儿子做错了事,父亲要为儿子隐瞒;同样,父亲做错了事,儿子要为父亲隐瞒。这样正直的意义就体现在里面了。"

【拓展】

这一章其实讲了法理与情理之间的关系。是法不容情,还是法理包容情理在内好呢?叶公主张法不容情,所以父亲可以揭发儿子,儿子也可以揭发父亲。孔子主张法理不能损害情理,所以父亲要为儿子隐瞒,儿子要为父亲隐瞒,这样才能不破坏父子亲情。

以现代法律观点看,偷窃他人的羊已经涉嫌犯罪,亲人包庇或隐瞒不报,也涉嫌犯了包庇罪。像这样的犯罪情况,法不容情,所以,孔子允许儿子为父亲隐瞒的观点在现代是站不住脚的。

13.19 樊迟问仁

【原文】

樊迟问仁。子曰:"居处恭,执事敬,与人忠。虽之夷狄,不可弃也。"

【引言】

这一章是樊迟在问孔子怎么做才符合仁道。孔子提出为人处世要恭谨、庄敬和忠诚。

【释解】

(1)居处恭:平时生活起居要谦恭。居处:日常生活起居。恭:恭谨,谦恭。

(2)执事敬:办事时态度要认真庄敬。执事:办事,处理事务。

(3)与人忠:对人要忠诚。

(4)虽之夷狄:即使到了夷狄之地。虽:即使。之:到。

(5)弃:背弃,抛弃。

【译文】

樊迟问孔子怎么做才符合仁道。孔子说:"平时生活起居要谦恭有礼貌,办事时态度要认真庄敬,对人要忠诚。即使到了夷狄之地,也不可背弃这些品德。"

【拓展】

朱熹说:"恭主容,敬主事。恭见于外,敬主乎中。之夷狄不可弃,勉其固守而勿失也。"①恭表现在人的脸色和容貌上,敬和忠都出自人的内心。许多人都曾经问过孔子什么才是仁或仁道。但孔子都未能给出具体而明确的定义。他总是根据提问者综合素质的不同而给出具体的为人处世建议。这一章中,樊迟问仁,孔子就告诉他做到恭、敬、忠三点,时时刻刻这样要求自己,就符合仁道的本质了。

---

① 朱熹.四书章句集注[M].北京:中华书局,2011:137-138.

13.20 何如斯可谓之士矣

【原文】

子贡问曰:"何如斯可谓之士矣?"子曰:"行己有耻,使于四方,不辱君命,可谓士矣。"曰:"敢问其次。"曰:"宗族称孝焉,乡党称弟焉。"曰:"敢问其次。"曰:"言必信,行必果,硁硁然小人哉!抑亦可以为次矣。"曰:"今之从政者何如?"子曰:"噫!斗筲之人,何足算也?"

【引言】

这一章是孔子关于"士"以及低于"士"的概念意涵的解释和说明。

【释解】

(1)何如斯可谓之士矣:怎样做就可以称为"士"呢。何如:怎样。斯:就。可谓之:可称为。士:文士,指志在为政做官的读书人,或古代知识分子。

(2)行己有耻:一个人做事要有耻辱感,觉得可耻,就不要去做。行己:自己做事。

(3)使于四方:出使各国。

(4)不辱君命:不辱没君主所交付的使命。辱:辱没、污辱。君命:君王的命令、旨意。

(5)乡党称弟焉:乡亲们称他友爱兄弟。乡党:乡里乡亲。弟(tì):同"悌",友爱兄弟。焉:助词,表示肯定。

(6)硁硁然小人哉:表面上看起来言辞朗朗、掷地有声但实际上浅薄固执的小人物。硁(kēng):象声词,敲击石头的声音,引申为固执己见、学识浅陋。

(7)抑亦可以为次矣:或许也可以算是次一等的了。抑:大概,或许。次:差一些。

(8)噫:感叹词,表示悲痛或叹息,相当于"唉"。

(9)斗筲之人:气量狭小、见识短浅的人。斗筲(shāo):小的容器。斗:

容量为十升的量器。筲:容量为一斗二升的竹器。

(10)何足算也:哪里值得算数呢。何:如何,哪里。足:值得,能够。算:算数,数得上。也:语气助词,表示疑问,"呢"。

【译文】

子贡请教孔子说:"怎样做就可以称为'士'呢?"孔子说:"一个人做事要有耻辱感,出使各国不辱没君主所交付的使命,可以称为'士'。"子贡接着问:"敢问比士次一等的人呢?"孔子回答说:"宗族中的人都称赞他孝顺父母,乡亲们都称赞他友爱兄弟。"子贡又问:"敢问再次一等的呢?"孔子说:"说话必定守信用,行动必然果断坚决,他们是表面上看起来言辞朗朗、掷地有声但实际上有些浅薄固执的小人物。但或许也可以算是次一等的士了。"子贡又问:"您如何看待现在的从政者?"孔子感叹道:"唉!这些气量狭小、见识短浅的人,哪里值得算数呢?"

【拓展】

尽管都是文士,都是读书人,但彼此也是有差别的。有的真的是为国家崛起和振兴而读书的人,有的是"打酱油"的人,还有的是北大教授钱理群所说的那种精致的利己主义者。孔子将士大致分为四种:第一种是德才兼备者。他们学而优则仕,修己以安百姓。第二种是崇德守礼者,为人忠孝。第三种是说话办事没问题,但多少有点见识浅陋、不识大义之人。第四种则是器量狭小、鼠目寸光的人。这第四种人事实上都对不起"士"这个称号。

13.21 不得中行而与之

【原文】

子曰:"不得中行而与之,必也狂狷乎!狂者进取,狷者有所不为也。"

【引言】

这一章是孔子对中庸和狂狷之道的认识和评论。

【释解】

（1）不得中行而与之：得不到奉行中道的人而与之交往。中行：奉行中庸之道。与：与……交往，与……交友。

（2）狂狷：狂者和狷者。狂：志向远大、热情极高、敢于冒险进取而不拘小节。狷(juàn)：性情耿直狷傲、洁身自好而相对拘谨保守。

（3）有所不为也：不会去做那些（觉得不感兴趣或不好的）事情。

【译文】

孔子说："我遇不到奉行中道的人，所以无法和他们交往。我也只有和敢于冒险进取的狂者以及进取不足、谨慎保守的狷者交往了！狂者锐意进取、敢作敢为，而狷者对有些事是不屑为之的。"

【拓展】

孔子把正能量的人分为三种：中行之人、狂者和狷者。坚持中庸之道的人，做事不偏不倚，中肯中正。而狂者与中行之人相比有点太过，狷者与中行之人相比有些不及。过与不及，都不是最好的状态。孔子认为最为理想的状态是行中庸之道，但如果找不到其他奉行中庸之道的人而与他们为友，那就退而求其次，只有与狂者和狷者为友了。

13.22 人而无恒

【原文】

子曰："南人有言曰：'人而无恒，不可以作巫医。'善夫！'不恒其德，或承之羞。'"子曰："不占而已矣。"

【引言】

这一章是孔子在讲恒心对于修身和学习做事的重要性及必要性。

【释解】

（1）南人：南方人。

(2)巫医:既懂巫术又懂医术,能为人治病的人,一般用符咒、卜占、草药等为人治病。大约到春秋战国时,巫师和医师逐渐分离开来。

(3)善夫:好啊。夫:感叹词,"啊"。

(4)不恒其德:不能持久坚持自己的品德。恒:持久坚持。

(5)或承之羞:可能就免不了因此而遭受羞辱。或:可能,或许。承:承受,遭受。之:代词,这,这方面。

(6)不占而已矣:就不要去占卜了。已矣:语气词,"啦""了"。

【译文】

孔子说:"南方人有句话是这样说的:'一个人如果没有恒心的话,那么他是无法学做巫医的。'雷风恒卦第三爻的爻辞也说得好啊:'不能持久坚持自己的品德,可能就免不了因此而遭受羞辱。'"有人问其原因。孔子又解释说:"人如果没有恒心的话,就不要去占卜了。"

【拓展】

雷风恒这一卦在讲恒心、持之以恒美德的重要性。世上无难事,只怕有心人。只要功夫深,铁杵磨成针。孔子为什么说如果一个人缺乏恒心和毅力的话就不要去占卜了?这是因为,没有恒心或恒德的话,什么事情都做不成。即便去占卜,其结果也可想而知。"为山九仞,功亏一篑",说的也是这个道理。

13.23 君子和而不同

【原文】

子曰:"君子和而不同,小人同而不和。"

【引言】

这一章是孔子在讲君子和小人的又一个区别。

【释解】

(1)和:和善,和谐互补。

(2)同:苟同,随声附和。

【译文】

孔子说:"君子和善而不随声附和,小人随声附和而不和善。"

【拓展】

同气相求,同类相聚。清代刘宝楠说:"和因义起,同由利生。义者,宜也,各适其宜,未有方体,故不同;然不同因乎义,而非执己之见,无伤于和。利者,人之所同欲也;民务于是,则有争心,故同而不和。此君子、小人之异也。"①君子在仁义道德的基础上为人处世,而小人则把利益作为考量一切的标尺。所以,君子能够求同存异,不会因意见不合而发生冲突,总能保持和而不同;但小人却会因争权夺利而产生矛盾。虽然小人个别时候能够随声附和,实际上却面和心不和,遇到利益分配不均,就会产生争斗或内讧。

13.24 乡人皆好之,何如

【原文】

子贡问曰:"乡人皆好之,何如?"子曰:"未可也。""乡人皆恶之,何如?"子曰:"未可也。不如乡人之善者好之,其不善者恶之。"

【引言】

这一章是孔子在讲该如何判断一个人是好是坏。

【释解】

(1)好之:喜爱他。

(2)未可也:尚不可以下结论。

(3)恶之:厌恶他。

(4)善者:好人。

(5)不善者:坏人。

---

① 刘宝楠.论语正义:全二册[M].高流水,点校.北京:中华书局,1990:545.

【译文】

子贡问孔子说:"全乡人都喜爱他,这个人怎么样呢?"孔子回答说:"还是无法断定他是不是好人。"子贡又问:"全乡人都厌恶他,这个人怎么样呢?"孔子说:"还是无法断定他是不是坏人。最好的人应当是全乡的好人都喜爱他,全乡的坏人都厌恶他。"

【拓展】

评价一个人究竟是以众人的好恶为标准呢,还是以善恶的事实为标准呢?孔子的意见显然是后者。

现实中,有个劣币驱逐良币的法则。当社会上劣币日益增多,良币就会渐渐被人们隐藏起来,这样在市面上流通的就以劣币居多。同样地,如果要使社会秩序良好,就必须投入更多的教育和法治力量;否则,社会风气就会越变越糟糕。传播学有个"沉默的螺旋"理论,当有权势的少数人发声时,大多数人就会选择沉默,结果就可能只剩下单一的声音。众口铄金,积毁销骨。所以,当人们都称赞一个人的时候,或者当人们都讨厌一个人的时候,还是不能说明问题的。

13.25　君子易事而难说也

【原文】

子曰:"君子易事而难说也。说之不以道,不说也,及其使人也,器之。小人难事而易说也。说之虽不以道,说也,及其使人也,求备焉。"

【引言】

这一章是孔子在讲君子与小人的又一个区别。

【释解】

(1)易事而难说也:与君子容易共事但难以讨得君子的开心。事:共事。说(yuè):同"悦",高兴,喜悦。

(2)说之不以道:不按正道想要使他高兴。以:用,按照。道:道义,正道。

(3)及其使人也:等到他使用人的时候。及:等待,等到。也:语气助词,表示停顿。

(4)器之:量才使用他们。器:量才使用。之:他们。

(5)难事而易说也:与小人难以共事但容易讨得他们的开心。

(6)求备焉:求全责备,百般挑剔。焉:语气助词,表示肯定。

【译文】

孔子说:"与君子容易共事但难以讨得君子的开心。不按正道想要使他高兴,他是不会高兴的,但是等到他用人的时候,总是量才使用人才。与小人难以共事却容易讨好他们。虽然不按正道想要使他高兴,他也会高兴,但是等到他用人的时候,却会百般挑剔。"

【拓展】

孔子是一个很懂人情世故的人,将君子和小人各自的特点摸得非常清楚。因为君子喻于义,小人喻于利,所以君子和小人思考问题的出发点截然不同。君子忠孝仁义,一切以国家利益、集体利益为前提;而小人结党营私,一切以个人利益为标准。君子公事公办,任人唯贤;小人公事私办,任人唯亲。君子义以为质,坦荡荡,从不掩饰自己的好恶;小人唯利是图,善于伪装,喜欢旁门左道。

13.26　君子泰而不骄

【原文】

子曰:"君子泰而不骄,小人骄而不泰。"

【引言】

这一章仍然是孔子在讲君子和小人的区别。

【释解】

(1)泰:气定神闲,安之若素。
(2)骄:盛气凌人,骄傲自负。

【译文】

孔子说:"君子气定神闲,安之若素,而不会盛气凌人,骄傲自负;小人盛气凌人,骄傲自负,而不能气定神闲,安之若素。"

【拓展】

为人不做亏心事,半夜敲门心不惊。君子坦荡荡,小人长戚戚。君子仰不愧于天,俯不怍于人,问心无愧,自然就能泰然自若,怡然自得。君子好学不倦,有知识,有本领,懂礼貌,自然就能胸有成竹,从容不迫。而小人得志便猖狂,容易目空一切,自然就会飞扬跋扈,傲慢无礼,狂妄自大。此外,小人坏事做多了,良心难安,自然就吃不好、睡不香,无法泰然处之。

13.27　刚、毅、木、讷近仁

【原文】

子曰:"刚、毅、木、讷近仁。"

【引言】

这一章是孔子对"仁"下了一个近似的定义。

【释解】

(1)刚:刚正,刚健。
(2)毅:坚毅,果敢。
(3)木:质朴,朴实。
(4)讷:说话迟钝,口才笨拙,此处指谨慎少言,说话小心。

【译文】

孔子说:"具备刚健、果敢、朴实和谨慎少言这四种品质,就接近仁了。"

【拓展】

首先,君子要具有刚健有为的精神。"天行健,君子以自强不息"。自立自强,自助如同天助。如果一个人总是懒惰、懈怠,如啃老族,那将一事无成。

其次,君子要坚毅果敢。坚毅是一个人不畏艰险,坚持不懈,遇到挫折迎难而上的精神。果敢是一种人在危急关头当机立断、勇于担当、敢作敢为的品质。每个成功人士身上都有百折不挠的坚毅,还有临危不惧、机智超群的果敢。毋庸置疑,坚毅果敢是君子事业成功的重要基石之一。

再次,君子要保持质朴的品质,甘之如饴。虽然文质相辅相成,但质是前提,文是辅助。

最后,君子要谨慎说话,杜绝失言、食言现象。祸从口出,言多易失。所以,君子要做到清心寡言,谨慎少言。

13.28 何如斯可谓之士矣

【原文】

子路问曰:"何如斯可谓之士矣?"子曰:"切切偲偲,怡怡如也,可谓士矣。朋友切切偲偲,兄弟怡怡。"

【引言】

这一章,孔子针对子路所问,对"士"的品质下了一个定义。

【释解】

(1)何如斯可谓之士矣:怎样做就可以称为"士"呢。何如:如何,怎样。斯:就,才。可谓之:可称为。士:文士,读书人。矣:疑问词,"呢"。

(2)切切偲偲:相互诚恳地切磋、勉励和监督。切切:诚恳,深切。偲偲

(sī):相互切磋、勉励和监督。

(3)怡怡如也:兄弟和睦、亲切、喜悦的样子。怡怡:形容喜悦欢乐,用在这里指兄弟之间和睦友爱、亲切和气。如也:……的样子。

【译文】

子路问孔子说:"怎样做就可以称为'士'呢?"孔子回答说:"相互诚恳地切磋、勉励和监督,和睦相处,互敬互爱,就可以称为'士'了。注意我说的是朋友之间要相互诚恳地切磋、勉励和监督,而兄弟之间要和睦相处,互敬互爱。"

【拓展】

这一章里孔子关于"士"的定义,是针对子路的个性特点而言的。子路为人粗率,有勇无谋,有狭义但缺少柔情。子路对朋友能披肝沥胆,两肋插刀,但容易流于一般世俗朋友的交往,对兄弟可能也缺少恭敬。所以,孔子告诫他先要学好交友之道和兄弟相处之道。只要他做到了这两点,就可以称为"士"了。这是孔子对子路做士的最低要求。其目的是勉励子路先从最日常的为士之道做起。

13.29 善人教民七年

【原文】

子曰:"善人教民七年,亦可以即戎矣。"

【引言】

这一章是孔子在讲社会教化与军事教育之间的关系。

【释解】

(1)教民七年:对民众用七年时间进行社会道德、礼仪教化和军事训练。
(2)即戎矣:可随时率领他们作战。即戎:用兵,作战。

【译文】

孔子说:"善人对民众用七年时间进行社会道德、礼仪教化和军事训练,也可以随时率领他们作战。"

【拓展】

人心齐,泰山移。善人是比君子差一些的人物,是善良的、有起码道德底线的人。善人执政治理国家,用七年时间就可以使民众富裕起来,也能使他们得到很好的德政礼治教育和军事教育。这样,为政做官者有威信,百姓有信仰和力量。当需要应对外来入侵的时候,百姓也会积极响应为政者的号召,拿起武器保卫家园。当然,如果是孔子这样的君子执政,按照孔子自己的说法,只需三年时间,就可以做到善人用七年做到的事。

13.30 以不教民战

【原文】

子曰:"以不教民战,是谓'弃之'。"

【引言】

这一章是孔子接着上一章谈论有关军事建设的问题。

【释解】

(1)以不教民战:用未受过军事教育的民众去打仗。以:用,拿。战:打仗,作战。

(2)是谓弃之:这就叫作"抛弃他们"。是:这。谓:叫作。弃:抛弃,丢弃。

【译文】

孔子说:"让未受过军事教育的民众去打仗,这就叫作'抛弃他们'。"

【拓展】

这一章是《子路篇第十三》的最后一章。本篇中大多数章节都是在谈论为政的事情,还有少量章节在谈论君子与小人的区别,以及什么是仁和士等问题。最后两章直接谈论军事问题,可见在孔子的为政思想中,军事建设也是重要的一环。

孔子一生所谨慎的三件事分别是斋戒、战争和疾病。能战方能止战。所以,孔子既重视为政以德,实行德政礼治,实行富民和社会教化政策,积极发展经济、教育,又重视发展军事,加强军事教育,富国强军。无准备之仗是不能打的,因为没有受过军事训练的民众到了战场上就是白白送死。

宪问篇第十四

有的学者(如朱熹)把这一篇分为47章,还有的学者(如刘宝楠、杨伯峻等)把这一篇分为44章。本书采用44章的分类方法。本篇主要围绕着仁道、仁德、仁人、君子之道、学习、修身等问题和有关的历史人物或事件进行论述、问答或评论,可被视为《里仁篇第四》的续篇。其中,记孔子直接论述23章,记孔子答弟子或他人所问19章,记他人评论孔子2章。[①]

14.1 宪问耻

【原文】

宪问耻。子曰:"邦有道,谷;邦无道,谷,耻也。""克、伐、怨、欲不行焉,可以为仁矣?"子曰:"可以为难矣,仁则吾不知也。"

【引言】

这一章是孔子对学生原宪所问的什么是耻辱和做到不争强好胜、不自夸、不怨恨和不贪婪是否就达到仁德境界这两个问题的回答。

【释解】

(1) 宪:即原宪,姓原,名宪,字子思,春秋末年宋国商丘人,孔门七十二贤之一,个性狷介,安贫乐道,生活清苦。孔子做鲁国司寇时,原宪曾做过孔子的家宰。

(2) 谷:小米,俸禄,这里指拿俸禄。

---

① 来可泓. 论语直解[M]. 上海:复旦大学出版社,2000:372.

(3)克:争强好胜。

(4)伐:自夸,自吹自擂。

(5)怨:怨恨,怪罪。

(6)欲:贪欲。

(7)不行焉:不去做。焉:语气助词,表示停顿。

(8)难矣:难得,难能可贵。矣:语气助词,表示肯定。

(9)仁则吾不知也:至于是否做到了仁,那我就不知道了。仁:达到仁德的要求。则:那么。

【译文】

原宪向孔子请教什么是耻辱。孔子说:"国家有道的时候,拿着国家俸禄;国家无道的时候,也拿着国家俸禄,这就是耻辱。"原宪又问:"争强好胜、自我夸耀、抱怨怪罪、贪得无厌这样的事情都不去做,可以算是做到仁了吧?"孔子说:"这可以算是难得了。但至于是否做到了仁,那我就不知道了。"

【拓展】

东汉马融说:"克,好胜人;伐,自伐其功;怨,忌,小怨;欲,贪欲也。"①私心很重的为政做官者,往往会以权谋私,贪污受贿,还会争强好胜,自我吹嘘,甚至贪得无厌。当出了事的时候,他们又会怨天尤人,推脱责任。受上级或他人批评后,他们嫉恨他人,怀恨在心,伺机报复。但是,即使看上去没有这些不良行为,也难以断定此人是否达到了仁的要求。因为人往往善于伪装,道貌岸然的人不少,也容易发生变化,所以直到其一生走完,才能盖棺定论。

14.2 士而怀居

【原文】

子曰:"士而怀居,不足以为士矣。"

---

① 刘宝楠.论语正义:全二册[M].高流水,点校.北京:中华书局,1990:553.

【引言】

这一章是孔子在谈士的志向应该崇高远大,而不是贪图安逸生活。

【释解】

(1)士:文士,读书人,知识分子。
(2)怀居:怀恋居家生活,贪图安逸。怀:怀恋。居:居家生活。
(3)不足以为士矣:不配做士了。不足以:不配,不够。

【译文】

孔子说:"如果一个读书人怀恋居家生活,贪图安逸,那么,他就不配做读书人了。"

【拓展】

好男儿志在四方。儒家学习为政的目的就是"学而优则仕",就是修身以齐家、治国、平天下。北宋张载说:"为天地立志,为生民立道,为去圣继绝学,为万世开太平。"①因此,读书人作为社会精英,是不应该贪图个人和家庭的生活享受,而应以社会为本,着眼于国家和天下人的福祉,为国泰民安、国家振兴繁荣而努力!

14.3 邦有道,危言危行

【原文】

子曰:"邦有道,危言危行;邦无道,危行言孙。"

【引言】

这一章是孔子在讲人在国家有道和无道的时候分别要注意什么。

---

① 张载.张载集[M].章锡琛,点校.北京:中华书局,1978:320.这四句后来演变为:"为天地立心,为生民立命,为往圣继绝学,为万世开太平。"哲学家冯友兰称这四句话为"横渠四句"。

【释解】

(1)危言:讲正直的话。危:正直,端正。
(2)危行:做正直的事。行:做事。
(3)言孙:说话要谦逊谨慎。孙(xùn):同"逊",谦逊,谦虚。

【译文】

孔子说:"国家有道、政治清明的时候,要讲正直的话,做正直的事;国家无道、政治昏暗的时候,要做正直的事,但是说话必须谦逊谨慎。"

【拓展】

国家政治清明,社会秩序井然,人们的一切言行都受法度和礼制规约。违法犯罪自有有关公检法部门查处。但是,国家政治昏暗、社会动荡不安的时候,僭越礼制、违法犯罪,甚至犯上作乱的人和现象就会越来越多,人们说话和做事稍不注意,都可能遭到他人嫉妒、打击、报复,而遭无妄之灾。自古迄今,祸从口出的人和事屡见不鲜。如三国时,曹操的主簿杨修因泄露"鸡肋"口令之秘密而被曹操斩杀;曹操重要谋士许攸因言语张狂惹怒许褚而被许褚斩杀。所以,说话不谨慎,尤其在乱世之中,很容易惹祸上身,甚至祸及家人。

14.4 有德者必有言

【原文】

子曰:"有德者必有言,有言者不必有德。仁者必有勇,勇者不必有仁。"

【引言】

这一章是孔子在讲有德者和有言者、仁者和勇者之间的辩证关系。

【释解】

(1)有言者:著书立言的人。言:著书立说。

(2)仁者:有仁德的人。

(3)勇者:勇敢无畏的人。

【译文】

孔子说:"有道德的人一定会著书立说,但著书立说的人却未必有道德。有仁德的人一定勇敢无畏,但勇敢无畏的人却未必有仁德。"

【拓展】

儒家主张人要对社会有所作为,有所贡献。最佳的情形是立德、立功又立言。像周公旦一生立德、立功又立言,是儒家圣王的典范之一。孔子一生想建功立业、施展自己的政治抱负,但没有找到立功的机会,其最终对社会的贡献是立德和立言。但是,立德的人可以立言,无德或缺德的人有才华的话,立言的也不是没有。同样地,没有仁德却勇敢不怕死的也大有人在。但是,一个智、仁、勇三全的君子,不仅有仁德,还勇敢无畏,充分发挥自己的聪明才智,在社会上立德、立功和立言,从而流芳百世。

14.5 南宫适问于孔子曰

【原文】

南宫适问于孔子曰:"羿善射,奡荡舟,俱不得其死然。禹、稷躬稼而有天下。"夫子不答。南宫适出,子曰:"君子哉若人!尚德哉若人!"

【引言】

这一章是孔子对南宫适崇尚道德、不看重武力之言行的称赞和评论。

【释解】

(1)羿善射:后羿善于射箭。羿(yì):后羿,夏代有穷氏部落首领,"后"是夏代君主尊号。羿曾赶走夏后启的儿子太康,篡夺夏国后位,共在位八年,后被其臣寒浞(zhuó)所杀。

(2)奡荡舟:奡擅长打水战。奡(ào):传说奡是寒浞的儿子,是个大力

士，后被夏少康所杀。荡舟：用手推动大船行走，引申为擅长打水战。

（3）俱不得其死然：都不得好死。然：助词，表示一种状态。

（4）禹、稷躬稼：夏禹和后稷亲自种植庄稼。禹：又称大禹、帝禹或夏禹，传说他是中国夏代第一位君主，亲力亲为，带领民众疏浚河流，治理水患，三过家门而不入。稷（jì）：又称后稷，姬姓，名弃，传说他是黄帝的玄孙，帝喾嫡长子，周朝的祖先。因后稷善于耕作，教民种植庄稼，是尧舜时候负责农业的贤臣，后被奉为谷神。

（5）君子哉若人：倒装句，此人是君子啊。哉：啊。若：此。

（6）尚德哉若人：倒装句，此人崇尚道德啊。尚德：崇尚道德。

【译文】

南宫适问孔子说："后羿善于射箭，奡擅长打水战，最后都不得好死。而夏禹和后稷都亲自种植庄稼，最终却拥有了天下。您怎么看？"孔子没有回答。南宫适离开后，孔子对其他学生说："此人是君子啊！此人崇尚道德啊！"

【拓展】

南宫适善于学习历史，从历史中发现了崇尚道德的大禹和后稷最终都成为天下的君主，而崇尚暴力的后羿和奡最终都死于他人之手。孔子也一直主张为政以德，实行德政礼治，反对用武力侵略他人，僭越周礼。一时强弱在于力，千秋胜负在于理。恃德者昌，恃力者亡。此言不虚啊！

14.6 君子而不仁者有矣夫

【原文】

子曰："君子而不仁者有矣夫，未有小人而仁者也。"

【引言】

这一章又是孔子在讲君子与小人的区别。那就是一般情况下，小人是不可能有仁德的，当然，君子中也有少数人没有仁德。

【释解】

(1)不仁者:没有仁德的人。
(2)有矣夫:有呀。矣夫:语气助词,相当于"啊""呀"。
(3)仁者也:是有仁德的人。

【译文】

孔子说:"君子中也有没有仁德的人呀,但小人中从来不会有有仁德的人的。"

【拓展】

孔子对"仁"的标准是很高的,一般地,只有到死才能盖棺定论。所以,即使是君子中,也有没有达到仁德要求的人,甚至这样的人还不少。但小人与君子相比,却从来没有人达到过仁德的境界和水平。这就是君子和小人的又一个差异。

14.7 爱之,能勿劳乎

【原文】

子曰:"爱之,能勿劳乎?忠焉,能勿诲乎?"

【引言】

这一章是孔子在讲爱与劳、忠与诲之间的辩证关系。

【释解】

(1)能勿劳乎:能不劳心吗。劳:劳心,操劳。
(2)忠焉:忠于他。焉:于之,于他。
(3)能勿诲乎:能不教诲吗。诲:教诲,教导。

【译文】

孔子说:"爱一个人,能不为他劳心吗?忠于一个人,能不教诲他吗?"

【拓展】

俗话说,儿行千里母担忧,母行千里儿不愁。父母总把儿女放在心头,但儿女对父母的爱则不同。儿女自小生活在父母之爱的环境中,觉得一切都很正常,或者觉得父母爱自己是天经地义的。这就像鱼儿生活在水中,但从来不会去思考和理解水对于其生命的价值和意义。特别是,独生子女家庭的父母往往过于宠爱子女,让子女失去了理解和明白父母作用和意义的机会,使他们养成了衣来伸手、饭来张口的生活习惯。习惯成自然,宠子如杀子,父母这样做实质上害了子女。

同样地,忠于自己的领导或上级,当领导和上级犯了过错,能不去劝谏吗?当然,如果劝谏了,领导和上级不纳谏是另外一回事。历史上,在纳谏和劝谏方面做得好的一对君臣,可能就是唐太宗李世民和魏征了。他们俩一个善于劝谏,另一个能够纳谏。

14.8 为命,裨谌草创之

【原文】

子曰:"为命,裨谌草创之,世叔讨论之,行人子羽修饰之,东里子产润色之。"

【引言】

这一章是孔子告诫自己的学生未来为政做官以后,起草文告或发布政令等一定要认真负责,不能马虎草率。

【释解】

(1)为命:撰写政令、文告或文辞。命:政令、文告或文辞。

(2)裨谌(Bì chén):郑简公执政期间的郑国大夫,协助国相子产处理国政。

(3)草创:起草(政令、文告或文辞等)。

(4)世叔:子太叔,名游吉,郑国大夫,郑定公八年(公元前522年)接替子产担任郑国国相。

(5)行人子羽:外交官子羽。行人:掌管朝觐聘问等外交事务的官职名称。子羽:公孙挥,姬姓,名挥,字子羽,春秋时期郑国大夫,曾协助子产处理外交事务。

(6)修饰:修改润饰文字。

(7)东里子产:居住在东里的子产。东里:地名。子产:公孙侨,姬姓,公孙氏,名侨,字子产,又字子美,郑穆公之孙、公子发(字子国)之子,公元前543年至公元前522年担任郑国国相,先后辅佐郑简公、郑定公。

(8)润色:加工文字,使之更完美。

【译文】

孔子说:"郑国撰写政令、文告和外交辞令的流程是:大夫裨谌负责起草,大夫世叔负责讨论,外交官子羽负责修饰,居住在东里的子产负责最后的加工润色。"

【拓展】

老子说:"治大国,若烹小鲜。"①治理一个国家关乎千家万户的利益,关乎天下太平,不能掉以轻心。

郑国国相子产在执政期间,在政治、经济、教育和外交等方面都进行了深入改革。在政治上,积极维护公室利益,限制贵族特权;在经济上,改革税制,确定土地权限,承认私田,按田亩征税;在教育方面,允许学校议政建言;在司法上,铸刑书,修订并公布了成文法;在外交上,坚持平等、平衡、有礼、有理、有节、有利等原则,尽力处理好各国特别是与大国、强国之间的关系。子产认真治国的态度也体现在其起草和发布政令、文告的流程中。

14.9 或问子产

【原文】

或问子产。子曰:"惠人也。"问子西。曰:"彼哉!彼哉!"问管仲。曰:

---

① 老子[M].饶尚宽,译注.北京:中华书局,2015:129.

"人也！夺伯氏骈邑三百,饭疏食,没齿无怨言。"

【引言】

这一章是孔子对三位政治人物的评价。

【释解】

(1)或问子产:有人问子产怎么样。或:有人。

(2)惠人:惠及民众的人。

(3)子西:芈姓,熊氏,名申,楚国令尹。

(4)彼哉:那个人啊。彼:那位,那个。

(5)管仲:姬姓,管氏,名夷吾,字仲,颍上(今安徽省颍上县)人,齐国大夫,齐桓公时担任齐国国相,富国强兵,使齐国成为诸侯国中的霸主。

(6)人也:仁人啊。

(7)伯氏:齐国一位大夫。

(8)骈邑三百:骈邑三百户人家。骈邑:地名,齐国大夫伯氏的采邑。

(9)饭疏食:吃着粗茶淡饭。饭:吃饭。

(10)没齿:终生,一辈子。

【译文】

有人问孔子郑国国相子产这个人怎么样。孔子说:"他是个惠及民众的人。"那人又问楚国令尹子西怎么样。孔子说:"那个人啊！那个人啊！"又问齐国国相管仲怎么样。孔子说:"管仲是个仁人啊！他当政的时候,将齐国大夫伯氏的骈邑三百户人家剥夺走,收为己有,使伯氏只能吃着粗茶淡饭度日,但伯氏终生也没有丝毫怨言。"

【拓展】

上一章已提及郑国国相子产的政绩。子产通过多方面改革,使得郑国国强民富,国力大大提升。所以,孔子认为他是"惠人"。而楚国令尹子西在成为楚国执政后,"政绩平平,无足称道。他不能黜退贪污误国的囊瓦;阻挠楚昭王重用孔子;不听叶公劝阻,从吴国召回太子建之子白公胜,让他掌兵,结果白公胜发动兵变,将他杀死。故孔子对他含有轻蔑之意"①。而说到管仲,其政绩是有目共睹的。管仲担任国相期间,把全国分为士、农、工、商四类,令其各就其业,行政区划得到统一;建立官员选拔任用和奖惩制度,大大提高了行政效率;着力发展经济,鼓励盐铁业,铸造货币,调剂物价;坚持"尊王攘夷",协调中原各国尊敬周天子,联合各诸侯国抵抗山戎族南侵,为华夏文明的生存和发展作出巨大贡献。因此,孔子给管仲以高度评价:"管仲相桓公,霸诸侯,一匡天下,民到于今受其赐。微管仲,吾其被发左衽矣。岂若匹夫匹妇之为谅也,自经于沟渎而莫之知也!"②又说:"桓公九合诸侯,不以兵车,管仲之力也。如其仁,如其仁。"③

朱熹对孔子关于管仲这一段的评价解释道:"盖桓公夺伯氏之邑以与管仲,伯氏自知己罪,而心服管仲之功,故穷约以终身而无怨言。荀卿所谓'与之书社三百,而富人莫之敢拒'者,即此事也。"④毫无疑问,朱熹的解释是中肯的。

14.10 贫而无怨难

【原文】

子曰:"贫而无怨难,富而无骄易。"

【引言】

这一章中,孔子阐述了贫穷与怨恨、富裕与骄奢淫逸之间的辩证关系。

【释解】

(1)贫而无怨:贫穷而不怨天尤人。
(2)富而无骄:富有而不骄奢淫逸。

---

① 来可泓.论语直解[M].上海:复旦大学出版社,2000:381-382.
② 论语[M].陈晓芬,译注.北京:中华书局,2016:189.
③ 论语[M].陈晓芬,译注.北京:中华书局,2016:188.
④ 朱熹.四书章句集注[M].北京:中华书局,2011:142.

【译文】

孔子说:"贫穷而不怨天尤人,难以做到,但富有而不骄奢淫逸,却容易做到。"

【拓展】

孔子这里所说的话多半是对为官者、富人或学生讲的。其目的是鼓励人们一旦富有了,就要接受教育,不断提高自己的道德修养水平和治国理政能力,端正人生态度,贫而无怨,富而无骄。

孔子曾说:"仁远乎哉?我欲仁,斯仁至矣。"①又说:"克己复礼为仁。一日克己复礼,天下归仁焉。为仁由己,而由人乎哉?"②由此可见,孔子认为人要是以追求仁义、谦逊、忠孝等道德为目标,早晚都能达成所愿。世上无难事,只怕有心人。

人在贫困的时候,更在乎自己的基本生存问题,无暇顾及仁义道德等问题,但在富有之后,为仁还是为恶就在于个人的选择和志向了。所以,孔子才会说:安贫乐道难,富有谦逊易。

14.11　孟公绰为赵、魏老则优

【原文】

子曰:"孟公绰为赵、魏老则优,不可以为滕、薛大夫。"

【引言】

这一章是孔子在评论鲁国大夫孟公绰的为政才能。

【释解】

(1)孟公绰:鲁国大夫,鲁国"三桓"孟孙氏族人。他廉洁奉公,做事有条理,但并非通才,治国理政才能上有短板。

---

① 论语[M].陈晓芬,译注.北京:中华书局,2016:90.
② 论语[M].陈晓芬,译注.北京:中华书局,2016:152.

(2) 为赵、魏老则优:做晋国赵氏、魏氏大夫的家臣,会表现出众。老:大夫家的家臣,总管。优:出众,优良。

(3) 滕:诸侯国名,在今山东滕州市一带。

(4) 薛:诸侯国名,在今山东滕州市东南一带。

【译文】

孔子说:"鲁国大夫孟公绰做晋国赵氏、魏氏大夫的家臣,会表现出众,但他不适合做滕、薛这种小国的大夫。"

【拓展】

朱熹说:"老,家臣之长。大家势重,而无诸侯之事;家老望尊,而无官守之责。优,有余也。滕、薛,二国名。大夫,任国政者。滕、薛国小政繁,大夫位高责重。然则公绰盖廉静寡欲,而短于才者也。"[1]

人的才能、天赋、气质等是不尽相同的。在为政做官方面,有的人有大才,有的人只有小才;有的人擅长做抽象的战略思考,有的人擅长具体的战术运用。理想的安排是大材大用,小材小用。

任用人才应尽量扬长避短,或扬长补短。以鲁国大夫孟公绰的德行、学问、见识和能力,他适合做大国大夫家的家臣,但难以胜任滕、薛这种小国的大夫之职。这是因为孟公绰适合做宏观上的行政管理工作,而不适合做事无巨细都要亲力亲为的具体事务。"平常看他,学问好,见解也好,写的文章、建议、办法都对。可是,让他去实际从事行政工作,就不行。有些人,要他从事实际行政工作,执行任务,会办得很好,如果这样认为他很了不起,把他提拔到太高的清要地位,那他又完了。所以做领导的人,对人才的认识很难,对自己的认识也难,要晓得自己能做什么,可真不容易。"[2]有道是:"隋炀不幸为天子,安石可怜作相公。若使二人穷到老,一为名士一文雄。"[3]

---

[1] 朱熹.四书章句集注[M].北京:中华书局,2011:142.
[2] 南怀瑾.论语别裁:下册[M].上海:复旦大学出版社,2015:571.
[3] 南怀瑾.论语别裁:下册[M].上海:复旦大学出版社,2015:571.

14.12　子路问成人

【原文】

子路问成人。子曰:"若臧武仲之知,公绰之不欲,卞庄子之勇,冉求之艺,文之以礼乐,亦可以为成人矣。"曰:"今之成人者何必然?见利思义,见危授命,久要不忘平生之言,亦可以为成人矣。"

【引言】

这一章是子路在问如何做一个德才兼备、文武双全的完人。孔子做出了回答。

【释解】

(1)成人:德才兼备、文武双全的完人。

(2)臧武仲:臧孙纥(hé),姬姓,臧孙氏,名纥,鲁国大夫,臧文仲之孙,臧宣叔之子,其封邑在防(今山东省费县东北)。

(3)公绰:鲁国大夫孟公绰。

(4)卞庄子:春秋时期鲁国卞邑(今山东省泗水县泉林镇)大夫。

(5)文之以礼乐:用礼乐加以修饰。文:文采,在这里名词动用,引申为修饰,文饰。

(6)何必然:何必这样子。

(7)见危授命:危急关头能勇于献出生命。

(8)久要:旧约,以前的约定。

【译文】

子路问如何做一个德才兼备、文武双全的完人。孔子说:"如果拥有臧武仲的智慧,孟公绰的清心寡欲,卞庄子的勇敢,冉求的多才多艺,再用礼乐来加以修饰,也可以成为一个完人了。"孔子又说:"现在的完人何必这样子?见到利益而能想到道义,危急关头能勇于献出生命。以前有约定,富贵了也不忘记当初的承诺,这样也可以成为一个完人了。"

【拓展】

孔子在这一章谈及了一个完人应该拥有的几方面品质:智慧、少欲知足、勇敢、多才多艺、通晓礼乐、重义轻利、诚实守信。概括地说,就是仁、义、礼、智、信、才、乐、勇等品质。其中仁、智、勇这三项被称为"三达德",即三种非常重要的品质。

当然,孔子也开出了一个简单易行的做完人的处方,那就是见利思义、见危授命和诚实守信。

14.13 子问公叔文子于公明贾曰

【原文】

子问公叔文子于公明贾曰:"信乎?夫子不言,不笑,不取乎?"公明贾对曰:"以告者过也,夫子时然后言,人不厌其言;乐然后笑,人不厌其笑;义然后取,人不厌其取。"子曰:"其然?岂其然乎?"

【引言】

这一章是孔子在问一则谣言的事。卫国人公明贾替公叔文子辟了谣。

【释解】

(1)公叔文子:公孙拔,卫国大夫,谥号"文",卫献公之孙。

(2)公明贾(gǔ):姓公明,字贾,卫国人。

(3)信乎:可信吗。乎:吗。

(4)夫子不言:公叔文子不爱说话。夫子:对大夫的尊称,指公叔文子。

(5)不取乎:不拿取钱财吗。取:拿取,获取。

(6)以告者过也:这是因为传话者有了过错。以:因为。告者:传话者。过:过错。

(7)夫子时然后言:公叔文子当说时才说。时:到了该……的时候。

(8)乐然后笑:当乐时才笑。

(9)义然后取:合乎道义时才拿取钱财。

(10)其然：它是这样的吗。其：代词，指关于公叔文子的议论。

(11)岂其然乎：难道它是这样的吗。岂：难道。

【译文】

孔子向公明贾打听公叔文子的事。孔子问："先生他不爱说话，不爱笑，不爱拿取钱财，这可信吗？"公明贾答道："因为传话者有过错，才造成这样的误解。先生他当说时才说，人们不讨厌他说话；当乐时才笑，人们才不讨厌他笑；合乎道义时才拿取钱财，人们才不讨厌他拿取钱财。"孔子说："是这样的吗？难道真是这样的吗？"

【拓展】

孔子听说了不少关于卫国大夫公叔文子的事情，但是这些传闻真伪难辨。孔子就向卫国人公明贾求证。结果公明贾所说的与传言完全不一样。连一向明断的孔子也产生了狐疑，于是发出了疑问："其然？岂其然乎？"

可见，要认识清楚一个人，不能光靠道听途说，而要实地考证，多方面考察。路遥知马力，日久见人心。考察需要一个过程和一定时间。唐代白居易说得好："赠君一法决狐疑，不用钻龟与祝蓍。试玉要烧三日满，辨材须待七年期。周公恐惧流言后，王莽谦恭未篡时，向使当初身便死，一生真伪复谁知。"①

周公摄政时，遭到了包括其弟弟管叔、蔡叔、霍叔等人的怀疑，假如当时周公不幸早逝，那么，周公一世的英明就无法得到历史的证明。同样，王莽在篡位之前表现得很谦恭，但等到做了皇帝，就独断专行，本性全然暴露。假如王莽还没篡位就死掉了，那么，王莽的本性人们又如何得知呢？

14.14 臧武仲以防求为后于鲁

【原文】

子曰："臧武仲以防求为后于鲁，虽曰不要君，吾不信也。"

---

① 白居易.白居易全集[M].丁如明，聂世美，校点.上海：上海古籍出版社，1999：215-216.

【引言】

臧武仲因得罪了鲁国的权臣孟孙氏(孟孙羯)和季孙氏(季武子),其封地防城被季孙氏派兵包围攻打,臧武仲兵败后跑到邾国避难。危机消除后,他回到防城致信鲁襄公请求赦免其罪,并以自己祖辈对鲁国的巨大贡献为缘由向鲁襄公请求保留臧孙氏世袭大夫的身份,让臧孙氏宗庙祭祀不断,后继有人。鲁襄公因其之前只是和孟孙氏、季孙氏发生了冲突,并非真的谋反,所以准许了他的请求,让其同父异母的兄弟臧为继承臧孙氏世袭大夫之位。孔子认为,臧武仲此举是以自己的势力要挟鲁襄公,冒犯了君主。当然,这种评价似乎与历史事实不符。

【释解】

(1)防:臧武仲的封地,在今山东费县东北。
(2)求为后于鲁:请求鲁君在鲁国为臧孙氏保留世袭大夫的身份,让臧孙氏宗庙祭祀不断。
(3)要君:要挟国君。

【译文】

孔子说:"臧武仲以其封地防城力量为依托,向国君鲁襄公致信,言辞恳切,请求鲁襄公为臧孙氏保留世袭大夫的身份,让臧孙氏宗庙祭祀不断。虽然有人说臧武仲没有要挟国君,但我是不会相信的。"

【拓展】

南怀瑾说:"臧武仲是鲁国的大夫,犯了罪自己逃出去。可是不肯放下权力,在防区上整兵振武,向鲁君要求,封他的儿孙永远做这个地方的首长。他用这个方法,取得这个位置。孔子说,他这样做,表面上虽然说是提出退让的要求,不说要挟,但是这不必骗人了,我是不相信的,他分明是用要挟取得富贵功名与政权。中国历史的藩镇祸国,都是同此一例的办法。"①

客观地说,臧武仲诚恳致歉、挟兵自重和要挟国君的因素都存在。但鲁

---

① 南怀瑾.论语别裁:下册[M].上海:复旦大学出版社,2015:576.

襄公之所以准许其请求,显然主要是因为臧武仲本人对鲁国没有反叛之意,加上臧孙氏祖辈对鲁国有过不少贡献。毕竟臧孙氏主要是与孟孙氏和季孙氏有矛盾,并非与鲁国国君有矛盾。此外,在鲁襄公看来,臧孙氏也是平衡鲁国各派势力的一股必不可少的力量。

14.15 晋文公谲而不正

【原文】

子曰:"晋文公谲而不正,齐桓公正而不谲。"

【引言】

这一章是孔子对晋文公和齐桓公两位君主个人品质的评论。

【释解】

(1)晋文公:姬姓,晋氏,名重耳,晋国第 22 任君主,公元前 636 年至公元前 628 年在位,晋献公之子,春秋五霸中第三位霸主。

(2)谲(jué):诡诈,狡诈,奸诈。

(3)正:正派,正直。

(4)齐桓公:姜姓,吕氏,名小白,齐国第 16 位国君,公元前 685 年至公元前 643 年在位,春秋五霸中的第一位霸主。

【译文】

孔子说:"晋文公奸诈而不正派,齐桓公正派而不奸诈。"

【拓展】

朱熹对此解释说:"二公皆诸侯盟主,攘夷狄以尊周室者也。虽其以力假仁,心皆不正,然桓公伐楚,仗义执言,不由诡道,犹为彼善于此。文公则伐卫以致楚,而阴谋以取胜,其谲甚矣。二君他事亦多类此,故夫子言此以发其隐。"①

---

① 朱熹.四书章句集注[M].北京:中华书局,2011:143-144.

按照孔子和孟子的说法,春秋五霸依次分别是齐桓公、宋襄公、晋文公、秦穆公和楚庄王。其中,齐桓公和晋文公都打着"尊王攘夷"的旗号,但齐桓公伐楚是以楚国不尊周礼、不礼敬周天子为由进行的,客观上起到了维护周天子尊严的作用,而晋文公不但以阴谋伐楚取胜,而且称霸后,以臣召见周天子,僭越了周礼,损害了周天子的威严。二人的做法对于主张"礼乐征伐自天子出"和尊君尊礼的孔子来说是一正一反,齐桓公为正,而晋文公为不正。

14.16 桓公杀公子纠

【原文】

子路曰:"桓公杀公子纠,召忽死之,管仲不死。"曰:"未仁乎?"子曰:"桓公九合诸侯,不以兵车,管仲之力也。如其仁,如其仁。"

【引言】

这一章是孔子对管仲是否仁义的评论。

【释解】

(1)桓公:齐桓公。
(2)公子纠:齐僖公之子,齐桓公之兄,母为鲁女。公子纠与齐桓公争夺齐国君位失败,在齐桓公即位后,威胁入侵鲁国,鲁国处死了他。
(3)召忽(Shào hū):春秋时齐国人,公子纠的家臣,喜研治国之术。公子纠被杀后,召忽自杀为之殉难。
(4)未仁乎:没有仁德吧。乎:疑问词,"吗""吧"。
(5)九合诸侯:(齐桓公)多次召集诸侯会盟。九:指多次。合:召集,会合。
(6)不以兵车:不用武力。兵车:指军力、武力。
(7)如其仁:这应当是他的仁德。如:应当是。其:指代管仲。

【译文】

子路说:"齐桓公杀了公子纠,召忽自杀为之殉难,而管仲却没有自杀殉

难。"于是问孔子："管仲没有仁德吧?"孔子回答说："齐桓公多次召集诸侯会盟,而不用武力,这都是管仲的力量啊!这应当是他的仁德,这应当是他的仁德。"

【拓展】

孔子的观念是"君使臣以礼,臣事君以忠"。在公子纠和齐桓公争夺齐国君位之前,管仲和召忽都是公子纠的家臣和谋士。公子纠失败、被杀后,召忽自杀,但管仲却没有像召忽那样做。

管仲被押回齐国。在其人生知己鲍叔牙的大力保举和推荐下,齐桓公不仅没杀管仲,还委任管仲做了齐国国相。在管仲的治理下,齐国士、农、工、商、兵等各行各业都得到统一划分和管理,百业兴旺,齐国走向强盛。齐国打出"尊王攘夷"旗号,九合诸侯,先后平定宋国内乱,北击山戎,南伐楚国,齐桓公成为春秋时期第一个霸主。但管仲去世后,齐桓公渐渐骄奢淫逸,昏庸不堪,重用易牙、竖刁、开方等小人,不得善终。

成大事者不拘小节,拘小节者难成大事。在忠诚方面,一般来说,有两种方式,一种是像召忽那样忠诚于自己的主人或领导,为之殉节,这是小节;另一种是像管仲那样,忠于国家和民族,重大节而不拘小节。子路看到了召忽的小节,而未看到管仲的大节。孔子虽然也赞赏小节,但更重视大节。所以,孔子认为管仲虽有不少缺点,却有重大节之风范。

14.17 管仲非仁者与

【原文】

子贡曰:"管仲非仁者与?桓公杀公子纠,不能死,又相之。"子曰:"管仲相桓公,霸诸侯,一匡天下,民到于今受其赐。微管仲,吾其被发左衽矣。岂若匹夫匹妇之为谅也,自经于沟渎而莫之知也?"

【引言】

这一章应该是接着上一章的对话而来的。上一章中,子路怀疑管仲是否有仁德,孔子给了回答,认为管仲是有仁德的。当时子贡应该在场,所以子贡也说了同样的疑问。孔子又做了更加详细具体的回答。

【释解】

(1)非仁者与:不能算是仁人吧。与:同"欤","吧""吗"。

(2)又相之:反而辅佐他。又:反而。相:辅助,辅佐。之:指齐桓公。

(3)管仲相桓公:管仲辅佐齐桓公。

(4)霸诸侯:称霸诸侯。

(5)一匡天下:使天下得到匡正和安定。一:统一,定于一。匡:匡正。

(6)民到于今受其赐:百姓到了今天仍享受着他的恩赐。赐:恩赐,好处。

(7)微管仲:没有管仲。微:没有,无。

(8)吾其被发左衽矣:我们也许就披头散发、前襟向左掩了。被发:被同"披",即披散着头发。左衽:上衣在左侧开襟。衽:衣襟。左衽是中国古代某些少数民族的风俗和装束,右衽是中国古代中原一带人民的风俗和装束。① 被发左衽比喻被少数民族或异族统治。

(9)岂若匹夫匹妇之为谅也:难道像一般老百姓那样信守小节、小信吗。匹夫匹妇:一般老百姓。之:助词,起连接作用。为:遵守,信守。谅:信用,指小节、小信。

(10)自经于沟渎:在沟渠里上吊自杀。自经:上吊自杀。沟渎(dú):沟渠,沟洫。

(11)莫之知:没有人能知道他。

【译文】

子贡说:"管仲不能算是仁人吧?齐桓公杀了公子纠,他不能为公子纠殉节,反而辅佐齐桓公,做了齐国宰相。"孔子说:"管仲辅佐齐桓公,称霸诸侯,使天下得到匡正和安定,百姓到了今天仍享受着他的好处。如果没有管仲,我们也许就被少数民族统治而不得不披头散发、前襟向左掩了。难道他像一般老百姓那样信守小节、小信,在沟渠里上吊自杀而不被人知道就好吗?"

---

① 商务印书馆辞书研究中心.新华词典[M].北京:商务印书馆,2001:746,1326.

【拓展】

从上一章和这一章来看,子路和子贡表达出相同的观点。他们都质疑管仲是否有仁德,但孔子十分肯定,管仲是有仁德的。管仲顾大节,不拘小节。其最大的仁德就是提出"尊王攘夷"的口号,使齐国国强民富,称霸诸侯,并且抵挡住了北方蛮族的入侵,维护了华夏文化的传承和发展。

14.18 公叔文子之臣大夫僎与文子同升诸公

【原文】

公叔文子之臣大夫僎与文子同升诸公。子闻之曰:"可以为'文'矣。"

【引言】

这一章是孔子对卫国大夫公叔文子推举贤能、不嫉贤妒能的称赞。

【释解】

(1)臣大夫:家臣。
(2)僎(zhuàn):人名,公叔文子的家臣。
(3)同升诸公:一起被提升为卫国的大夫。同:一同,一起。升:晋升,提升。诸公:指公卿大夫。公:周代的最高爵位,指公卿,泛指朝廷中的高官。卿指朝廷中的高级官员。
(4)可以为"文"矣:(他去世后)可以被赐予"文"这一谥号了。

【译文】

经过公叔文子的推荐,公叔文子的家臣僎和文子一同被提升为卫国的大夫。孔子听说此事后,说:"他去世后可以被赐予'文'这一谥号了。"

【拓展】

公叔文子出生于卫国公室,是卫献公的孙子。他肚量很大,愿意把自己的家臣保举为卫国的大臣,与自己同为卫国大夫,这是十分难得的。"中国古代谥法称'文'是很难的。根据《谥法》解的记载,称文的有下面几种:一、经天纬地。二、道德博闻。三、勤学好问。四、慈惠爱民。五、愍民惠礼。六、赐民爵位等六种。如明代的王文成,清代的曾文正,就是这个'文'。"①

14.19 子言卫灵公之无道也

【原文】

子言卫灵公之无道也,康子曰:"夫如是,奚而不丧?"孔子曰:"仲叔圉治宾客,祝鮀治宗庙,王孙贾治军旅。夫如是,奚其丧?"

【引言】

这一章,孔子谈论的是为什么卫灵公那么昏庸无道而卫国依然没有败亡。

【释解】

(1)卫灵公:姬姓,名元,卫国第 28 任国君,公元前 534 年至公元前 493 年在位。卫灵公贪图享受,沉迷酒色,行为乖张,但知人善任。他任用仲叔圉、祝鮀、王孙贾等大臣治理朝政,使卫国朝政得以正常运行。

(2)无道:不合道义,不走正道,指卫灵公违背周礼,道德失范,不修朝政。

(3)康子:季康子,季孙肥。

(4)夫如是:像这样。夫:发语词,不译。

(5)奚而不丧:为什么卫国没有败亡呢。奚而:为何,为什么。丧:败亡。

(6)仲叔圉治宾客:仲叔圉负责接待宾客事宜。仲叔圉(yǔ):孔圉,卫国大夫,谥号"文",又称孔文子。治:负责,治理。

(7)祝鮀治宗庙:祝鮀负责宗庙事宜。祝鮀(tuó):名鮀,字子鱼,卫国大夫。

(8)王孙贾治军旅:王孙贾负责军旅事宜。王孙贾:卫国大夫,长于军事。

---

① 南怀瑾.论语别裁:下册[M].上海:复旦大学出版社,2015:580.

(9)奚其丧:为什么会败亡呢。奚其:为何,怎么会。

【译文】

孔子谈到卫灵公的昏庸无道。季康子说:"像这样,为什么卫国没有败亡呢?"孔子说:"他有仲叔圉负责接待宾客事宜,祝鮀负责宗庙事宜,王孙贾负责军旅事宜。像这样,怎么会败亡呢?"

【拓展】

"千里马常有,而伯乐不常有。"卫灵公虽然贪求享乐,不务朝政,但可是个不折不扣的伯乐。他知人善任,让善于外交的仲叔圉负责接待来宾,让善于祭祀礼仪的祝鮀负责宗庙祭祀事宜,让长于军事的王孙贾负责军队事宜。这样就形成了一种"君上无为而臣下有为"的局面。虽然卫灵公不顾朝政,但国家的各项事宜都有专人负责,这些人都胜任其职。这正是卫国仍然能够正常发展而不会陷入混乱的原因。

14.20 其言之不怍

【原文】

子曰:"其言之不怍,则为之也难。"

【引言】

这一章是孔子对说起来容易做起来难这一道理的阐述。

【释解】

(1)其言之不怍:说起大话来不知惭愧,大言不惭。怍(zuò):惭愧。
(2)为之也难:做起来也很难。为:做,践行。

【译文】

孔子说:"如果一个人说起大话来不知惭愧,那么,他践行自己所说的也很难。"

【拓展】

君子一言,驷马难追。君子总是谨慎少言,知行合一。而小人则不会在意自己说的能否实现。所以,小人经常逞一时口舌之快,随便说话,随便承诺,而到了无法实现的地步,又总是寻找这样那样的借口。

《老子》曰:"知人者智,自知者明。"① 人贵在有自知之明。

14.21 陈成子弑简公

【原文】

陈成子弑简公。孔子沐浴而朝,告于哀公曰:"陈恒弑其君,请讨之。"公曰:"告夫三子!"孔子曰:"以吾从大夫之后,不敢不告也。君曰'告夫三子'者!"之三子告,不可。孔子曰:"以吾从大夫之后,不敢不告也。"

【引言】

这一章是孔子在听到齐国发生了军事政变之后马上沐浴更衣,朝见鲁哀公,请求他派兵讨伐陈成子。但因鲁国实权都掌握在"三桓"手里,所以鲁哀公又让孔子报告给季孙氏、孟孙氏和叔孙氏。但这三家都不同意去齐国平乱。所以,孔子说自己作为曾经的大夫也尽到了职分,至于做不做,不是他能决定的。

【释解】

(1)陈成子:陈恒,又称田成子,齐国大夫。他采用大斗出、小斗进的方法赢得了民心。公元前481年,他杀死齐简公,立齐平公,自任太宰,排除异己,掌握了齐国实权。

(2)弑(shì):臣子杀死君主。

(3)简公:齐简公,姜姓,吕氏,名壬,齐国国君,齐悼公之子,公元前484年至前481年在位。齐简公四年(公元前481年),齐简公被陈成子杀死。

(4)沐浴而朝:沐浴更衣后上朝面君。

---

① 老子[M].饶尚宽,译注.北京:中华书局,2015:73.

(5)告夫三子：告诉那三位大臣。夫：代词，那。子：对大夫、大臣的尊称。"三子"指鲁国"三桓"。

(6)以吾从大夫之后：因为我曾经做过鲁国的大夫。以：因为。从：从事，担任。

(7)之三子告：到季孙氏、孟孙氏和叔孙氏那里去报告。之：到，往。

【译文】

陈成子以下犯上杀死了齐简公。孔子听说后，沐浴更衣，上朝面君。孔子向鲁哀公报告说："陈恒大逆不道，把他的君主杀了，请求您出兵讨伐他。"鲁哀公说："你去告诉季孙氏、孟孙氏和叔孙氏那三位大臣吧。"孔子退朝后，说："我因为曾经做过鲁国的大夫，所以不敢不来报告。可是君主却说：'你去向那三位大臣报告吧！'"接着，孔子到季孙氏、孟孙氏和叔孙氏那里去报告，但三位大臣都不同意派兵讨伐。孔子退出后，说："因为我曾经做过鲁国的大夫，所以不敢不来报告。"

【拓展】

以下犯上，特别是弑君，在古代是大逆不道的行为，人人得而诛之。但到了孔子生活的那个时代，各国礼崩乐坏，权臣当政、陪臣执国命等现象越来越严重，弑君篡位的事情也屡有发生。孔子主张恢复周礼之道，实行德政礼治，要求君君、臣臣、父父、子子，君使臣以礼，臣事君以忠。所以，孔子听说齐国发生弑君篡位之事后，认为鲁国应该派兵讨伐齐国叛乱弑君之人，换作在西周的时候，各国国君都会积极主动地打抱不平，但是到了春秋末年，人们对僭越和非法之事司空见惯，越来越事不关己，高高挂起。所以，孔子的请求被拒绝，孔子对这其中的原因也是心知肚明的。

但在其位，谋其政；不在其位，不谋其政。孔子曾经做过鲁国的大夫，至少具有向国君和三位大臣报告的权利和义务。孔子履行了自己的义务后，其余的事情则顺从自然和天命。

14.22 子路问事君

【原文】

子路问事君。子曰:"勿欺也,而犯之。"

【引言】

这一章是孔子给子路讲如何事君的大原则。

【释解】

(1)事君:侍奉君主。
(2)而犯之:但可以犯颜直谏。犯:冒犯,指直言规谏。

【译文】

子路向孔子请教如何侍奉君主。孔子回答说:"不要欺骗君主,但可以犯颜直谏。"

【拓展】

苦口良药利于病,忠言逆耳利于行。孔子一贯主张"君使臣以礼,臣事君以忠"。对君主忠诚不二是对侍奉君主的第一要求。臣既然忠诚,就不能欺骗君主,而应该将自己所知道的客观情况报告给君主,以便君主能有个正确的判断或决策。但君主并非都能明察秋毫,也并不都是明君圣贤不犯过错,所以当君主有了过失的时候,做臣子的还应敢于当面直言规谏。但是,并非所有的君主都善于纳谏,或愿意纳谏,所以,规谏的时候也有规谏的艺术和时机。如果时机不对,惹怒了君主,甚至性命都难保。所以,直言规谏或犯颜直谏也要择机而行,不可轻率。如果明知君主不会纳谏,且将会动怒,就适可而止,等有良机的时候再规谏不迟。

历史上,有许多忠臣犯颜直谏而被杀的例子,如商纣王把犯颜直谏的比干的心都挖掉了。唐太宗李世民是善于纳谏的明君,但也有好几次对魏征的谏言十分愤怒,气呼呼地要杀掉魏征以泄愤。可见,犯颜直谏也要看君主

是什么样的人,看时机对不对,看规谏的效果到底如何。

14.23　君子上达

【原文】

子曰:"君子上达,小人下达。"

【引言】

这一章是孔子对君子和小人总的区别的高度概括。

【释解】

(1)上达:向上追求。达:通达,追求。
(2)下达:向下追求。

【译文】

孔子说:"君子向上追求,小人向下追求。"

【拓展】

如何理解这里的向上和向下？孔子说:"君子喻于义,小人喻于利。"[1]又说:"君子和而不同,小人同而不和。"[2]"君子坦荡荡,小人长戚戚。"[3]"君子求诸己,小人求诸人。"[4]"君子周而不比,小人比而不周。"[5]"君子成人之美,不成人之恶,小人反是。"[6]"君子泰而不骄;小人骄而不泰。"[7]"君子有三畏:畏天命,畏大人,畏圣人之言。小人不知天命而不畏也,狎大人,侮圣人之言。"[8]有子说:"其为人也孝弟,而好犯上者,鲜矣;不好犯上,而好作乱者,未

---

[1] 论语[M].陈晓芬,译注.北京:中华书局,2016:43.
[2] 论语[M].陈晓芬,译注.北京:中华书局,2016:177.
[3] 论语[M].陈晓芬,译注.北京:中华书局,2016:93.
[4] 论语[M].陈晓芬,译注.北京:中华书局,2016:211.
[5] 论语[M].陈晓芬,译注.北京:中华书局,2016:16.
[6] 论语[M].陈晓芬,译注.北京:中华书局,2016:160.
[7] 论语[M].陈晓芬,译注.北京:中华书局,2016:178.
[8] 论语[M].陈晓芬,译注.北京:中华书局,2016:225.

之有也。君子务本,本立而道生。孝弟也者,其为仁之本与!"①如此等等。

由上可见,所谓的"向上"指进步、真善美、根本的一面,而所谓的"向下"是与"向上"相反的一面,即落后、假丑恶、末节的一面。如果说向上是道,那么,向下就是器;如果说向上是仁义,那么,向下就是财利;如果说向上是根本,向下就是末节;如果说向上是光明,向下就是黑暗;如果说向上是崇高,向下就是卑贱;如果说向上是深奥,向下就是肤浅;如果说向上是包容,向下就是苛刻,等等。

14.24 古之学者为己

【原文】

子曰:"古之学者为己,今之学者为人。"

【引言】

这一章是孔子对古今学习者不同的学习目的和动机进行阐述。

【释解】

(1)学者:学习者,学习的人。
(2)为己:指为了提高自己的德行和学识等。
(3)为人:指为图虚名而作秀给别人看。

【译文】

孔子说:"古代的学习者是为了提高自己的德行和学识(而学),而当今的学习者是为了图虚名、作秀给别人看(而学)。"

【拓展】

这里的"为己"和"为人"与我们平常所想到的意义完全不同。我们现在所说的"为己"一般是为了自己的利益的意思,而"为人"一般是为了他人的

---

① 论语[M].陈晓芬,译注.北京:中华书局,2016:2.

利益的意思。

学习者应当为全社会的福祉而读书;而不应该把卖弄学问、贪求虚名作为学习的目的和动机。张载曾说:"为天地立志,为生民立道,为去圣继绝学,为万世开太平。"①我们如果都能按照张载所说的标准去做,去努力,自然能不断开启智慧,不断地开阔心胸,不断地提高和超越自我,同时又能不断地把社会推向繁荣、振兴和进步。

14.25　蘧伯玉使人于孔子

【原文】

蘧伯玉使人于孔子。孔子与之坐而问焉,曰:"夫子何为?"对曰:"夫子欲寡其过而未能也。"使者出。子曰:"使乎!使乎!"

【引言】

这一章是孔子对卫国贤人蘧伯玉派来的使者所做的评论和感慨。这位使者说了蘧伯玉日常修身修德的情况,令人不由得肃然起敬。

【释解】

(1)蘧伯玉:蘧瑗(Qú yuàn),姬姓,蘧氏,名瑗,字伯玉,卫国(今河南省长垣市孟岗镇伯玉村)人,卫国大夫,一生侍奉卫献公、卫殇公、卫灵公三代国君,主张以德治国、无为而治,以贤德闻名。孔子逗留卫国期间,曾住在蘧伯玉家里。

(2)使人于孔子:派人去拜访孔子。

(3)坐而问焉:坐下来问话。焉:语气助词,表示肯定。

(4)夫子何为:先生最近在做些什么。夫子:对大臣、大夫和老师的尊称。

(5)欲寡其过:想要减少自己的过错。寡:减少。

(6)使乎:这个使者挺棒啊。乎:感叹词,"啊""呀"。

---

① 张载.张载集[M].章锡琛,点校.北京:中华书局,1978:320.

【译文】

蘧伯玉派使者去拜访孔子。孔子请使者一同坐下,之后问道:"蘧先生最近在做些什么呢?"使者回答说:"先生想要减少自己的过错,但是未能做到。"使者走了之后,孔子连连称赞说:"这个使者挺棒啊!这个使者挺棒啊!"

【拓展】

朱熹对这一章如此解释说:"蘧伯玉,卫大夫,名瑗。孔子居卫,尝主于其家。既而反鲁,故伯玉使人来也。"又说:"(使者)言其但欲寡过而犹未能,则其省身克己,常若不及之意可见矣。使者之言愈自卑约,而其主之贤益彰,亦可谓深知君子之心,而善于辞令者矣。故夫子再言使乎以重美之。按庄周称'伯玉行年五十而知四十九年之非'。又曰:'伯玉行年六十而六十化。'盖其进德之功,老而不倦。是以践履笃实,光辉宣著。不惟使者知之,而夫子亦信之也。"①

蘧伯玉是卫国的大夫,以知礼贤德而闻名于世。他热情好客,每天反省修身,又谦逊待人。他派来的使者也非常干练、谦恭、有礼貌。所以,孔子表达了由衷的感叹和赞扬。

14.26　不在其位,不谋其政

【原文】

子曰:"不在其位,不谋其政。"曾子曰:"君子思不出其位。"

【引言】

这一章是孔子要求人们在自己的职位范围内去思考、说话和行动,不要逾越或干涉他人职责范围内的事务。因为那样只能乱上添乱,无益于问题的解决。

---

① 朱熹.四书章句集注[M].北京:中华书局,2011:146.

【释解】

（1）位：职位，工作岗位。

（2）政：职位上的事务，政事，政务。

（3）思不出其位：思考问题从不超出其职位范围。

【译文】

孔子说："不在那个职位，就不要谋划考虑那个职位上的事务。"曾子说："君子思考问题从不超出其职位范围。"

【拓展】

人在社会上都有自己的角色和定位。重要的是，各司其职，各负其责，互不干涉，互不掣肘，互不拆台。当然，这并不是说，明明看到某个人在自己职位上出了问题，我们还无动于衷，事不关己，高高挂起，而是要在适当的时机，在觉得对方能够接受自己的话的时候，给对方提供一些可行的建议。但如果对方执意不听，那就听之任之吧。

14.27　君子耻其言而过其行

【原文】

子曰："君子耻其言而过其行。"

【引言】

这一章是孔子对君子言行的基本要求。君子必须言行一致。言必信，行必果。

【释解】

（1）耻：以……为耻，对……感到可耻。

（2）其言而过其行：自己说的话多于自己应当做的事情。而：助词，相当于"之"。过：超过，多于。

【译文】

孔子说:"君子以说得多却做得少为耻。"

【拓展】

诚实守信,言行一致,是做人的起码品德。一个人想做君子,更要对自己的言行严格要求,做到严格自律,应当以能说出而不能做到为耻。说不如做,要少说多做,先做后说,行胜于言。做了好事不宣扬自己,那是有涵养的表现;做了好事到处宣扬,绝不可取。我们要杜绝说大话、套话、谎话、坏话、虚伪的话等有害于人的话。口惠而实不至,久而久之,必然遭人怨恨、厌弃,祸及自身。

14.28 君子道者三

【原文】

子曰:"君子道者三,我无能焉:仁者不忧,知者不惑,勇者不惧。"子贡曰:"夫子自道也。"

【引言】

这一章是孔子对君子之道做的概述。他认为,君子应该具备仁、智、勇三大品德。

【释解】

(1)君子道者三:君子之道有三大方面。道者:道理。三:有三方面。

(2)我无能焉:这几方面我都未能做到。焉:于此,在这些方面。

(3)仁者:有仁德的人。

(4)知者:有智慧的人。知:通"智",智慧。

(5)勇者:勇敢的人。

(6)夫子自道也:这些话正是老师的自我描述。夫子:老师,先生。道:描述,说。

【译文】

孔子说:"君子之道有三大方面,这几方面我都未能做到。它们分别是:有仁德的人从不忧虑;有智慧的人从不疑惑;勇敢的人从不恐惧。"子贡说:"这些话正是老师的自我描述。"

【拓展】

谦虚使人进步,骄傲使人落后。孔子在周游列国的路途中,遭受过冷眼、陈蔡之间的被围困以及其他危险,但都表现出豁达乐观、无所畏惧的精神。他因为好学不倦,诲人不倦,所以也很少有疑惑。仁、智、勇这三大品质,实质上孔子已经完全具备。尽管如此,孔子还是自谦地说自己还未达到这个境界。身教胜于言教。孔子这样做的可能用意就是为了教育自己的学生要在这三方面多多努力,活到老,学到老,不能骄傲和懈怠。

14.29 子贡方人

【原文】

子贡方人。子曰:"赐也贤乎哉?夫我则不暇。"

【引言】

这一章是孔子在批评子贡非议他人,教育他不要轻易议论他人的是非。

【释解】

(1)方(bàng):通"谤",毁谤,非议,指责。
(2)赐:端木赐,字子贡。
(3)夫我则不暇:我就没有空闲去非议他人。夫(fú):发语词,不译。暇:空闲时间,闲工夫。

【译文】

子贡在非议他人。孔子说:"端木赐啊,你就什么都好吗?我就没有闲工夫去非议他人。"

【拓展】

　　静坐常思己过,闲谈莫论人非。如果喜欢非议他人,特别是说他人的坏话,不仅容易惹得他人不快、不满和恼怒,给自己带来危险或祸害,还反映了一个人缺乏自律、自控的修养。

　　俗话说,人非圣贤,孰能无过?因此,大家不要轻易议论他人的短长,也不要说家长里短,传闲话,那样做有弊无利。孔子说:"见贤思齐焉,见不贤而内自省也。"①曾子说:"吾日三省吾身:为人谋而不忠乎?与朋友交而不信乎?传不习乎?"②君子每天都要自我反省,看到别人身上有缺点,就赶紧扪心自问自己身上有没有类似的毛病,有则改之,无则加勉,这样才能不断走向完善和完美。

14.30　不患人之不己知

【原文】

　　子曰:"不患人之不己知,患其不能也。"

【引言】

　　这一章是孔子对是否知名和有没有能力发表观点。

【释解】

(1)患:担心,担忧。
(2)不己知:倒装句,即"不知己",不知道自己。
(3)不能也:没有能力或本领。

【译文】

　　孔子说:"不担心别人不知道自己,只担忧自己没有本领。"

---

① 论语[M].陈晓芬,译注.北京:中华书局,2016:43.
② 论语[M].陈晓芬,译注.北京:中华书局,2016:3.

【拓展】

知名度与本领之间是有一定关系的。有的人经过努力成了知名的科学家、政治家、社会活动家、军事家、教育家,有的人经过努力成了家喻户晓的企业家、主持人、律师,等等。但是,如果一个人没有什么能力、本领、专长,那么,即便知道他的人多,又有什么意义呢?所以,一个人在成就自我价值和意义之前,必须通过努力学习、不知疲倦地学习,掌握真才实学才行。

机会总留给有准备的人。如果自己不是千里马,纵有伯乐在身边又有何用?万事俱备,只欠东风。如果万事没有准备好,即使东风吹来,又有什么意义?

14.31 不逆诈

【原文】

子曰:"不逆诈,不亿不信。抑亦先觉者,是贤乎!"

【引言】

这一章是孔子在讲贤人应当具备事先觉察他人欺诈和不诚信的能力。

【释解】

(1)逆诈:事先猜疑他人欺诈。逆:预料,事先猜疑。诈:欺诈。
(2)不亿不信:不猜疑他人不诚信。亿:同"臆",臆想,猜疑。信:诚信。
(3)抑亦先觉者:也许有可以事先察觉他人欺诈和不诚信的人。抑亦:也许,或许。先觉:事先察觉。者:指代人。
(4)是贤乎:这样的人就是贤人啊。

【译文】

孔子说:"不事先猜疑他人欺诈,也不事先猜疑他人不诚信。也许有可以事先察觉他人欺诈和不诚信的人,这样的人就是贤人啊!"

【拓展】

君子以诚相待,不以猜疑和怀疑来对待人。但小人是以小人之心度君子之腹。因此在他人没有开始欺诈行动和做不诚信之事之前,君子都一律把对方当作君子来看。但当他人开始实施欺诈和做不诚信之事的时候,君子却能够明察秋毫,事先察觉和识破对方的图谋,而坚决不上当受骗。这样的君子,在孔子看来就是贤人。

知人者智,自知者明。人不仅要有自知之明,还要有知人之明。

14.32 微生亩谓孔子曰

【原文】

微生亩谓孔子曰:"丘何为是栖栖者与?无乃为佞乎?"孔子曰:"非敢为佞也,疾固也。"

【引言】

这一章是一位名叫微生亩的隐士和孔子的对话。微生亩对孔子周游列国、忙来忙去游说各国国君的行为表示不理解,孔子做了有针对性的回答。

【释解】

(1)微生亩:姓微生,名亩,春秋时期鲁国隐士。

(2)丘何为是栖栖者与:您孔丘为什么要这样忙碌不安呢。丘:孔丘,孔子。何:为何,为什么。为:做。是:如此,这样。栖栖(xī xī):忙碌不安的样子。者:指代人。与:同"欤",表示疑问,呢。

(3)无乃为佞乎:难道不是为了巧言谄媚吗。无乃:岂不是,莫非是,只怕是。为:做。佞:巧言谄媚、花言巧语之类的事。

(4)疾固也:讨厌那些顽固不化的人。疾:嫉恨,痛恨。固:顽固不化。

【译文】

微生亩对孔子说:"您孔丘为什么要这样忙碌不安呢?岂不是为了巧言

谄媚吗?"孔子说:"我不敢做巧言谄媚、花言巧语之类的事,只是痛恨那些顽固不化的人罢了。"

【拓展】

孔子为了实现自己恢复周礼和西周时期生活秩序的社会理想,带着学生周游列国,以寻找志同道合的、能支持他从政的国君。放眼天下,礼崩乐坏,何其相似!但孔子还是坚持了 14 年之久,明知不可为而为之。所以,微生亩这样的隐士不太理解孔子这样做的价值和意义,因而质疑孔子。孔子也知道自己的无奈和煎熬,但只要有一丝实现政治理想的希望,就不会轻易放弃。所以,孔子还是尽量耐心地面对隐士的质疑和不理解,做出力所能及的解释。

14.33 骥不称其力

【原文】

子曰:"骥不称其力,称其德也。"

【引言】

这一章是孔子在讲道德品质的重要性要胜过才能的重要性。

【释解】

(1)骥(jì):千里马,良马,比喻德才兼备的人。
(2)称:称赞,赞扬。
(3)力:力气,能力,比喻人的才能、才干或才华。
(4)德:道德品质,品德。

【译文】

孔子说:"人们称赞千里马,不是称赞它的能力,而是称赞它的品德。"

【拓展】

从才和德的角度看,世界上有四种人,即有才有德者、有才无德者、无才有德者和无才无德者。首先,有才有德者德才兼备,是人们最可信赖的人。其次,有才无德者往往是人们需要特别警惕的人。这样的人往往可以利用自己的才华谋取一定的社会地位,他们很容易利用自己的才智和到手的权力为非作歹。例如,赵高有才无德,在秦始皇死后专权独裁,指鹿为马,杀戮贤良,祸国殃民。再次,无才有德的人,虽然道德上不错,但没有才能,很难成就一番事业,也无法经营好家庭,让人总觉得有点遗憾。最后是无才无德者,这样的人因无德而难以立身,因无才而难以糊口,恐怕是社会上人见人厌的一类人吧。

14.34 以德报怨,何如

【原文】

或曰:"以德报怨,何如?"子曰:"何以报德?以直报怨,以德报德。"

【引言】

这一章中,孔子阐述了自己关于"以直报怨,以德报德"的思想。

【释解】

(1)或曰:有人说。
(2)以德报怨:用恩德来回报仇怨。以:用,拿。德:恩德。报:回馈,回报。怨:怨恨,仇怨。
(3)以直报怨:用正直来回报仇怨。直:正直,公正刚直。

【译文】

有人说:"用恩德来回报仇怨,怎么样?"孔子说:"那用什么来回报恩德呢?应当用正直来回报仇怨,用恩德来报答恩德。"

【拓展】

关于恩德和仇怨二者关系的处理方式大致有五种:以德报德、以德报怨、以怨报德、以怨报怨和以直报怨。

首先,以德报德,就是用善言善行报答善言善行。俗话说,滴水之恩,当涌泉相报。人如果有感恩之心,对别人的善言、善行总会想着去报答。

其次,以德报怨,就是用恩德来应对他人的仇怨,以期感化对方,化解彼此之间的仇怨。但孤掌难鸣,这种方式要求对方也必须拥有起码的天地良心并通情达理。如果对方就是个无赖,也毫无羞耻感、怜悯心等,那么,这样做兴许只能助长坏人的气焰,让对方更加肆无忌惮,而使自己遭受更大的伤害。从国家层面看,无论哪个朝代都需要德刑相辅相成,或者"德主刑辅"。道德教化是疏导,法律规约是杜绝,二者缺一不可。

再次,以怨报德,就是恩将仇报,忘恩负义。自古以来,人们对忘恩负义和恩将仇报的人都有咬牙切齿的痛恨。忘恩负义的人往往天理难容,下场可悲。

又次,以怨报怨,就是以牙还牙,以眼还眼。这是一种针锋相对的应对方式。以牙还牙,加倍奉还,只能导致一种恶性循环,使仇怨升级。而冤冤相报何时了?

最后是以直报怨。孔子主张"以直报怨,以德报德",反对以德报怨、以怨报怨和以怨报德。以直报怨,就是以真理、公平正义和礼制为尺度,为标准,合理合情又合礼地应对仇怨。以德报怨容易助长对方的恶;以怨报怨则是无休止、赤裸裸的报复和仇恨,不利于问题的解决和人性的提升;而以怨报德、恩将仇报更为人不齿。所以,以直报怨才是坚持正道,是应对仇怨的最佳方式。当然,在以直报怨的大原则和战略下,是否可以在具体应对战术方面将以德报怨融入其中,例如,先礼后兵等,也值得大家思考。

14.35 莫我知也夫

【原文】

子曰:"莫我知也夫!"子贡曰:"何为其莫知子也?"子曰:"不怨天,不尤人,下学而上达。知我者其天乎!"

【引言】

鲁哀公十四年(公元前481年),孔子已经71岁,他周游列国归来已有三个年头。这一年,鲁哀公和叔孙氏等人一起去打猎,看到一只奇兽。他们追击并射中了这只奇兽,随后将奇兽带回去疗伤。但奇兽因为惊吓过度,不吃不喝,没几天就死掉了。孔子看了之后,认为这奇兽就是祥瑞的象征——麒麟。这就是"西狩获麟"的历史故事。

孔子认为麒麟这样的祥瑞只能在圣王治世和太平盛世出现,而现在是礼崩乐坏的时代,祥瑞出非其时,还被人害死了,顿觉万念俱灰,不仅发出了这一章的感叹,也从此停止了《春秋》的编撰。

【释解】

(1)莫我知也夫:没有人了解我啊。莫:没有人。知:知道,了解。也夫:语气助词,表示感叹。

(2)何为其莫知子也:倒装句,即"其莫知子也,何为?",如果没有人能了解您,该怎么办呢。何为:做什么,怎么办。其:连词,如果,假如。

(3)怨天:埋怨老天爷。怨:埋怨,抱怨。天:上天,老天爷。

(4)尤人:归咎于他人。尤:责怪,归咎于。

(5)下学而上达:简而言之,就是:往下学习人间所需的一切知识和本领而又能往上做到顺从天道,乐天知命。详细而言,就是:往下学习"六经""六艺"这些修身、齐家、治国和平天下的知识和本领,往上掌握天道运行的规律和知天命的智慧,刚健有为而又能乐天知命。

(6)知我者其天乎:了解我的,大概只有老天爷吧。

【译文】

孔子说:"没有人了解我啊!"子贡问:"如果真的没有人能了解您,该怎么办呢?"孔子回答说:"只有这样做了:不埋怨老天爷,也不归咎于他人,往下学习人间所需的一切知识和本领而又能往上做到顺从天道,乐天知命。了解我的,大概只有老天爷吧!"

【拓展】

"不怨天,不尤人,下学而上达"是孔子一贯坚持的信条。到了晚年,经过十余年在外的漂泊和折腾,孔子对人生的感悟也越来越深刻。孔子思想成熟的过程就是他所说的那样:"吾十有五而志于学,三十而立,四十而不惑,五十

而知天命,六十而耳顺,七十而从心所欲,不逾矩。"①这段话体现出,孔子的一生就是"下学而上达"的一生。他从十五岁开始立志发奋学习,到了四十岁很少有疑惑,到了五十岁知道了天命是怎么回事,到了六十岁听到对他好的和不好的言论都觉得合情合理,而到了七十岁,他终于达到了身心完全自由的人生境界。孔子到七十岁才达到的随心所欲境界,连其优秀的学生子贡都无法了解和达到,而可能了解孔子的颜渊在子贡和孔子说这话的时候已经去世。所以,孔子才无奈地感叹道:"大概只剩下老天爷能了解他的内心了。"

总之,人的一生应该好学不倦,要掌握与人事有关的知识,还要掌握与天道有关的知识,坚守正道,乐天知命。

14.36 公伯寮愬子路于季孙

【原文】

公伯寮愬子路于季孙。子服景伯以告,曰:"夫子固有惑志于公伯寮,吾力犹能肆诸市朝。"子曰:"道之将行也与,命也;道之将废也与,命也。公伯寮其如命何!"

【引言】

前一章讲了孔子"下学而上达"的思想观点,所谓上达就是要明白天道和乐天知命。这一章继续讲述孔子命由天定的观点。可见,"谋事在人,成事在天"是孔子积极有为、乐天知命的思想根据。

【释解】

(1)公伯寮:姓公伯,名寮,字子周,春秋末年鲁国人,曾为季孙氏家臣。

(2)愬(sù):同"诉",诋毁,诬陷。

(3)季孙:季孙氏,鲁国"三桓"之首,掌握着鲁国最高实权。

(4)子服景伯以告:子服景伯把此事告诉了孔子。子服景伯:子服氏,名何,谥号"景",伯是他的爵位,春秋末年鲁国大夫。以告:省略句,即以之告孔子。

---

① 论语[M].陈晓芬,译注.北京:中华书局,2016:12.

(5)夫子固有惑志于公伯寮：季孙氏固然被公伯寮迷惑了。夫子：对人的尊称，指季孙氏。固：固然，已经。有惑志于：被……迷惑。

(6)吾力犹能肆诸市朝：我的力量仍然能够把公伯寮杀死而将其尸体陈列街市示众。犹：依然，仍然。肆：陈列尸首示众，将人处死后暴尸街头示众。诸：之于。市朝：街市上。

(7)道之将行也与：社会正道将要推行。道：人间正道，社会正理。之：助词，的。将行：将要实行、推行。也与：语气助词，表示肯定。

(8)命也：由天命决定。

(9)废：废弃，得不到推行。

(10)其如命何：能把天命怎么样呢。其：语气助词，表示反诘。如……何：把……怎么样。

【译文】

公伯寮在季孙氏面前诋毁子路。子服景伯把此事告诉了孔子，并说："季孙氏固然被公伯寮迷惑了，但我的力量仍然能够把公伯寮杀死而将其尸体陈列街市示众。"孔子说："社会正道将要得到推行，由天命决定；社会正道将要被废弃，也由天命决定。公伯寮能把天命怎么样呢？"

【拓展】

孔子主张为政以德，实行德政礼治，反对滥用暴力、犯上作乱、僭越君主和侵略他国。当学生子服景伯向孔子说他可以用自己的力量杀死构陷子路的公伯寮时，孔子立即制止，告诉他，区区一个公伯寮无论如何也左右不了天命。在孔子看来，万事万物都是由天命决定的，这就是孔子的天命观。所以，谋事在人，成事在天。上天决定成就的事情，即使人不用暴力和武力，也会成功；上天决定不去成就的事情，即使人使用暴力和武力，也不会成功。所以，君子只要自强不息、厚德载物，向着真善美的正确方向发奋努力即可，其余的事情交给老天。

14.37 贤者辟世

【原文】

子曰:"贤者辟世,其次辟地,其次辟色,其次辟言。"子曰:"作者七人矣。"

【引言】

这一章是孔子在讲贤人躲避动乱世事的方式和特点。

【释解】

(1)贤者:贤人,贤明的人。
(2)辟世:逃避世事,离群索居。辟(bì):古同"避",逃避,设法躲开。
(3)辟地:逃到另一个地方去。
(4)辟色:避开他人难看的脸色。
(5)辟言:避开他人难听的话语。
(6)作者七人矣:这样做的人已有七位,他们分别是伯夷、叔齐、虞仲、夷逸、朱张、柳下惠、鲁少连。

【译文】

孔子说:"第一等的贤人会逃避动乱的世事,过隐居生活。第二等的贤人会逃避到另一个地方去。第三等的贤人会避开他人难看的脸色。第四等的贤人会避开他人难听的话语。"孔子又说:"这样做的人已有七位了,他们分别是伯夷、叔齐、虞仲、夷逸、朱张、柳下惠、鲁少连。"

【拓展】

天下有道、政治清明时,积极投入世事,成就一番事业;天下无道、政治昏暗时,不去危险的地方居住生活,注意谦恭待人,或者干脆隐居。这种"用之则行,舍之则藏"的思想,也是孔子一贯坚持的。例如,孔子曾说:"笃信好学,守死善道。危邦不入,乱邦不居。天下有道则见,无道则隐。邦有道,贫且贱焉,耻也;邦无道,富且贵焉,耻也。"①又说:"邦有道,危言危行;邦无道,危行言孙。"②因此,历史上做隐士的也并非全是道家、佛家人士,也有儒家人士。

东晋末期南朝宋初文人陶渊明正是一个先积极用世而后归田隐居的儒者。他在《归园田居(其一)》中写道:"少无适俗韵,性本爱丘山。误落尘网中,一去三十年。羁鸟恋旧林,池鱼思故渊。开荒南野际,守拙归园田。方宅十余亩,草屋八九间。榆柳荫后檐,桃李罗堂前。暧暧远人村,依依墟里烟。狗吠深巷中,鸡鸣桑树颠。户庭无尘杂,虚室有余闲。久在樊笼里,复得返自然。"这首诗生动形象地描述了他辞官归隐后的田园生活,写出了他的闲逸心情和乡居野趣。

总之,穷则独善其身,达则兼济天下。能积极用世之时,则义无反顾,奋不顾身;无法积极用世之时,不妨暂时寻找一个能给自己的身心带来安全感的地方,养精蓄锐或愉悦自己。

14.38 子路宿于石门

【原文】

子路宿于石门。晨门曰:"奚自?"子路曰:"自孔氏。"曰:"是知其不可而为之者与?"

【引言】

这一章是鲁国看守城门的一个人把孔子称为"知其不可而为之"的人。这至少可以说,当时已经有些鲁人认为孔子是一个明知自己的政治理想不能实现,却一直在努力追求理想的人。

【释解】

(1)子路宿于石门:子路在石门口睡了一夜。宿:夜晚睡觉。石门:鲁国都城的外门。

---

① 论语[M].陈晓芬,译注.北京:中华书局,2016:100.
② 论语[M].陈晓芬,译注.北京:中华书局,2016:181.

(2)晨门：早上负责看守和开启城门的人。门：守门人，看守城门的人。

(3)奚自：从哪里来。奚(xī)：何处，哪里。

(4)自孔氏：从孔子那里来。

(5)是知其不可而为之者与：是那位明知不可行却非要去做的人吗。与：同"欤"，吗。

【译文】

子路在石门口睡了一夜。早上负责看守和开启城门的人打开城门，看到了子路，就问："你从哪里来呀？"子路说："从孔子那里来。"看门人又问："就是那位明知不可行却非要去做的人吗？"

【拓展】

据《左传》记载，这个对话大约发生于鲁哀公十一年(公元前484年)冬，经冉求的劝说和努力，季康子派人去迎接孔子回鲁国。68岁的孔子因此得以名正言顺地返回鲁国，以结束14年漂泊不定的游历生活。得到邀请回国的消息，孔子让子路先行，做孔子及其他人回国生活的准备。子贡就赶到了石门，但城门已经关闭，于是不得不在石门口住了一夜。

上一章说到了孔子也有贤人万不得已也可以去隐居的思想。但问题是，未来是未知的，不到万不得已，理想总有可以实现的一丝希望。所以，活到老，学到老，努力到老，是孔子孜孜不倦的追求。荀况说过："锲而舍之，朽木不折；锲而不舍，金石可镂。"①孔子也说过类似的话："譬如为山，未成一篑，止，吾止也。譬如平地，虽覆一篑，进，吾往也。"②纵观孔子的一生，在晚年返回鲁国之前，他一直抱着能被重用的一线希望在期盼着和努力着。直到"西狩获麟"一事发生后，孔子才心灰意冷，停止编撰《春秋》。可见，孔子对于积极用世的执着心是很大的。这种执着心也造就了他"知其不可而为之"的艰辛经历。

---

① 荀子.荀子:一[M].邓启铜,点校.南京:南京大学出版社,2014:6-7.
② 论语[M].陈晓芬,译注.北京:中华书局,2016:114.

14.39 子击磬于卫

【原文】

子击磬于卫,有荷蒉而过孔氏之门者,曰:"有心哉,击磬乎!"既而曰:"鄙哉!硁硁乎!莫己知也,斯已而已矣。深则厉,浅则揭。"子曰:"果哉!末之难矣!"

【引言】

这一章与上一章有着内在的联系。上一章中,看门人点出了孔子是一个明知不可为而为之的人。这一章,一个肩背着草筐的农民(很可能是位学识超群的隐士)听出了孔子击磬乐音中的内心渴望,就借此劝说孔子天下有道则现,无道则隐,别太固执于积极用世。孔子听话听音,觉得终于有人读出了自己的心志,但自己的心志向来如此,又怎么会轻易地放弃它呢?如果轻易放弃了,那他就不是孔子了。

【释解】

(1)子击磬于卫:孔子在卫国的一个地方击磬作乐。磬(qìng):古代用玉石或金属制成的打击乐器。

(2)荷蒉(hè kuì):肩扛着草筐。荷:肩扛,背负。蒉:草筐,用草或树枝编的筐子。

(3)有心哉:有心志的人啊。心:心志,志向。

(4)击磬乎:在击磬作乐。乎:语气助词,表示肯定。

(5)既而曰:一会儿又说。既而:不久,一会儿。

(6)鄙哉:见识浅薄、顽冥不化的人啊。鄙:浅薄无知,固执己见。

(7)硁硁乎:在硁硁地击磬作乐。硁硁(kēng):刚劲有力的乐声。

(8)莫己知也:倒装句,即"莫知己也",没有人了解自己。

(9)斯己而已矣:就做好自己罢了。斯:就。己:做好自己,独善其身。而已:即可,罢了。矣:语气助词,"了"。

(10)深则厉:水深的话就穿着衣服涉水过河。厉:穿着衣服涉水过河。

(11)浅则揭:水浅的话就提起衣襟涉水过河。揭:提起衣襟涉水过河。

(12)果哉:说得干脆利索啊。果:干脆利索。

(13)末之难矣:倒装句,即"末难之矣",没有能难得住他的事情啊。末:没有。难(nán):不大可能办到,难得住。矣:感叹词,"啊"。

【译文】

孔子在卫国一个地方击磬作乐。这时候,有一位肩扛着草筐的人从孔子的门前经过,就发表议论说:"这是个有心志的人在击磬作乐啊!"过了一会儿,他又说:"这是个见识浅薄、顽冥不化的人在硁硁地击磬作乐啊!如果没有人了解自己,那就做好自己罢了。这就像涉水过河,水深的话就穿着衣服涉水过河,水浅的话就提起衣襟涉水过河。"孔子感慨地说:"这人说得干脆利索啊!没有能难得住他的事情啊!"

【拓展】

这位肩扛草筐的人,一定很有学问和音乐才华,应该是一位民间高人或隐士。他听到孔子击磬的乐声,就能知道孔子在想什么。最初听到一段,这位民间高人就听出击磬作乐的是个有远大理想和抱负的人;但继续听了一段后,又发现这个击磬作乐的人过于执着于世间的事情,很少能够变通,以致有些顽固不化。现在正逢乱世,礼崩乐坏,还去执着于过去西周的礼制和社会境界,那就是迂腐不堪和学识浅薄了。所以,这位高人就以比喻的方式发表议论说:"水深的时候有水深的过河方法,水浅的时候有水浅的过河方法。"言外之意,就是人要审时度势,不能教条守旧。明知不可为就不为,明知可为就为之。这才是智者所为。

显然,这位民间高人批评得比较尖刻,但说的话非常中肯。连孔子都说这位高人如此豁达,机智灵活,进退自如,那世间自然就没有能难得住他的事情了。有些学者把孔子所说的"末之难矣"理解为:孔子听到民间高人的评论后,觉得没有什么可责备他的。对于民间的议论,孔子作为道德高尚的君子,只会反求诸己,"见贤思齐焉,见不贤而内自省也",又怎么会听到对自己不好的议论就先想着怎么还击或责备他人呢?这恐怕是典型的"以小人之心度君子之腹"。

14.40　高宗谅阴,三年不言

【原文】

子张曰:"《书》云:'高宗谅阴,三年不言。'何谓也?"子曰:"何必高宗,古之人皆然。君薨,百官总己以听于冢宰三年。"

【引言】

这一章是孔子与子张谈论其所知道的古人守丧三年的历史知识。

【释解】

(1)《书》:《尚书》,后世又称之为《书经》。

(2)高宗谅阴:商王高宗守丧。高宗:商王武丁,子姓,名昭,商朝第23任君主,商王盘庚之侄,商王小乙之子。公元前1192年,武丁去世,庙号高宗,其子祖庚继位。谅阴:古时天子守丧的称谓。

(3)三年不言:三年不理不谈政事。

(4)何谓也:说的是什么意思呢。

(5)皆然:都是这样。

(6)君薨:国君死了。薨(hōng):国君或诸侯之死的称谓。

(7)百官总己:所有官员各司其职。总己:各司其职,各负其责。

(8)听于冢宰:听从冢宰的命令。冢宰:官名,相当于后世的宰相。

【译文】

子张说:"《尚书》上说:'商王高宗守丧,三年不理不谈政事。'这说的是什么意思呢?"孔子说:"不只是商王高宗这样做,古人都是这样做。国君死了,所有官员各司其职,各负其责,一律听从冢宰的命令长达三年。"

【拓展】

在古代,人们非常重视为父母守丧三年的礼制和习俗。从这一章内容来看,至迟在商王武丁之前就形成了这样的制度和习俗。到春秋末年,孔子

仍然坚持这一礼制。有了孔子的提倡,所以后世的儒家非常重视"守丧三年"。西汉时,"丁忧"制度被纳入法律,直到清代都在延续。清朝新皇帝守丧和朝臣服丧的时间是27天。27天之内,皇帝不能用朱笔批奏折,一律改用蓝笔批示,称为"蓝批"。官员服丧三年,必须离职,称为"丁忧"。"丁忧"期间,不可寻欢作乐、求官、嫁娶、应试等。

14.41　上好礼

【原文】

子曰:"上好礼,则民易使也。"

【引言】

这一章是孔子在讲实行德政礼治的好处。

【释解】

(1)上好礼:处在高位的人喜好依礼而行。上:指处于上位的国君、卿大夫等社会地位高和掌握实权的人物。好:喜好,习惯于。

(2)则民易使也:那么百姓就容易被差使。使:差使,役使。

【译文】

孔子说:"如果处在高位的人喜好依礼而行,那么,百姓就容易被差使。"

【拓展】

孔子说:"君使臣以礼,臣事君以忠。"①孟子说:"君之视臣如手足,则臣视君如腹心;君之视臣如犬马,则臣视君如国人;君之视臣如土芥,则臣视君如寇仇。"②孟子又说:"仁者爱人,有礼者敬人。爱人者,人恒爱之;敬人者,人恒敬之。"③

---

① 论语[M].陈晓芬,译注.北京:中华书局,2016:32.
② 孟子[M].万丽华,蓝旭,译注.北京:中华书局,2007:171.
③ 孟子[M].万丽华,蓝旭,译注.北京:中华书局,2007:185.

人都是情感动物,人格上平等。你敬人三尺,人敬你一丈。平常的人都是如此,何况地位高、权力大的人呢?如果地位高、权力大的人敬爱下属,下属必然纷纷仿效,这就是上行下效的道理。同理,上有所好,下必甚焉;楚王好细腰,于是宫中多饿死。

14.42 子路问君子

【原文】

子路问君子。子曰:"修己以敬。"曰:"如斯而已乎?"曰:"修己以安人。"曰:"如斯而已乎?"曰:"修己以安百姓。修己以安百姓,尧、舜其犹病诸!"

【引言】

这一章是孔子给子路讲如何做君子的道理。

【释解】

(1) 子路问君子:子路向孔子请教君子之道。
(2) 修己以敬:修养身心,保持恭敬的态度。以:连词,而。
(3) 如斯而已乎:像这样就可以了吗。斯:这样。而已:罢了,即可。
(4) 安人:安定他人。安:使安定,使安心。
(5) 尧、舜其犹病诸:尧帝和舜帝在这方面大概也不能完全做到吧。其:大概,也许。犹:仍然,也,依然。病:做不到,有所不足。诸:之于,之于此。

【译文】

子路向孔子请教君子之道。孔子说:"修养身心,保持恭敬的态度。"子路问:"做到这样就可以了吗?"孔子回答说:"修养身心,安定他人。"子路又问:"做到这样就可以了吗?"孔子回答说:"修养身心,安定百姓。修养身心,安定百姓,尧帝和舜帝在这方面大概也不能完全做到吧!"

【拓展】

由这一章的内容来看,孔子将君子分为三个层次或境界。最低层次就

是修养好自己的身心,让自己时时刻刻保持恭敬的状态;中等层次就是在修养好自己身心的前提下,惠及他人,起码能使君子周围的人安定快乐;最高层次是在修养好自己身心的前提下,惠及天下百姓,安邦定国。

孔子的这种思想在《礼记·大学》中得到了系统化的总结。《礼记·大学》说:"古之欲明明德于天下者,先治其国;欲治其国者,先齐其家;欲齐其家者,先修其身;欲修其身者,先正其心;欲正其心者,先诚其意;欲诚其意者,先致其知。致知在格物。物格而后知至,知至而后意诚,意诚而后心正,心正而后身修,身修而后家齐,家齐而后国治,国治而后天下平。"①这就是儒家著名的"修齐治平"思想。

14.43 原壤夷俟

【原文】

原壤夷俟。子曰:"幼而不孙弟,长而无述焉,老而不死,是为贼!"以杖叩其胫。

【引言】

这一章是孔子在教训一位不懂起码的待人接物礼仪的故交。

【释解】

(1)原壤:姓原,名壤,春秋时期鲁国人,孔子的旧友。

(2)夷俟:叉开双腿坐着等待。夷:叉开双腿坐着。俟(sì):等待。

(3)幼而不孙弟:年幼时不尊敬父母、友爱兄弟。孙弟:同"逊悌",孝悌。

(4)长而无述焉:年长的时候也没有什么可称道的成就。述:述说,称道。焉:助词,表示肯定。

(5)老而不死:年老了还不死掉。

(6)是为贼:这真是一个害人贼。贼:害人的人,苟且偷生的人。

(7)以杖叩其胫:用手杖敲打他的小腿。叩:叩击,敲打。胫(jìng):小腿。

---

① 戴圣.礼记[M].李慧玲,吕友仁,注译.郑州:中州古籍出版社,2010:369.

【译文】

原壤叉开双腿坐着等待孔子。孔子看到他这种没有礼貌的样子,就教训他说:"你年幼时不尊敬父母、友爱兄弟,年长后也没有什么可称道的成就,年老了还不死掉,真是一个害人贼!"说着说着,孔子就用手杖轻轻敲打原壤的小腿。

【拓展】

原壤是孔子小时候结交的朋友。原壤应该是具有老庄那样的自然主义的思想,为人放浪形骸,不守礼法,不拘小节。母亲去世了,他也不悲伤,还在唱歌。在孔子看来,这就是不孝顺父母。孔子来拜访他,他不仅不出门迎接,反而岔开双腿坐着等孔子。孔子见状,就教训了他。

仁者见仁,智者见智。在主张积极用世的孔子看来,原壤明显是为老不尊,白活一世。但在道家人物或隐士看来,恐怕会有另外一种评价。

14.44　阙党童子将命

【原文】

阙党童子将命,或问之曰:"益者与?"子曰:"吾见其居于位也,见其与先生并行也。非求益者也,欲速成者也。"

【引言】

这一章是孔子对一位不注意遵守礼节的未成年人的评价。

【释解】

(1)阙党:阙里,孔子家所在的地方。党:地方行政区划名,五百户为一党。

(2)童子将命:一位少年负责在宾主之间传话。将命:负责传话。

(3)或问之曰:有人问孔子说。或:有人。之:他,指孔子。

(4)益者与:好学上进的人吗。益者:通过学习有所增益的人。

(5) 居于位：坐在成年人该坐的位置上。
(6) 与先生并行：与长辈并肩而行。先生：长辈，长者。
(7) 非求益者也：不是追求上进的人。
(8) 欲速成者也：是个急于求成的人。

【译文】

孔子阙里有一位少年负责在宾主之间传话。有人问孔子说："这是个好学上进的人吗？"孔子说："我看见他坐在成年人该坐的位置上，又看到他与长辈并肩而行。他不是一个追求上进的人，而是一个急于求成的人。"

【拓展】

孔子追求德政礼治，强调克己复礼为仁。"父子有亲，长幼有序，夫妇有别，君臣有义，朋友有信"这五种人伦关系和言行准则是孔子一贯倡导的。这位少年却不懂长幼有序，或者知道要长幼有序却不那样做。这在孔子看来，是违礼而不仁。如果连仁和礼都做不到，这个年轻人又怎么会在和长辈的交往中得到益处呢？显然，这是不成熟的表现。

卫灵公篇第十五

该篇共计42章。其中,"记孔子直接论述三十六章,记孔子答国君、弟子问五章,记孔子帮助师冕一章"①。孔子重视德政礼治、礼乐教化,反对侵略和暴力;倡导君子以义为质,尊礼守礼,坚持正道,循礼直道而行,反对见利忘义,唯利是图。在教育和学习方面,孔子主张诲人不倦,好学不倦,有教无类,学思结合,以立德、立功和立言于世间。

15.1 卫灵公问陈于孔子

【原文】

卫灵公问陈于孔子。孔子对曰:"俎豆之事,则尝闻之矣;军旅之事,未之学也。"明日遂行。

【引言】

这一章描述卫灵公和孔子之间兴趣点的分歧。道不同则不相为谋。卫灵公感兴趣的是军事打仗方面的事,而孔子重视的是德政礼治、以礼治国。

【释解】

(1)陈:同"阵",阵列,阵势。此处指排兵布阵、作战打仗。

(2)俎豆之事:像礼器俎豆这样的祭祀礼仪方面的事。俎豆(zǔ dòu):古代祭祀、宴飨时盛食物用的礼器,引申为祭祀和崇奉礼仪之事。

(3)则尝闻之矣:那我曾经听说过它。尝:曾经。之:它,指"俎豆之事"。

---

① 来可泓.论语直解[M].上海:复旦大学出版社,2000:413.

(4)军旅之事:有关军队打仗的事。

(5)未之学也:倒装句,即"未学之也",从来没有学过。

(6)明日遂行:第二天孔子就离开了卫国。遂:于是,就。行:远行,离开。

【译文】

卫灵公向孔子问询排兵布阵等打仗方面的事。孔子回答说:"像礼器俎豆这样的祭祀礼仪方面的事情,那我曾经听说过;但是有关军队打仗的事,我从来没有学过。"第二天,孔子就离开了卫国。

【拓展】

孔子周游列国是想谋个一官半职,以便实现自己的政治理想和抱负。但孔子绝不是为做官而求官,而是为实现德政礼治的政治蓝图而求官。他虽然多才多艺,也懂得排兵布阵等,但反对诸侯之间的侵略和兼并战争,主张先以礼治国,然后富国强兵。卫灵公对以礼治国不感兴趣,却对打仗感兴趣,与孔子志不同道不合。尽管卫灵公在待遇方面厚待了孔子,孔子在这里做官可以得到在鲁国做司寇的同等报酬,但孔子看到在卫国没有希望实现政治理想,就决然离开了卫国。这是孔子"谋道不谋食"思想的体现。

15.2　在陈绝粮

【原文】

在陈绝粮,从者病,莫能兴。子路愠见曰:"君子亦有穷乎?"子曰:"君子固穷,小人穷斯滥矣。"

【引言】

这一章记录的是孔子和学生在陈国因为遭受不明真相的陈国人和蔡国人的围攻,而断粮多日、缺吃缺喝的情况。子路面对这种窘境,就对孔子坚持的君子之道产生了怀疑,于是气愤不平地质问孔子。孔子借此机会给他上了一课。

【释解】

(1) 在陈绝粮:在陈国断了粮。陈:陈国,西周至春秋时期的一个妫姓诸侯国,大致位于今河南省东部。

(2) 从者病:随从的人中许多都饿病了。

(3) 兴:站起来。

(4) 子路愠见:子路带着怨恨去见孔子。愠(yùn):发怒,怨恨。

(5) 穷:穷困至极,处境恶劣。

(6) 固穷:君子穷困至极时依然会坚持正道而固守穷困。固:固守,坚守。

(7) 穷斯滥矣:穷困至极时就胡作非为。滥:肆意妄为,胡作非为。

【译文】

孔子一行人在陈国断了粮,许多随从的人都饿病了,连站都站不起来。子路带着怨恨去见孔子,说:"君子也有穷途末路的时候吗?"孔子回答说:"君子穷困至极时依然会坚持正道而固守穷困,而小人穷困至极时就会胡作非为了。"

【拓展】

这一章实际上谈及了君子和小人的又一区别。君子重义轻利,小人重利轻义;君子顾念的是大仁大义,小人顾念的是自私自利。唐代李世民《赐萧瑀》一诗写道:"疾风知劲草,板荡识诚臣。勇夫安知义,智者必怀仁。"在顺境中,君子和小人可能没什么差别,但在逆境到来的时候,君子和小人高下立见。真金不怕火炼,沧海横流,方显英雄本色;乱世之中,才知豪杰人物。

15.3 赐也,女以予为多学而识之者与

【原文】

子曰:"赐也,女以予为多学而识之者与?"对曰:"然。非与?"曰:"非也,予一以贯之。"

【引言】

这一章是孔子在给端木赐讲广博地学习知识的根本方法。

【释解】

(1)女以予为多学而识之者与:你以为我是多多地学习而记住所学知识的人吗。女(rǔ):通"汝",你。予:我。识(zhì):记住。与:同"欤",吗。

(2)然:是的,是这样的。

(3)非与:不是吗。

(4)一以贯之:用一个基本道理和逻辑线索把它们贯穿起来,即融会贯通。

【译文】

孔子说:"端木赐啊,你以为我是多多地学习而记住所学知识的人吗?"子贡回答说:"是的,难道不是吗?"孔子说:"不是这样的。我是用一个基本道理和逻辑线索把它们贯穿起来,也就是融会贯通。"

【拓展】

我们生活的宇宙、自然和社会都是统一的整体。人类探索宇宙、自然和社会的知识自然也是一体多面的。知识与知识之间存在着内在的本质的联系。抓住这个本质上的联系,就可一通百通。学习者不但要广博地学习,博闻强记,而且要想方设法融会贯通,方能活学活用。否则,只是一本活字典、知识的容器,看似知识渊博,实质上无法对知识加以灵活运用。此外,人类的道德可分为两大类:君子之道和非君子之道。

孔子主张人要以君子之道为基础,努力掌握各种人类社会,特别是为政做官所需的各项知识和技能。所以孔子所说的"一以贯之"的"一",不仅指君子之道,还指以君子之道为基础通过努力学习而掌握的各种知识和知识之间内在的本质的联系。君子之道和各项知识之间内在的本质的联系构成一个思想逻辑线索或体系。用这个思想逻辑线索或体系来指导自己的学习,就叫"一以贯之"。

所以,"一以贯之",不仅指包含仁、义、礼、智、信、忠、恕、孝、悌、勇等的君子仁义之道,还包括可用以指导人们融会贯通各项知识和技能的思想逻辑线索或体系。"授人以鱼不如授人以渔",学习各种知识和道理,必须能够把它们融会贯通,这样才能活学活用。

15.4 由！知德者鲜矣

【原文】

子曰:"由！知德者鲜矣。"

【引言】

这一章是孔子对子路发出的一句感叹。孔子所生活的时代礼崩乐坏,愿意修德的人越来越少,所以孔子发出了这样的感叹。

【释解】

(1)由:仲由,字子路,又字季路。
(2)知德者:知道仁德的人。
(3)鲜:少,稀少。

【译文】

孔子说:"仲由啊！知道仁德的人很少了。"

【拓展】

君子喻于义,小人喻于利。春秋末年,传统道德礼仪日益被人们抛弃,为政做官者对财富的占有欲越来越强,僭越周礼的现象也就越来越多,这样的风气也影响到各家各户。孔子希望重振周礼之风,恢复君子之道。他说:"君子之德风,小人之德草。草,上之风,必偃。"[①]他相信邪不压正,君子之风肯定胜过小人之风。但理想很丰满,现实很骨感。面对君子渐少,道德滑坡,社会风气不振,他有时也不得不无奈地感叹。

---

① 论语[M].陈晓芬,译注.北京:中华书局,2016:161.

15.5 无为而治者其舜也与

【原文】

子曰:"无为而治者其舜也与? 夫何为哉? 恭己正南面而已矣!"

【引言】

这一章是孔子对"无为而治"这一境界的敬慕。所谓无为而治,就是最高统治者只需要修身正己,率先垂范,以身作则,则百姓必然纷纷效仿而使得天下大治。这方面与老子等道家人物推崇的无为而治同出一辙,毫无二致。但因为从夏、商、周到孔子所处的时代,无为而治已经因为时代和人心的变迁脱离了现实实际,所以孔子开始倡导德政礼治、以礼治国了。

【释解】

(1)无为而治:最高统治者修身正己,垂衣拱手,为政以德,上行下效,使天下大治。

(2)其舜也与:大概只有舜帝了吧。其:大概,也许。舜:舜帝,大舜。也与:语气助词,"了吧"。

(3)夫何为哉:他做了些什么呢。夫(fú):同"彼",他。哉:疑问词,"呢"。

(4)恭己正南面而已矣:恭敬端庄地朝着正南面坐在王位上罢了。恭己:端正自己,恭敬端庄。正南面:古代帝王座位都是坐北朝南。

【译文】

孔子说:"能够什么都不需要做就使天下大治的人,大概只有舜帝了吧? 他都做了些什么呢? 他只是恭敬端庄地朝着正南面坐在王位上罢了呀!"

【拓展】

朱熹对这一章解释说:"无为而治者,圣人德盛而民化,不待其有所作为也。独称舜者,绍尧之后,而又得人以任众职,故尤不见其有为之迹也。恭己者,圣人敬德之容。既无所为,则人之所见如此而已。"①

尧把帝位禅让给舜。舜帝知人善任,虚怀若谷,善于纳谏,亲贤臣,远小人,流放"四凶"(共工、獾兜、三苗、鲧),任用贤能的皋陶负责司法,大禹主管水利,后稷负责农业,而契主管父义、母慈、兄友、弟恭、子孝五种明人伦的社会教育。舜帝重视道德垂范,并任用贤能的人各司其职,各负其责,而自己只要做到修养身心,端庄恭敬,坐到王位上听取大臣们的工作汇报,并与大臣讨论下一步的施政纲领和措施就可以了。他不需要事必躬亲,也不需要做大臣们应做的事,他恭敬待人,用人不疑,疑人不用就可以了。这就是"恭己正南面而已矣"。孔子最理想的社会也就是这样子,君主无所作为,而只须知人善任。被任用的贤臣以民为本,各司其职,使天下秩序井然。

15.6 子张问行

【原文】

子张问行。子曰:"言忠信,行笃敬,虽蛮貊之邦,行矣。言不忠信,行不笃敬,虽州里,行乎哉?立则见其参于前也,在舆则见其倚于衡也,夫然后行。"子张书诸绅。

【引言】

这一章是孔子在讲"言忠信,行笃敬"对于做人处世的重要性和必要性。

【释解】

(1)子张问行:子张问孔子怎么做才能行得通。行:行得通。

(2)行笃敬:行为要笃实庄敬。笃:忠贞不渝,脚踏实地。

(3)蛮貊之邦:少数民族地区。蛮貊:指当时在北方和南方的少数民族,泛指边远地区。蛮:南方的少数民族。貊(mò):北方的少数民族。

(4)州里:本州本里,本乡本土。古时候,五家为邻,五邻为里,五百家为党,五党(二千五百家)为州,五州(一万二千五百家)为乡。

---

① 朱熹.四书章句集注[M].北京:中华书局,2011:152.

(5) 立则见其参于前也：站着的时候就能看到"言忠信，行笃敬"这几个字显现在你的面前。立：站立。其：代词，指"言忠信，行笃敬"这几个字。参：显现，排列。

(6) 在舆则见其倚于衡也：坐在车上就看到它们倚靠在车辕前端的横木上。舆：车，马车。倚：靠着，倚靠。衡：车辕前端的横木。

(7) 夫然后行：这样才行得通。夫：发语词，不译。然：这样。

(8) 子张书诸绅：子张把这些话写在腰间的大带上。书：书写。诸：之于。绅：古人作为已婚标志的宽大的丝帛制束腰带。

【译文】

子张问孔子怎么做才能处处行得通。孔子说："说话要忠实守信，行为要笃实庄敬，即使到了边远的少数民族地区也能吃得开，行得通。如果说话不忠实守信，行为不笃实庄敬，就是在本乡本土，能行得通吗？站着的时候就仿佛能看到"言忠信，行笃敬"这几个字显现在你的面前，坐在车上就好像看到这几个字倚靠在车辕前端的横木上，这样才行得通。"子张把这些话写在他的束腰带上。

【拓展】

种瓜得瓜，种豆得豆。孟子曰："爱人者，人恒爱之；敬人者，人恒敬之。"①无论是中原人还是边缘之地的人，无论是中国人还是外国人，其实人心都是相通的。言行笃敬，以诚相待，自然会受到他人同样的礼遇。但如果一个人言行不敬，用意恶劣，则无论到哪里，都得不到他人的尊敬和礼遇。

15.7　直哉史鱼

【原文】

子曰："直哉史鱼！邦有道，如矢；邦无道，如矢。君子哉蘧伯玉！邦有道，则仕；邦无道，则可卷而怀之。"

---

① 孟子[M]. 万丽华，蓝旭，译注. 北京：中华书局，2007：185.

【引言】

这一章是孔子在称赞史鱼和蘧伯玉这两位贤人。

【释解】

(1)直哉史鱼:倒装句,即"史鱼直哉",史鱼真是个正直的人哪。直:正直,刚直。史鱼:春秋时卫国大夫,名鳅(qiū),字子鱼,卫灵公时任祝史,负责祭祀礼仪。他曾多次向卫灵公保举蘧伯玉。

(2)邦有道:国家有道、政治清明。邦:邦国,国家。

(3)如矢:像箭一样直。

(4)仕:为政做官,出仕。

(5)卷而怀之:(把自己的才干)卷收起来,藏于怀中。卷(juǎn):卷收。怀:藏于怀中。

【译文】

孔子说:"史鱼真是个正直的人哪!国家有道、政治清明的时候,他就像箭一样直;国家无道、政治昏暗的时候,他仍像箭一样直。蘧伯玉真是一位君子啊!国家有道、政治清明的时候,他就出来为政做官;国家无道、政治昏暗的时候,他就把自己的才干卷收起来,藏于怀中。"

【拓展】

卫灵公身边有个佞臣叫弥子瑕。卫国大夫史鱼在世时,极力劝说卫灵公远离弥子瑕,重用贤人蘧伯玉,但卫灵公就是不听他的劝谏。于是,史鱼在临死之前就交代他的儿子,他死后不要按照正常的情况把自己的尸体放在正堂中,而是放在窗户下面,以表示自己生前没能匡正君主的过失,死后也就不要按照正常的葬法来葬他。卫灵公来吊丧时,看到这种非正常的情况,就询问原因。史鱼的儿子如实告知。卫灵公听后懊悔不已,于是斥退了弥子瑕,任用了蘧伯玉。孔子听到史鱼"生以身谏,死以尸谏"的故事,感慨道:"古之烈谏之者,死而已矣,未有若史鱼死而尸谏。忠感其君者也,不可

谓直乎？"①

15.8　可与言而不与之言

【原文】

子曰："可与言而不与之言，失人；不可与言而与之言，失言。知者不失人，亦不失言。"

【引言】

这一章是孔子对失人和失言两种情形发表的观点。

【释解】

（1）可与言：可以同他人说话。

（2）与：和，同。

（3）失人：错失人才。

（4）失言：说错话。

【译文】

孔子说："可以同他人说话而不和他人说话，这就可能错失人才；不可以同他人说话，却同他人说话，这就是说错话。智者既不会错失人才，也不会说错话。"

【拓展】

这一章中，孔子倡导大家要做有智慧的人。有智慧的人当说则说，当沉默不语则沉默不语。祸从口出，话多失言。但遇到该说的话，该交的朋友，该用的人才，就要勇敢地说，勇敢地交，勇敢地用。用人不疑，疑人不用。这才是智者。当然，智者千虑，必有一失。人非圣贤，孰能无过？

---

① 王德明.孔子家语译注[M].桂林：广西师范大学出版社，1998：269.

15.9 志士仁人

【原文】

子曰:"志士仁人,无求生以害仁,有杀身以成仁。"

【引言】

这一章是孔子对志士仁人与仁义之间应该具有的关系所做的判断。

【释解】

(1)志士仁人:坚持正道而矢志不移、仁爱而有高尚情操的人。
(2)求生:贪生怕死,苟活于世。
(3)害:损害,危害。
(4)杀身:牺牲自己,牺牲生命。
(5)成:成全。

【译文】

孔子说:"坚持正道而矢志不移、仁爱而有高尚情操的人,不会贪生怕死而损害仁德,只会牺牲性命以成全仁德。"

【拓展】

匈牙利爱国诗人裴多菲在《自由与爱情》一诗中写道:"生命诚可贵,爱情价更高。若为自由故,二者皆可抛。"裴多菲为了追求自由,可以把爱情和生命都牺牲掉。而孔子重视的是仁德。为了保全仁德,他可以牺牲性命。

国家兴亡,匹夫有责。在国破家亡的危急关头,为了国家的生存和民族文化的延续,中华民族众多志士仁人抛头颅,洒热血,将青春和生命献给了祖国。鲁迅在《中国人失掉自信力了吗》一文中写道:"我们从古以来,就有埋头苦干的人,有拼命硬干的人,有为民请命的人,有舍身求法的人……虽是等于为帝王将相作家谱的所谓'正史',也往往掩不住他们的光耀,这就是

中国的脊梁。"①今天,我们正处于中华民族伟大复兴的时代,中华儿女要继续艰苦奋斗,好学不倦,辛勤工作,为祖国的繁荣昌盛贡献尽可能多的力量。

15.10 子贡问为仁

【原文】

子贡问为仁,子曰:"工欲善其事,必先利其器。居是邦也,事其大夫之贤者,友其士之仁者。"

【引言】

这一章是孔子给子贡讲为仁之前要做好哪些准备。

【释解】

(1)为仁:实行仁德,推行仁德。

(2)工欲善其事:工匠想要做好自己手头的活计。工:工匠,手艺人。善:做好,干好。

(3)利其器:把自己的工具打磨锋利。利:打磨好,打磨锋利。器:工具。

(4)居是邦也:居住在这个国家。是:这,这个。邦:邦国,国家。

(5)事其大夫之贤者:侍奉好大夫中贤能的人。事:侍奉,事奉。贤者:贤人,贤能的人。

(6)友其士之仁者:结交士人中有仁德的人。友:结交朋友。士:士人,读书人。仁者:有仁德的人。

【译文】

子贡问如何推行仁德。孔子说:"工匠想要做好自己手头的活计,必须先把自己的工具打磨锋利。居住在这个国家,就要侍奉好大夫中贤能的人,结交士人中有仁德的人。"

---

① 鲁迅.且介亭杂文[M].北京:人民文学出版社,2006:120.

【拓展】

磨刀不误砍柴功。工欲善其事,必先利其器。一个人想要干好一件技术含量高的工作,就必须准备好有关的工具、知识和本领。

没有金钢钻,别揽瓷器活。想做会计,不懂会计方面的知识和技能,怎么可以呢?想做工程师,看不懂图纸,不懂得设计和工程原理,怎么可以呢?想做高校老师,没有科研和教学能力,怎么可以呢?

15.11 颜渊问为邦

【原文】

颜渊问为邦。子曰:"行夏之时,乘殷之辂,服周之冕,乐则《韶》舞,放郑声,远佞人。郑声淫,佞人殆。"

【引言】

这一章是孔子给颜渊讲治国安邦的道理。

【释解】

(1)为邦:治国安邦,治理国家。

(2)行夏之时:遵行夏代的历法和有关农事的政令,以利于农业生产。行:实行,遵行。时:时历(当时通用的历书,引申为历法),时令(古时按季节制定的有关农事的政令)。

(3)乘殷之辂:乘坐殷代的车子。辂(lù):古代车辕上用来挽车的横木,用在此处指古代的大车或车子。殷代的车子用木头制成,结实耐用。

(4)服周之冕:戴着周代的礼帽。冕(miǎn):古代帝王、诸侯、卿、大夫戴的礼帽。周代的礼帽比较华美。

(5)乐则《韶》舞:演奏音乐则奏舜时的《韶》乐,并跳配合《韶》乐的舞蹈。孔子认为,《韶》尽善尽美。

(6)放郑声:禁绝郑国的乐曲。放:禁绝,排斥。郑声:郑国的乐曲。

(7)远佞人:远离花言巧语、献媚邀宠、用谗言陷害他人的人。佞:善辩

却不正派,巧言谄媚。

(8)淫:淫荡,淫秽。

(9)殆:危险。

【译文】

颜渊问如何治国安邦。孔子说:"遵行夏代的历法和有关农事的政令以利于农业生产,乘坐殷代结实耐用的车子,戴着周代华美的礼帽,演奏舜时的《韶》乐,并跳配合《韶》乐的舞蹈,禁绝郑国的乐曲,远离花言巧语、献媚邀宠、用谗言陷害他人的人。郑国的音乐很淫荡,而花言巧语、献媚邀宠、用谗言陷害他人的人太危险。"

【拓展】

颜渊问孔子如何治国理政。孔子给他讲了几方面的重点:第一,民以食为天,治国先要搞好农业生产。搞好农业生产就必须遵循夏代的历法和做农事的规律,因为在孔子看来,夏代的历法是最完善的。第二,交通出行。孔子认为殷代的车子比夏代和周代的都结实耐用。第三,穿衣戴帽。孔子认为周代官员戴的礼帽最华美庄重。第四,礼乐教化。孔子认为舜帝时代的《韶》乐《韶》舞尽善尽美,而郑国的音乐是靡靡之音,使人精神颓废。第五,任用贤能,远离佞人。舜帝任用贤臣忠臣,做到了无为而治。而亲小人、远贤臣的君主最终都难逃国破身死的下场。所以,孔子教导颜渊要亲贤远佞。

15.12 人无远虑

【原文】

子曰:"人无远虑,必有近忧。"

【引言】

这一章中,孔子所说的"人无远虑,必有近忧"已经成为家喻户晓的名言警句。

【释解】

(1)远虑:长远的考虑,长远的规划。
(2)近忧:近期的忧虑、忧患。

【译文】

孔子说:"一个人如果没有长远的考虑、规划,就一定会有近期的忧虑、忧患。"

【拓展】

有的人鼠目寸光,目光短浅;有的人则高瞻远瞩,未雨绸缪。千里之堤,毁于蚁穴。高瞻远瞩、目光长远的人能够居安思危,防患于未然。防微杜渐,自然有备无患,高枕无忧。

15.13 已矣乎!

【原文】

子曰:"已矣乎!吾未见好德如好色者也。"

【引言】

这一章是孔子对卫灵公宠幸他美貌的夫人南子这件事的感慨。

【释解】

(1)已矣乎:完了啊,罢了啊。已:停止,完了。
(2)好德:喜好道德。德:道德,美德。
(3)如好色者也:像喜好美色那样的人。色:美色,女色。

【译文】

孔子说:"完了啊!我从来没有见过像喜好美色那样喜好道德的人。"

【拓展】

告子说:"食、色,性也。"①追求美事,喜欢美色,是人的本性使然。这本无可厚非,但是如果一个人因为追求美事和美色而超越了社会道德规范,违背了礼制和法律法规,耽误或妨碍了正常的工作,造成很坏的负面影响,那么,就会被人非议和指责了,甚至还要受到法律的惩戒。

卫灵公作为一国之君,自己喜好美食美色也就罢了,宠爱美丽的南子也无可厚非。但是,在大庭广众之下和南子亲昵,旁若无人,给民众造成的影响可想而知。而此时在卫国逗留的孔子,是个贤德的人,卫灵公知其贤德,却不能重用孔子帮助其治国安邦。卫灵公是个喜好美色胜过美德的人,孔子怎能不如此感叹?显然,如果卫灵公在喜欢美女的同时,也重用有仁德的孔子,那他岂不成了像喜好美色那样喜好美德的典范?

15.14 臧文仲其窃位者与

【原文】

子曰:"臧文仲其窃位者与!知柳下惠之贤而不与立也。"

【引言】

这一章是孔子对鲁国大夫臧文仲不举荐贤人柳下惠的做法表示的不满。

【释解】

(1)臧文仲:姬姓,臧孙氏,名辰,谥号"文",世称臧文仲,春秋时鲁国曲阜(今山东省曲阜市)人,鲁国大夫,先后侍奉鲁庄公、闵公、僖公、文公四位国君。他为人好学不倦,博闻多识,尊礼尊君,从善如流,赏罚分明,思想开明,为鲁国的稳定和发展作出了巨大贡献。

(2)其窃位者与:大概是窃取高位而德不配位的人吧。其:大概,也许。窃位:窃取高位而德不配位,有才无德。

---

① 孟子[M].万丽华,蓝旭,译注.北京:中华书局,2007:241.

(3)柳下惠:姬姓,展氏,名获,字子禽,鲁国柳下邑(今山东省济南市平阴县孝直镇)人,活了一百岁。其父是鲁国大夫展无骇,食邑在柳下,展获私谥为"惠",故又称柳下惠,曾任鲁国士师(掌管禁令、讼狱、刑罚之事的官员,为司寇的属官)。柳下惠坐怀不乱的故事广为流传。

(4)不与立也:不给……保举做官。与:给。立:扶持,保举,指保举……做官。

【译文】

孔子说:"臧文仲大概是窃取高位而德不配位的人吧!他明知柳下惠是个贤人,却不保举柳下惠做官。"

【拓展】

范氏说:"臧文仲为政于鲁,若不知贤,是不明也;知而不举,是蔽贤也。不明之罪小,蔽贤之罪大。故孔子以为不仁,又以为窃位。"[1]"《晏子春秋·谏下篇》说:'夫有贤而不知,一不祥;知而不用,二不祥;用而不任,三不祥也。'所以,孔子严肃地批评臧文仲是'窃位'。这个词用得恰如其分,明鹿善继《四书说约》称赞说:'窃位二字,化工之笔。'"[2]

柳下惠与臧文仲是同时代的人。其主要事迹也发生在鲁国庄公、闵公、僖公、文公四朝。柳下惠做过鲁国士师,但因刚直不阿,秉公办事,屡屡得罪当权派而被多次撤职。尽管如此,柳下惠仍然泰然自若,坚持正道,不怨天,不尤人。该向当政者提出谏言和建议的,他仍然一如既往地去做。

臧文仲作为执政官,有实权,尊礼尊君,为鲁国做了不少好事。但他不能容忍柳下惠犯颜直谏,秉公办事,所以明知柳下惠是贤人,依然多次撤他的职。对柳下惠之贤能知而不用,用柳下惠做官而又不给他高官高职,还频频撤职,臧文仲已经犯了两个大错,所以,孔子指责臧文仲是"窃位"之人。

---

[1] 朱熹.四书章句集注[M].北京:中华书局,2011:154.
[2] 来可泓.论语直解[M].上海:复旦大学出版社,2000:427.

15.15　躬自厚而薄责于人

【原文】

子曰:"躬自厚而薄责于人,则远怨矣。"

【引言】

这一章是孔子在讲"严于律己,宽以待人"的道理。

【释解】

(1)躬自厚:省略句,即"躬自厚责于己",严于律己。躬自:亲自,自己。厚:多多地,严格地。

(2)薄责于人:少责备他人。薄:少,宽松地。责:责备。于人:对他人。

(3)则远怨矣:那么就可以远离他人的怨恨了。远:远离,避免。

【译文】

孔子说:"如果严格要求自己,多多反省和责备自己,少责备他人,那么就可以远离他人的怨恨了。"

【拓展】

人非圣贤,孰能无过?每个人都有优缺点,也有长短板。看别人要多看优点、亮点和长板,少看缺点、暗点和短板;而看自己要多看缺点、暗点和短板,少看优点、亮点和长板,做到扬长避短和扬长补短。一个人如果严于律己,宽以待人,则他人自然会被你感动,心悦诚服,当然也不会积累什么怨恨。相反,你总是对他人鸡蛋里挑骨头,吹毛求疵,自然就会惹对方讨厌你、怨恨你和远离你。

四面树敌,必然四面楚歌。多做自我批评,少批评他人,必然会赢得对方的尊敬和爱戴。这正如孟子所说的:"君子所以异于人者,以其存心也。君子以仁存心,以礼存心。仁者爱人,有礼者敬人。爱人者,人恒爱之;敬人者,人恒敬之。"①

15.16　不曰"如之何,如之何"者

【原文】

子曰:"不曰'如之何,如之何'者,吾末如之何也已矣!"

【引言】

这一章是孔子在讲一个人如果遇到了难题,就应该开动脑筋,积极思考对策,而不是冲动行事或干脆躺平。

【释解】

(1)如之何:怎么办,如何做。
(2)吾末如之何也已矣:我对他也不知该怎么办了。末:无,没有,引申为不知道该……。

【译文】

孔子说:"遇到问题从不说'怎么办,怎么办'的人,我对他也不知该怎么办了!"

【拓展】

没有遇到问题时,要未雨绸缪,想好可能出现的问题,并做好处置预案。但如果遇到了意料不到的棘手问题,那么,就应该开动脑筋,积极思考解决问题的办法。草率行事,或者干脆逃避问题,都是不对的。

韩愈曾说:"业精于勤而荒于嬉,行成于思而毁于随。"只有勤于思考、善于思考、勇于探索的人,才能精益求精,有所作为。

---

① 孟子[M].万丽华,蓝旭,译注.北京:中华书局,2007:185.

15.17　群居终日

【原文】

子曰:"群居终日,言不及义,好行小慧,难矣哉!"

【引言】

这一章是孔子批评喜欢闲聊、街谈巷议和夸夸其谈的人。

【释解】

(1)群居终日:整天聚在一起。群居:聚在一起。终日:整日。

(2)言不及义:净说些无聊的话,而说不出正儿八经的道理。及:达到,涉及。义:义理,正理。

(3)好行小慧:喜欢耍小聪明。好:喜好,喜欢。行:耍,卖弄。小慧:小聪明。

(4)难矣哉:太难了啊,指这种人难以教化和开导。

【译文】

孔子说:"整天聚在一起,净说些无聊的话,而说不出正儿八经的道理,又喜欢耍小聪明,这种人真难以教化和开导啊!"

【拓展】

生有涯而知无涯。时光似箭,日月如梭。但许多人把大好的时光浪费在闲谈上,饱食终日,无所用心,又常常在闲聊的过程中,卖弄口才,争得脸红耳赤,甚至大打出手,酿成不良后果。孔子认为,这种人往往还自以为是,高高在上,听不得他人的教导和劝谏,以致聪明反被聪明误,最终一事无成,令人十分惋惜。

15.18 君子义以为质

【原文】

子曰:"君子义以为质。礼以行之,孙以出之,信以成之,君子哉!"

【引言】

这一章中,孔子指出君子必须做到有仁有义、有礼貌、谦逊和诚信。做到这几条才能具备君子的风范。

【释解】

(1)义以为质:把仁义作为根本。义:道义,仁义。质:本质,根本。

(2)礼以行之:用礼制来推行它。礼:礼制,礼仪规范。之:代词,指仁义。

(3)孙以出之:用谦逊来体现它。孙(xùn):通"逊",谦让,谦逊。出:突出,体现。

(4)信以成之:用诚信来成就它。信:诚信,守信。成:成就,实现。

【译文】

孔子说:"君子把仁义作为做人处事的根本。用礼制来推行它,用谦逊来体现它,用诚信来成就它,这样做才是真君子啊!"

【拓展】

孔子认为,君子至少应该做到四方面:以仁义为本、尊礼守礼、谦恭和诚信。

第一,仁义就是仁爱和义不容辞。孟子说:"鱼,我所欲也,熊掌亦我所欲也;二者不可得兼,舍鱼而取熊掌者也。生,亦我所欲也,义,亦我所欲也;二者不可得兼,舍生而取义者也。生亦我所欲,所欲有甚于生者,故不为苟得也;死亦我所恶,所恶有甚于死者,故患有所不辟也。"[1]孔子在义利关系上

---

[1] 孟子[M].万丽华,蓝旭,译注.北京:中华书局,2007:252.

主张重义轻利、舍生取义或杀身成仁。君子可以为了崇高的信仰和道义奋不顾身,牺牲生命也在所不惜,而小人则不会为道义献身。

第二,尊礼守礼。仁是礼的本质,礼是仁的外在表现形式。要想行仁义之道,必然要落实到礼制、礼仪和礼貌上。所以,孔子特别强调要恢复周礼制度和尊礼守礼的社会风气。

第三,谦恭谦逊。谦恭、谦逊和庄重是君子修养的表现。天外有天,山外有山,人外有人。兼听则明,偏听则暗。君子必须以礼待人,谦逊端庄。周公旦"一沐三握发,一饭三吐哺",才使天下归心,受到万民敬仰。

第四,诚实守信。言必信,行必果;言不信者,行不果。君子一言既出,驷马难追。孔子说:"人而无信,不知其可也。"[1]民无信不立,所以,君子必须诚实守信。

15.19 君子病无能焉

【原文】

子曰:"君子病无能焉,不病人之不己知也。"

【引言】

这一章是孔子谈论君子的一个特点,那就是从来不担忧自己的名声大小,而只担忧自己的能力不够。

【释解】

(1)病无能焉:担忧自己没有才能。病:担忧,担心。焉:语气助词,不译。

(2)不己知也:倒装句,即"不知己也",不知道自己。

【译文】

孔子说:"君子担忧自己没有才能,不担忧他人不知道自己。"

---

[1] 论语[M].陈晓芬,译注.北京:中华书局,2016:20.

【拓展】

一个社会最需要的是德才兼备、品学兼优的人。君子在德行上是没什么可说的,拥有崇高的理想、信念和道德品质,但是君子在才能上是有大有小,有偏有全的。所以,君子务必要在知识、技能和见识等方面多下功夫,好学不倦,不断提高自己,让自己拥有治国安邦、为政做官、为社会服务的真才实学。这样,当机遇来临时,君子才能充分施展才华,实现人生价值。

15.20 君子疾没世而名不称焉

【原文】

子曰:"君子疾没世而名不称焉。"

【引言】

上一章中,孔子说出了君子非常在意的一个问题,这一章中,孔子又说出君子在意的另一件事。

【释解】

(1)疾:同"病",担心,担忧。
(2)没世:死亡之后,离世之后。
(3)名不称焉:名字不为人所称道。名:名字,名声。称:称道,称赞。

【译文】

孔子说:"君子担心离世之后自己的名字不为人所称道。"

【拓展】

《孝经·开宗明义》中讲:"立身行道,扬名于后世,以显父母,孝之终也。"[1]也就是说,儒家最高的目标就是扬名立万,流芳百世。通过什么方式来流芳百世呢?这主要有三种方式:立德、立功、立言。自古迄今,这三者结

---

[1] 曾参.孝经[M].李新路,编.郑州:河南人民出版社,2008:2.

合得比较好的人物,如尧、舜、禹、汤、文、武、周公等人。在立德、立言方面结合得比较好的是孔子、孟子、老子等人物。在立言方面能够流传后世的人相对来说比较多了,除了这里前面讲过的,还有董仲舒、司马迁、李白、杜甫、司马光、王安石、周敦颐、程颐、程颢、朱熹、王阳明、张载等;在立功方面能够流传后世的也是每个朝代都有,如管仲、秦始皇、刘邦、汉武帝、卫青、霍去病、曹操、李世民、戚继光等。

世界上还有臭名远扬的人,这种人的名声也传得很久,但他们为人所不齿。南怀瑾说:"伊藤博文的话不错,求名当求万世名。人谁不好名?看好在哪里。一个人真想求名,只有一途——对社会真有贡献。要历史留名实在太不容易,可是三代以后,未有不好名者,所以孔子说:'君子疾没世而名不称焉。'但好名看什么名。遗臭万年也是名,但有什么用?真的大名,要对历史有贡献,就太难了。"①

明代贤人于谦为官清廉正直,后遭陷害被冤杀。他在《石灰吟》这首诗中写道:"千锤万凿出深山,烈火焚烧若等闲。粉骨碎身浑不怕,要留清白在人间。"

总之,一个人的名声往往与他对社会所作的实际贡献相一致。人要想流芳百世,必须对社会作出杰出贡献。"穷则独善其身,达则兼济天下",应该成为每一个有理想、有抱负的人的座右铭。

15.21　君子求诸己

【原文】

子曰:"君子求诸己,小人求诸人。"

【引言】

这一章是孔子继续接着前几章谈论君子的又一个行为特征。

【释解】

(1)求诸己:求之于自己,严格要求自己。求:要求,责备。诸:之于。

---

① 南怀瑾.论语别裁:下册[M].上海:复旦大学出版社,2015:635.

(2)求诸人:求之于他人,苛责于他人,在他人身上找原因。

【译文】

孔子说:"君子往往从自己身上找原因,严格要求自己;而小人则习惯于从他人身上找原因,苛责于他人。"

【拓展】

这一章与本篇第十五章的"躬自厚而薄责于人"说的是一个意思。君子能够"铁肩担道义",实事求是,敢作敢当。君子做错了事,敢于面对和承认错误,从不会为了逃避惩戒而推诿塞责,让他人代为受过。小人则不同了。小人唯利是图,重利轻义,有了利益会你争我夺;有了过失就敷衍塞责,诿过和嫁祸于他人。所以,君子可信,小人可耻啊。

15.22 君子矜而不争

【原文】

子曰:"君子矜而不争,群而不党。"

【引言】

这一章是孔子继续谈论君子不会结党营私和钩心斗角的品质。

【释解】

(1)矜而不争:自尊自重而不与他人争名利。矜:自尊自重,矜持。争:争名利,争斗。
(2)群而不党:团结合群而不结党营私。群:合群,团结他人。党:勾结抱团,结党营私。

【译文】

孔子说:"君子自尊自重而不与他人争名利,团结合群而不结党营私。"

【拓展】

历史上有多次党争，都给当时的社会造成了巨大危害。如，东汉的党锢之祸，唐代的"牛李党争"等。东汉汉桓帝、汉灵帝和汉献帝期间，宦官乱政，为非作歹，排斥忠良，士人党团与宦官集团的矛盾尖锐化，因皇帝支持宦官集团，所以士人被严肃处理、追究和禁锢，造成党锢之祸。特别是在汉灵帝一朝，汉灵帝曾在宦官的蛊惑下下诏令说："凡是党人门生、故吏、父子、兄弟中任官的，一律罢免，禁锢终身，并牵连五族。"①连续三次党锢之祸后，比较正直的士大夫力量遭到严重打击，之后黄巾起义爆发，宦官及董卓为乱，军阀势力并起，东汉渐渐走向了灭亡。

"牛李党争"从唐宪宗时期开始到唐宣宗时期结束，持续时间长达约40年。"牛党"以牛僧孺、李宗闵等为首；"李党"以李德裕、郑覃等为首。两党基于自身利益互相倾轧争斗，此起彼伏。唐穆宗、唐敬宗时期，牛党得势，李党失势；唐文宗时期，两党基本上势均力敌；唐武宗时期，李党得势，牛党失势；唐宣宗时期，李党失势，牛党也苟延残喘，之后宦官、藩镇势力兴起，唐朝覆灭为期不远。对于党争的危害，连唐文宗都发出"去河北贼易，去朝中朋党难"之叹。② 牛李党争是宦官势力、朝廷中央官员势力和藩镇势力等诸多势力和利益的博弈，是朝政严重腐败的表现。

这一章，孔子主张要以道义和国家利益为重，反对结党营私，蝇营狗苟，尔虞我诈，这种思想对于社会发展和百姓幸福而言，无疑是有百益而无一害的。

---

① 《资治通鉴·卷第五十七【汉纪四十九】孝灵皇帝上之下熹平五年》："闰（五）月，永昌太守曹鸾上书曰：'夫党人者，或耆年渊德，或衣冠英贤，皆宜股肱王室，左右大猷者也；而久被禁锢，辱在涂泥。谋反大逆尚蒙赦宥，党人何罪，独不开恕乎！所以灾异屡见，水旱荐臻，皆由于斯。宜加沛然，以副天心。'帝省奏，大怒，即诏司隶、益州槛车收鸾，送槐里狱，掠杀之。于是诏州郡更考党人门生、故吏、父子、兄弟在位者，悉免官禁锢，爰及五属。"见：司马光.资治通鉴：全4册[M].长沙：岳麓书社，2009：660.

② 李艳丽.牛李党争的分野[J].法制与社会，2008(35)：387.

15.23 君子不以言举人

【原文】

子曰:"君子不以言举人,不以人废言。"

【引言】

这一章是孔子在讲君子的又一品质。

【释解】

(1)以言举人:根据一个人说的话不错而举荐他。以:根据,用。举:举荐,推荐。

(2)以人废言:根据一个人的不好来废弃他所说的正确合理的话。废:废弃,不采纳。

【译文】

孔子说:"君子不根据一个人说的话不错而举荐他,也不根据一个人的不好而废弃他所说的正确合理的话。"

【拓展】

一般来说,文如其人。一个人说出的话、写出的文字通常能够反映他的内心和品质。但言行不一、表里不一的人和现象也客观存在。君子能够做到言行一致、表里如一,但是,小人往往善于伪装、谄媚和花言巧语。所以,推荐一个人不能仅仅凭借他所说的言语感人不感人,华丽不华丽,好不好,而应该根据他的真才实学和实效实绩来判断。同样地,有些人犯了一些错误,但并不等于说他说的话语或提出的建议都是错误的,我们不能因为他是有过错的人就故意对他的正确意见或措施弃之不用。用人还是用言,主要应根据其是否优秀或正确无误来决定,而不是看人下菜碟,以偏概全,偏听偏信。

15.24 有一言而可以终身行之者乎

【原文】

子贡问曰:"有一言而可以终身行之者乎?"子曰:"其'恕'乎!己所不欲,勿施于人。"

【引言】

这一章中,孔子指出君子修身的一个底线原则:"己所不欲,勿施于人"。

【释解】

(1)终身行之者乎:终身奉行的吗。终身:一生,一辈子。行:奉行,实行。之:代词,它,指代"一言"。者:指代事情。
(2)其"恕"乎:大概就是"恕"这个字吧。其:大概,也许。
(3)欲:想要。
(4)施:施加,强加。

【译文】

子贡问孔子说:"有没有一个字是人可以终身奉行的?"孔子回答说:"大概就是'恕'这个字吧,自己不想要的东西,就不要强加给他人。"

【拓展】

这一章中,孔子提出了恕道。"恕"有两方面的意思:一是别人犯了错误,自己予以原谅、宽容或饶恕;二是将心比心,换位思考,推己及人,或者说"己所不欲,勿施于人"。

孔子这里所提出的恕道,显然是后者。"己欲立而立人,己欲达而达人。"[①]君子应该把自己认为好的与人分享,把自己认为不好的抛弃掉,也不强加给他人。

---

① 论语[M].陈晓芬,译注.北京:中华书局,2016:75.

15.25 吾之于人也

【原文】

子曰:"吾之于人也,谁毁谁誉?如有所誉者,其有所试矣。斯民也,三代之所以直道而行也。"

【引言】

这一章是孔子在讲实事求是、直道而行的精神和好处。

【释解】

(1)吾之于人也:我对于他人。之:助词,不译。也:助词,表示停顿。
(2)谁毁谁誉:诋毁过谁,赞誉过谁。毁:诋毁。誉:赞誉,称赞。
(3)其有所试矣:他必定经过检验了。其:代词,他。所:被。试:测试,检验,考察。
(4)斯民也:这些(我赞誉过的)人。斯:这些。民:人,民众。
(5)三代:夏、商、周三代。
(6)直道而行:按照正直无私、实事求是的原则做人处事。直道:正道。

【译文】

孔子说:"我对于他人,诋毁过谁?赞誉过谁?如果有被我赞誉过的人,他必定经过事实和实践检验了。这些我赞誉过的人(存在于世),正是夏、商、周三代的人能够按照正直无私、实事求是的原则做人处事的原因。"

【拓展】

这一章里,孔子主要强调了两个方面:一方面,实事求是、有一说一的评价人物原则。孔子不会无根据地赞誉一个人,也不会无根据地诋毁一个人。另一方面,执政者要正人先正己,率先垂范,以身作则,直道而行。夏、商、周三代的社会风气为什么普遍来说比较公正、正直、朴实?这是因为当时的执政者,如大禹、商汤、周文王、周武王和周公等人,率先垂范,以身作则,直道

而行,上行而下效,所以整个社会风清气正。

身教胜于言教。孔子说:"其身正,不令而行;其身不正,虽令不从。"①所以,执政者或领导要先修身正己,做民众和下属的表率。

15.26 吾犹及史之阙文也

【原文】

子曰:"吾犹及史之阙文也。有马者借人乘之,今亡矣夫!"

【引言】

这一章是孔子在感叹他之前的朝代普遍存在着实事求是、不弄虚作假和助人为乐的人和事,但到他那个时代,这种人和事就十分罕见了。

【释解】

(1)吾犹及史之阙文也:我仍然能够看到史书上存疑而空缺文字的地方。及:看到,赶得上。史:史书。阙:同"缺",空缺。文:文字。

(2)借人乘之:借给他人骑。之:代词,指代马。

(3)今亡矣夫:现在都没有了啊。亡(wú):同"无",没有。矣:助词,"了"。夫(fú):语气助词,表示感叹。

【译文】

孔子说:"我仍然能够看到史书上存疑而空缺文字的地方,也听说了过去有马的人愿意把马借给有需要的人骑,但这种实事求是的存疑精神和助人为乐的精神,现在都没有了啊!"

【拓展】

孔子感叹世风日下,实事求是的存疑精神和助人为乐的精神都几乎见不到了。在夏、商、周三代,由于有圣王和圣贤的治理,社会人心仍然淳朴敦厚。丁是丁,卯是卯;一是一,二是二。人们实事求是,脚踏实地,有疑问的

---

① 论语[M].陈晓芬,译注.北京:中华书局,2016:169.

地方就存疑,留待后人解决。此外,人们有了好东西,也喜欢与人分享,助人为乐。但到了春秋末年,礼崩乐坏,人渐渐自私自利起来,为了自己的利益可以僭越周礼,以权谋私,以致父不父,子不子,君不君,臣不臣。大国欺凌小国,大国与大国争斗,大夫凌驾于君主之上,陪臣执国命等事成了家常便饭。孔子怎会不感叹生不逢时,人心不古呢?

15.27 巧言乱德

【原文】

子曰:"巧言乱德。小不忍,则乱大谋。"

【引言】

这一章是孔子主张要坚决禁绝和打击败坏社会道德风气的花言巧语、阿谀奉承等行为,这些行为会败坏社会、危害国家和人民。

【释解】

(1)巧言乱德:花言巧语会败坏社会道德风气。巧言:花言巧语。乱:搞乱,败坏。德:道德,用在这里指社会道德风气。

(2)小不忍:对小的败坏社会纲纪和道德风气的行为和现象不忍心严厉禁绝和打击。小:指前句提到的"巧言乱德"。忍:忍心,决心,指忍心去禁绝和打击像"巧言乱德"这样的不良行为。

(3)则乱大谋:就会搞乱国家大局。大谋:大谋略,大局。

【译文】

孔子说:"花言巧语会败坏社会道德风气。如果对小的败坏社会纲纪和道德风气的行为不忍心严厉禁绝和打击,就会搞乱国家大局。"

【拓展】

现在人们都把"小不忍则乱大谋"这一句理解为"小事上不忍耐,就会坏了大事"的意思。它告诉人们凡事要忍耐,不要计较一时一地的得失,眼光

要放长远,要抓长远利益和根本利益。只有这样,才能成大器,成大事。

许多学者也对这一章中的"小不忍则乱大谋"做了现在所通行的解释,如朱熹、黎靖德、邢昺、来可泓等人。朱熹在《论语集注》中解释说:"小不忍,如妇人之仁、匹夫之勇皆是。"①黎靖德说:"某谓忍,是含忍不发之意。如妇人之仁,是不能忍其爱;匹夫之勇,是不能忍其忿,二者只是一意。"②邢昺在《论语注疏》中说:"此章戒人慎口忍事也。有言者不必有德,故巧言利口则乱德义。山薮藏疾,国君含垢,故小事不忍,则乱大谋。"③来可泓在《论语直解》中说:"花言巧语,将会败坏道德。小的事情不能忍耐,就会败坏全局性的谋略。"④

我不敢苟同。我认为,这一章的前后两句一脉相承,都是对"巧言乱德"之事的评价。换言之,这一章中的"小不忍"应被理解为"如果对像巧言乱德这样小的不良行为不忍心杜绝和禁止的话"。

15.28 众恶之

【原文】

子曰:"众恶之,必察焉;众好之,必察焉。"

【引言】

这一章是孔子在强调一个人应该有独立思考和判断的意识,不应该人云亦云,没有主见。

【释解】

(1)众恶之:众人都厌恶他。众:众人,大家。恶(wù):讨厌,憎恶。

(2)必察焉:一定要考察一下。察:考察,调查。

(3)众好之:众人都喜爱他。好:喜欢,喜爱。

---

① 朱熹.四书章句集注[M].北京:中华书局,2011:156.
② 黎靖德.朱子语类[M].王星贤,点校.北京:中华书局,1986:1164.
③ 何晏,邢昺.论语注疏[M].北京:中国致公出版社,2016:253.
④ 来可泓.论语直解[M].上海:复旦大学出版社,2000:437.

【译文】

孔子说:"众人都厌恶他,我们一定要考察一下;众人都喜爱他,我们也一定要考察一下。"

【拓展】

知人知面不知心,掏心掏肺难共情。历史地看,可以共患难的人少,不能同富贵的人多。刘邦与韩信、彭越、英布共同打下汉家江山,但难以容下异姓王;朱元璋与徐达、汤和、常遇春、蓝玉、李善长、胡惟庸等人一起奠定明代江山,但为长保朱家江山,朱元璋狠心杀掉了许多功臣宿将,并株连其亲属。所以,命运无常,人心善变。人不能墨守成规或者教条主义地结交人,要用发展和多角度的眼光去观察人,以便做出客观公正的判断。

谣言止于智者。现在是互联网时代,网络上时不时地传出各种各样的舆情或小道消息。这些信息鱼龙混杂、良莠不齐,更需要人们独立自主思考,练就火眼金睛,全面观察和研究,以得出符合真实情况的结论。众人都说好的,未必好;众人都说坏的,未必坏。大家应当以事实为根据,以法律为准绳,不放过一个坏人,也不冤枉一个好人。

15.29 人能弘道

【原文】

子曰:"人能弘道,非道弘人。"

【引言】

这一章是孔子在讲人和道之间的辩证关系。

【释解】

(1)弘道:弘扬正道。弘:弘扬,大力宣扬。道:正道,道义,真理。
(2)弘人:弘扬人。

【译文】

孔子说:"是人能弘扬正道,而不是正道能弘扬人。"

【拓展】

南怀瑾说:"一切人事、一切历史,都是人的问题。人才能够弘扬道。所谓道,就是真理,这是一个抽象的名词,呆板的,它不能弘扬人,须要人培养真理。这就是重点。所以孔子始终讲的是人文的文化。"①

弘扬正道要靠君子,但君子要想流芳百世、名扬四海,其修身全靠自己。用正道来标榜自己、哗众取宠的人,只能搬起石头砸自己的脚。

15.30 过而不改

【原文】

子曰:"过而不改,是谓过矣。"

【引言】

这一章是孔子对有了过错却不思改正的人做的批评。

【释解】

(1)过而不改:犯了过错而不思改悔。过:犯过错。改:改正,悔改。

(2)是谓过矣:这就叫作真正的过错了。是:这。谓:叫作,称为。

【译文】

孔子说:"犯了过错而不思改悔,这就叫作真正的过错了。"

【拓展】

人非圣贤,孰能无过?邢昺说:"人谁无过,过而能改,善莫大焉;过而不

---

① 南怀瑾.论语别裁[M].上海:复旦大学出版社,2015:644.

改,是谓过矣。"①朱熹说:"过而能改,则复于无过。惟不改,则其过遂成,而将不及改矣。"②

一个人一辈子不犯错误是不可能的。关键在于能否及时改正错误,以及能否吃一堑长一智,避免第二次犯类似的错误。

15.31 吾尝终日不食

【原文】

子曰:"吾尝终日不食,终夜不寝,以思,无益,不如学也。"

【引言】

这一章是孔子在讲学习与思考之间的关系。孔子认为,思而不学则殆。

【释解】

(1)尝:曾经。
(2)终日不食:整天不吃饭。
(3)终夜不寝:彻夜不睡觉。
(4)以思:去思考。

【译文】

孔子说:"我曾经整天不吃饭,彻夜不睡觉,去思考事情和问题,但是无济于事,还不如去学习新的知识。"

【拓展】

学而不思则罔,思而不学则殆。知识是思考的材料,人只有通过学习、读书和实践才能积累更多的材料。知识也是人类积累的经验,人只有广泛地学习知识才能尽可能多地掌握人类已经积累的经验。所以,学习是思考的基础,没有学习的思考只能是乏力的和没有益处的。同样,学习必须与思

---

① 何晏,邢昺.论语注疏[M].北京:中国致公出版社,2016:254.
② 朱熹.四书章句集注[M].北京:中华书局,2011:156.

考紧密结合,相辅相成。只是学习而不思考,所学知识无法建立起联系,学习者也无法明白其中的奥妙,只能徒增困惑而徒劳无益。

15.32　君子谋道不谋食

【原文】

子曰:"君子谋道不谋食。耕也,馁在其中矣;学也,禄在其中矣。君子忧道不忧贫。"

【引言】

这一章是孔子对君子"谋道不谋食"和"忧道不忧贫"这两个特点进行阐述。这一章中的内容体现了孔子"学而优则仕"的思想主张,也反映了孔子重视为政做官胜过耕种等体力劳动的思想。

【释解】

(1)谋道不谋食:谋求的是正道而不是衣食。道:正道,真理。食:衣食,泛指物质利益。

(2)耕也:耕田,耕作。也:助词,表示停顿。

(3)馁(něi):饥饿。

(4)禄:俸禄,薪水,物质待遇。

(5)忧道不忧贫:担忧的是道能否被得到、坚持和推行,而不是贫穷。

【译文】

孔子说:"君子谋求的是正道而不是衣食。辛勤耕作,也会遭受饥饿,缺衣少穿;努力学习,能得到俸禄,衣食丰足。君子担忧的是道能否被得到、坚持和推行,而不是贫穷。"

【拓展】

孔子在这一章实际上论述了基本生存和发展之间的关系。谋食是为了基本生存,谋道是为了更好的发展。一个人掌握了立身处世、治国理政之道,就能有机会为政做官,治国安邦,这样不仅实现了修身、齐家、治国和平天下的社会理想,还能拿到相应的报酬,维持自己和家人的基本生存。换言之,生存在发展中,发展包含生存。发展是硬道理,而如果仅仅是为了生计而耕田,则可能会因庄稼歉收或遭灾而吃不饱,穿不暖。在孔子的时代,显而易见,为政做官的人的年收入要比耕田农户的年收入多得多,这是不争的事实。再者,孔子兴办教育的目标就是培养能够为政做官、治国安邦的君子,其焦点在于治国安邦,修己以安百姓。所以,他强调"谋道不谋食"和"忧道不忧贫"也就不足为奇了。

15.33 知及之

【原文】

子曰:"知及之,仁不能守之,虽得之,必失之。知及之,仁能守之,不庄以涖之,则民不敬。知及之,仁能守之,庄以涖之,动之不以礼,未善也。"

【引言】

这一章是孔子在阐述智、仁、端庄、礼仪、尊敬和良善之间的辩证关系。

【释解】

(1)知及之:凭借聪明才智得到了官位和俸禄。知:通"智",聪明才智。及:得到,获得。之:代词,它们,指官位和俸禄。

(2)仁能守之:依靠足够的仁德能守护住它们。守:守护,持守,保有。

(3)庄以涖之:庄敬地执行公务、处理政事。庄:庄敬,庄重。涖(lì):同"莅",到任,莅临,来临,指官吏到任以执行公务和处理政事。

(4)动之不以礼:不用礼乐教化百姓。动:教化,教育。之:指百姓。礼:礼乐,礼仪。

(5)善:完善。

【译文】

孔子说:"凭借聪明才智得到了官位和俸禄,但有限的仁德不足以守护

住它们。虽然暂时得到了它们,但最终也会失去它们。凭借聪明才智得到了官位和俸禄,也能依靠足够的仁德守护住它们,却不庄敬地执行公务、处理政事,那么百姓就不会敬服。凭借聪明才智得到了官位和俸禄,也能依靠足够的仁德守护住它们,还能庄敬地执行公务、处理政事,却不用礼乐来教化百姓,那也是不完善的。"

【拓展】

孔子在这一章明确地指出,为政做官者首先需要有行使职权和处理公务的才能和才智,其次需要有爱人爱民的仁德,再次需要认真负责和庄敬对待他人,最后还要用礼乐教化百姓。这样才算完善。只有才华,没有仁德,久而久之必然倒行逆施,失去民心和领导的信任,也必然会被撤职或者被追究责任。有了仁德和才智,但办事时态度不好,不庄敬礼貌,就会给人留下态度不端的印象,也不会受到百姓的尊敬。最后,百姓也是需要治理国家的人去教化和引导的。庶之、富之而后教之,是孔子一贯的思想。

15.34 君子不可小知而可大受也

【原文】

子曰:"君子不可小知而可大受也,小人不可大受而可小知也。"

【引言】

这一章中,孔子在讲君子有大才,要大用,小人有小才,要小用的道理。

【释解】

(1)君子:仁、智、勇三达德兼备的道德高尚、才华出众的人。
(2)小知:从小事上考察了解。小:指小事、一般任务。知:考察了解。
(3)大受:委以重任。大:大任,重任。受:被委以,被任命。
(4)小人:在仁、智、勇三达德方面有严重欠缺但有一技之长的人。

【译文】

孔子说:"不可以从小事上考察了解君子的仁德、才华、勇气,但可以对他们委以重任,这样他们的仁、智、勇三大品质都能得到充分的展示和发挥;不可以对小人委以重任,但可以从小事上考察了解他们的德行、才华和勇气,以尽可能发挥他们的特长和优势。"

【拓展】

朱熹对这一章解释说:"此言观人之法。知,我知之也。受,彼所受也。盖君子于细事未必可观,而材德足以任重;小人虽器量浅狭,而未必无一长可取。"①《淮南子·主术训》有言:"鹿之上山,獐不能跂也,及其下,牧竖能追之,才有所修短也。是故有大略者不可责以捷巧,有小智者不可任以大功。人有其才,物有其形,有任一而太重,或任百而尚轻。是故审豪厘计者,必遗天下之大数;不失小物之选者,惑于大数之举。譬犹狸之不可使搏牛,虎之不可使捕鼠也。"②

说实话,每个人的德行、才智和勇气都不尽相同。张良善于"运筹帷幄之中,决胜千里之外",萧何善于行政管理、经济核算和后勤保障,韩信善于统兵打仗,其将兵,多多益善。而刘邦为伯乐,把这些人才都收拢起来,为他所用。庞统非县令之小才,而是军师之大才。鸡鸣狗盗之徒虽难登大雅之堂,但关键时刻也有其特殊用途。老子说得好:"是以圣人常善救人,故无弃人;常善救物,故无弃物。是谓袭明。"③

15.35 民之于仁也

【原文】

子曰:"民之于仁也,甚于水火。水火,吾见蹈而死者矣,未见蹈仁而死者也。"

【引言】

这一章,孔子提出了一个命题:百姓对于仁义的需要胜过对水火的需

---

① 朱熹.四书章句集注[M].北京:中华书局,2011:157.
② 刘安,等.淮南子全译[M].许匡一,译注.贵阳:贵州人民出版社,1993:494-495.
③ 老子[M].饶尚宽,译注.北京:中华书局,2015:60.

要,但为什么却没有多少人去勇敢地追求仁义呢?

【释解】

(1)民之于仁也:百姓对于仁德(的需要)。之:助词,起连接作用。于:对于。

(2)甚于水火:超过了对于水火(的需要)。甚:超过,更厉害。

(3)蹈而死者矣:跳到水火中而死掉的人。蹈:踩踏,践踏,这里指跳进。矣:助词,表示肯定。

(4)蹈仁而死者也:履行仁道而牺牲的人。蹈:履行,恪守。

【译文】

孔子说:"百姓对于仁德的需要,超过了对于水火的需要。我看到过跳到水火中而死掉的人,却未曾看到过为履行仁道而牺牲的人。"

【拓展】

朱熹说:"民之于水火,所赖以生,不可一日无。其于仁也亦然。但水火外物,而仁在己。无水火,不过害人之身,而不仁则失其心。是仁有甚于水火,而尤不可以一日无也。况水火或有时而杀人,仁则未尝杀人,亦何惮而不为哉?"[1]

水是生命之源,离开水,不仅鱼儿无法生存,人也会渴死。火是人类社会得以正常发展离不开的能源和工具。水和火都是人类所必需的。仁就是人和人之间的爱,人是群体性动物,所以仁爱、仁德对于人类社会来说也是不可或缺的。

水和火,在大自然中丰富而常见。但仁爱和仁德全发自人的内心。当有圣贤圣王倡导仁德和仁爱时,社会就充满仁德仁爱,人们的生活也会井然有序;但政治昏暗、国家混乱之时,仁爱和仁德就大大减少,自私自利的人也就日益增多了。这时候,更需要弘扬正义、履行正道的人挺身而出,为正义奋不顾身。孔子在他所处的时代,看到的正是这样一种礼崩乐坏的景象。他热切地希望能有更多的人为真理挺身而出,挽狂澜于既倒。

---

[1] 朱熹.四书章句集注[M].北京:中华书局,2011:157.

15.36 当仁,不让于师

【原文】

子曰:"当仁,不让于师。"

【引言】

这一章孔子是在讲仁德的至高无上性。

【释解】

(1)当仁:在仁德面前,面对着仁德。当:面对着,当面。
(2)让于师:对老师礼让。让:礼让,谦让。于:对。

【译文】

孔子说:"在仁德面前,连老师也不要礼让。"

【拓展】

仁德是人类社会必须遵循的最高原则。君子当以仁为己任。如果老师违反了仁德,学生也要当面指正。当出现了履行仁德和推行仁德的机会时,学生也不必和老师谦让,这时候,学生和老师都应该争先恐后,而不是学生等着老师先履行仁德,自己再跟着来。

柏拉图的学生亚里士多德所说的"吾爱吾师,吾更爱真理",与孔子讲的"当仁,不让于师"有异曲同工之妙。

15.37 君子贞而不谅

【原文】

子曰:"君子贞而不谅。"

【引言】

孔子在本篇第三十五章就谈及了仁德的重要性。在本篇第三十六章,

孔子更是强调,人面对着仁德时,连老师都不必谦让。仁德是大节大义,其他包括礼让老师等都是小节小义。到了这一章,孔子继续指出,君子要坚守正道,放弃不合乎正道的偏见或谬误,要顾大节大义,而把小节小义放在其次。

【释解】

(1)贞:坚贞,正直,坚守正道。
(2)谅:固执己见,坚持曾经说过但已不合时宜的言论。

【译文】

孔子说:"君子坚守正道但不固执己见。"

【拓展】

君子以仁为本,以义为质,一切言行惟义所在。有错就改,绝不会固守着已被证明有错误的言论和做法。孟子曾说:"大人者,言不必信,行不必果,惟义所在。"①孟子所说的这句与孔子说的"君子贞而不谅"殊途而同归。

"谅"除了原谅、固执己见的意思外,还有信实、诚信的意思。有的学者把"君子贞而不谅"中的"谅"解释为小信、小节,而相对应地把句中的"贞"解释为大信、大节或坚守正道。这样"君子贞而不谅"就被理解为"君子讲大信,而不拘泥于守小信"之意。实事求是地讲,这种理解也行得通。

邢昺在《论语注疏》中说:"此章贵正道而轻小信也。贞,正也。谅,信也。君子之人,正其道耳,言不必小信。"②有害于社会的人也会有自己所谓的"言必信,行必果",但那并非基于正义和正道。因此,君子不会履行非正义的承诺。总之,君子会坚守正道,顾大局、大节,而不会固执于错误的言行,在大节面前不会顾及小节、小信。

---

① 孟子[M].万丽华,蓝旭,译注.北京:中华书局,2007:175.
② 何晏,邢昺.论语注疏[M].北京:中国致公出版社,2016:256.

15.38 事君,敬其事而后其食

【原文】

子曰:"事君,敬其事而后其食。"

【引言】

这一章是孔子在讲有功才受禄、无功不受禄的道理。

【释解】

(1)事君:侍奉君主。事:为……做事,侍奉。
(2)敬其事:认真办事,任劳任怨。敬:敬重,诚敬。
(3)后其食:把领取食禄的事放在后面。后:置于后面。食:食禄,俸禄。

【译文】

孔子说:"事奉君主,就必须先认真办事,任劳任怨,而把领取食禄的事放在后面。"

【拓展】

谈钱伤感情还是不伤感情?今天,随着契约和法治精神逐渐深入人心,在做事情之前,人们会先签订合同或合约,谈好工钱或报酬。这似乎越来越得到人们的认同。那么,做事之前就谈好价钱,的确是不伤感情的。反之,如果事前没有约定好价钱,却往往容易引发纠纷,伤及感情。

但是,孔子倡导君子重义轻利,为国君做事,或者为政做官,不能还没干活办事,就先提俸禄的事情。还没干活就提钱,就提俸禄,似乎非君子所为。因此,孔子主张,先侍奉好君主,把治理国家的差事办好,而职位和俸禄自然就会有的。显而易见,孔子的这个思想具有一定的时代局限性。

15.39 有教无类

【原文】

子曰:"有教无类。"

【引言】

孔子有教无类的思想主张在当时具有划时代的重大意义。

【释解】

(1)有教:提供教育。
(2)无类:不分类别,指不分门第、阶级、贤愚、高低贵贱、地域等类别。

【译文】

孔子说:"提供教育应不分门第、阶级、贤愚、高低贵贱、地域等类别,人人都有接受教育的权利。"

【拓展】

春秋时代,由于战争动乱,社会流动频繁,官学衰微,私学兴起,王官失守,学术下移。一些原来在朝廷工作的士人或文化人走向民间,为了生计办起私学。这时候,学生只要缴纳一定的学费或拜师礼,不论出身什么阶级,也不论贫富,只要愿意学习向上的,就可以报名拜师学艺。孔子作为著名的私学教育家,提出"有教无类"的教育理念和主张,正是对当时教育形势发展的概括。而这种思想一经提出,就对当时和后世产生了不可估量的影响。他能鼓励更多的私学老师把原来只有贵族子弟才可享有的教育权利向平民百姓普及。譬如,孔子三千多弟子来历复杂,既有孟懿子、南宫敬叔、孟武伯和司马牛这样的贵族子弟,又有颜路、颜渊、仲弓、原宪、闵子骞这样的贫民子弟;既有鲁国人,又有卫国、楚国等他国的人。

15.40　道不同不相为谋

【原文】

子曰:"道不同不相为谋。"

【引言】

这一章,孔子指出不同信仰、志向、追求和主张的人不能在一起谋划商讨事情。

【释解】

(1)道:理想、信仰、志向、兴趣、追求、主张和道路。
(2)相:一起,共同,相互。
(3)为谋:谋划商议事情。为(wéi):做事,做。

【译文】

孔子说:"理想、信仰、志向、兴趣、追求、主张或道路不同,就不要在一起谋划商议事情。"

【拓展】

孔子在周游列国的旅途中,多次碰到隐士。这些隐士多次劝说或讽刺他"明知不可为而为之",但孔子不为所动,继续坚守正道,努力探索,自强不息,直到晚年,真正感到自己的抱负无法实现了,他才不得已而返回故乡。这在隐士看来是徒劳无功、不识时务、顽冥不化,但在孔子看来,这正是一个君子必须去努力尝试、刚健有为的事情。谋事在人,成事在天。至于成不成功,那是天命决定的事情。但一个君子必须全力以赴地去争取,去尝试。隐士和孔子的思想主张不同,当然也就不可能在一起商讨谋划事情了。

15.41 辞达而已矣

【原文】

子曰:"辞达而已矣。"

【引言】

这一章是孔子在讲言语与意思表达之间的关系。

【释解】

(1)辞:言辞,言语。
(2)达:表达意思。
(3)而已矣:即可了,就行了。矣:助词,"了"。

【译文】

孔子说:"言辞只要能表达意思就可以了。"

【拓展】

言语和文辞都是人类交流思想、沟通彼此、传情达意的重要媒介。朱熹说:"辞,取达意而止,不以富丽为工。"① 口语和文字只要能表达清楚人要表达的意涵,即朴实达意就可以了,不需要过多的修饰和美化。花言巧语,华而不实,反而让人讨厌和诟病。钱穆说:"辞,指辞命。列国邦交,奉使者主要在传达使命。国情得达,即是不辱君命。或说:辞指文辞,主在达意,不尚富艳之工。"② 因为钱穆把"辞达而已矣"中的"辞"理解为外交辞令,所以,他把这一句解释成"奉命出使,他的辞令,只求能传达国家使命便够了"③。我认为,直观地看这一句的内容,还是将它理解为"言辞只要能表达意思就可以了"为好。这样覆盖面更宽泛些,也能涵盖钱穆所说的那种外交情形。

---

① 朱熹.四书章句集注[M].北京:中华书局,2011:158.
② 钱穆.论语新解[M].北京:生活·读书·新知三联书店,2012:382.
③ 钱穆.论语新解[M].北京:生活·读书·新知三联书店,2012:382.

15.42 师冕见

【原文】

师冕见,及阶,子曰:"阶也。"及席,子曰:"席也。"皆坐,子告之曰:"某在斯,某在斯。"师冕出。子张问曰:"与师言之道与?"子曰:"然。固相师之道也。"

【引言】

这一章记述的是孔子帮助盲人乐师冕上下台阶和走上坐席的经历。这则记述表现了孔子设身处地替盲人着想和主动助人的精神和态度。

【释解】

(1)师冕见:盲人乐师冕来会见孔子。师冕:鲁国盲人乐师,名冕。师:乐师。

(2)及阶:走到台阶跟前。

(3)及席:走到席位跟前。

(4)某在斯:某人在这里。斯:这里。

(5)师冕出:乐师冕走了以后。

(6)与师言之道与:这就是与乐师冕谈话的方式方法吗。师:指乐师冕。言:谈话,说话。道:方式方法。与:同"欤",吗。

(7)固相师之道也:这本来就是帮助盲人乐师的方式方法。固:本来,固然。相:帮助,辅助。

【译文】

盲人乐师冕来会见孔子,孔子赶忙去相迎。乐师冕走到台阶跟前,孔子赶忙说:"这里是台阶。"乐师冕走到席位跟前,孔子赶忙说:"这是座席。"等大家都坐好,孔子一一告知乐师冕说:"某某坐在这里,某某坐在那里。"乐师冕走后,子张就问孔子说:"这就是与乐师冕谈话的方式方法吗?"孔子说:"是的,这本来就是帮助盲人乐师的方式方法。"

【拓展】

　　这一章是本篇的最后一章。本篇的第一章记述孔子不愿意跟卫灵公谈论军事,只愿意和他谈论祭祀和礼仪方面的事情。这最后一章又落脚在礼乐教化和待人接物上,与第一章形成了首尾呼应。

　　总体上看,本篇继续阐述治国安邦之道、做君子之道、事君之道、待人接物之道等治理国家和做人处世的学问和道理。君子不仅应有为政做官的才能、德行、庄敬态度、起码的礼仪礼貌,还应有极其敏锐的洞察力以及足够的同理心和同情心,等等。

季氏篇第十六

本篇共计14章,总体上围绕着如何尊礼守礼、修身正己展开。全篇主要是孔子对天子式微、诸侯国坐大的现象,对大夫专权、轻慢国君的现象,对陪臣执国命的现象,对君子如何为人处世,以及如何克己复礼和正名等问题进行阐述。孔子感叹天下无道很久了,做官的人不知尊礼守礼,百姓也不知尊礼守礼,社会亟须培养君子以匡正不良风气、克己复礼为仁。

16.1 季氏将伐颛臾

【原文】

季氏将伐颛臾。冉有、季路见于孔子曰:"季氏将有事于颛臾。"孔子曰:"求!无乃尔是过与?夫颛臾,昔者先王以为东蒙主,且在邦域之中矣,是社稷之臣也。何以伐为?"

冉有曰:"夫子欲之,吾二臣者皆不欲也。"孔子曰:"求!周任有言曰:'陈力就列,不能者止。'危而不持,颠而不扶,则将焉用彼相矣?且尔言过矣。虎兕出于柙,龟玉毁于椟中,是谁之过与?"

冉有曰:"今夫颛臾,固而近于费。今不取,后世必为子孙忧。"孔子曰:"求!君子疾夫舍曰'欲之'而必为之辞。丘也闻有国有家者,不患寡而患不均,不患贫而患不安。盖均无贫;和无寡;安无倾。夫如是,故远人不服则修文德以来之。既来之,则安之。今由与求也,相夫子,远人不服而不能来也,邦分崩离析而不能守也,而谋动干戈于邦内。吾恐季孙之忧不在颛臾,而在萧墙之内也。"

【引言】

这一章是孔子在教育批评辅佐季孙氏的学生冉有和季路。季孙氏专权独断,欲攻打鲁国的附属国颛臾。孔子反对这种征伐欺凌,就批评在季孙氏做家臣的冉有和季路为什么不劝阻季孙氏。冉有做了辩白。孔子一一驳倒,并告知其治国安邦的根本在于"均无贫,和无寡,安无倾",而不在于攻伐他国、掠夺土地和钱财。

【释解】

(1)季氏将伐颛臾:季孙氏将要攻打颛臾国。季氏:鲁国季孙氏,掌握鲁国大政实权。此时季孙氏家的季康子为卿大夫。颛臾(zhuān yú):鲁国封疆内的附庸国,在今山东省境内。

(2)有事于:对……不利,指用兵于颛臾国。

(3)求:冉求,冉有。

(4)无乃尔是过与:倒装句,应是"无乃是尔过与",莫非是你的过错吗。无乃:莫非,只怕。尔:你。过:过错,过失。与:同"欤","吗""吧"。

(5)东蒙主:负责管理和主持祭祀蒙山的官职。东蒙:蒙山的别称,沂蒙山区最高大的山脉。主:负责人,主持祭祀的人。

(6)且在邦域之中矣:而且它在鲁国的疆域之内。邦域:疆域。

(7)何以伐为:为什么要攻伐它呢。何:为什么,为何。以:要。伐:攻打,攻伐。为:语气助词,表示反诘。

(8)夫子欲之:季康子大夫想要攻打它。夫子:对大夫、老师等的尊称。

(9)周任:人名,周代一位史官。

(10)陈力就列:根据你的才能为政做官。陈:根据,凭借。就列:担任朝廷中的官职,列于朝中。

(11)不能者止:不能胜任的就辞职不干。止:停止(做官),辞职。

(12)则将焉用彼相矣:那么哪儿还需用那个搀扶盲人的人呢。则:那么。将:又。焉:哪里,怎么。用:使用。彼:那个。相(xiàng):搀扶盲人的人。

(13)虎兕出于柙:老虎和犀牛从笼子里跑出来。兕(sì):雌性犀牛。柙(xiá):关猛兽的笼槛。

(14)龟玉毁于椟中:龟甲和美玉在匣子里被毁掉。椟:木柜,木匣。

(15)固而近于费:城墙坚固,而且离费地比较近。固:坚固。费(bì):费地,季氏的采邑,在今山东省费县。

　　(16)疾夫舍曰"欲之"而必为之辞:痛恨那种不肯说"想要得到它"但又非要为之寻找借口的人。疾:痛恨,厌恶。夫(fú):代词,那种。舍:舍弃。辞:找托词,寻借口。

　　(17)均无贫:财富均衡就没有贫穷。

　　(18)和无寡:人们和睦相处就不觉土地和人口少。寡:少。

　　(19)安无倾:国家安定就没有倾覆的危险。

　　(20)萧墙之内:指鲁国国君的宫廷之内。当时在位的鲁国国君是鲁哀公。萧墙:古时宫室内用于遮挡视线的照壁、影壁墙或屏风。

【译文】

　　季孙氏将要攻打颛臾国。冉有、子路去拜见孔子,说:"季孙氏将对颛臾国用兵了。"孔子说:"冉求!莫非是你的过错吧?以前,先王让颛臾国负责管理和主持祭祀蒙山,而且它在鲁国的疆域之内,是鲁国的附属国,为什么要攻伐它呢?"

　　冉有说:"季康子大夫想这样做,我和子路二人都不想攻打它。"孔子说:"冉求!史官周任曾说过:'根据你的才能去为政做官,不能胜任的就辞职不干。'见盲人在路上遇到危险而不去救援,看盲人跌倒了而不去搀扶,那么哪儿还需要那个搀扶盲人的人呢?并且,你言过其实了。老虎和犀牛从笼子里跑出来,龟甲和美玉在匣子里被毁掉,这到底是谁的过错呢?"

　　冉有说:"现在颛臾国,城墙坚固,而且离季氏的采邑费地比较近。现在不攻取它,将来必将成为后世子孙的忧患。"孔子说:"冉求!君子痛恨那种不肯说'想要得到它'但又非要为之寻找借口的人。我听说心中有国家、有百姓的人,不担忧国家土地和人口少而担忧财富分配不均;不担忧百姓财富少而担忧百姓不能安居乐业。这大概是因为财富分配均衡就没有贫穷;人们和睦相处就不觉土地和人口少;国家安定就没有倾覆的危险。像这样,如果远方的人还不能归服,就加强礼乐教化、不断提升自己的仁德,感化他们来归服。如果他们来归服,就让他们安居乐业。现在,仲由和冉求你们两个在辅佐季康子大夫,不仅远方的人不来归服,也不能通过加强礼乐教化、不断提升自己的仁德感化他们来归服;国家分崩离析却不能固守保全,反而谋

划在国内动用武力、兴起刀兵。我看恐怕季孙氏的忧患不在颛臾国,而在鲁国国君的宫廷之内吧。"

【拓展】

为政以德,实行德政礼治,反对暴力、侵略和掠夺是孔子一贯的政治主张。孔子在这一章提出了治国理政的三大原则:"均无贫""和无寡"和"安无倾"。"均无贫"就是财富分配要均衡,不能两极分化,不能富者可敌国,而贫者无立锥之地。"和无寡"就是要敦信修睦,国与国和平相处,君臣和睦相处,人与人和谐相处,不能侵略和掠夺他国、他人的土地、人口和财富,以增加自己的土地、人口和财富。"安无倾"就是要实行德政礼治,以德服人,以礼乐教化人,"君使臣以礼,臣事君以忠",上下相安,左右相敬,国家自然安定,社会自然和谐。

在这一章中,孔子还提出三点意见:一是,为政做官之人要心中有国家,有百姓,不能助纣为虐,不能祸害百姓,要确保国家长治久安,人民安居乐业,社会和人心安定;二是,对于他国和远方的人民,要以德服人,通过自我发展和礼乐教化来感化他们归服。也就是以仁德和文明的方式而非武力和暴力的方式,吸引更多的人归附。三是,孔子提醒季孙氏不要老想着攻打他国,而要将精力用于国内的发展和建设;要克己复礼,修复君臣关系,平衡不同政治力量的关系,以免祸起萧墙。

16.2　天下有道,则礼乐征伐自天子出

【原文】

孔子曰:"天下有道,则礼乐征伐自天子出;天下无道,则礼乐征伐自诸侯出。自诸侯出,盖十世希不失矣;自大夫出,五世希不失矣;陪臣执国命,三世希不失矣。天下有道,则政不在大夫。天下有道,则庶人不议。"

【引言】

这一章是孔子对天下有道和天下无道的社会特征和国运盛衰所做的评述。

【释解】

(1)礼乐征伐:制礼作乐和出征讨伐。
(2)自天子出:由天子来下达。出:指礼乐征伐的政令或命令出自天子。
(3)盖十世:大约经过十代人。三十年为一世。
(4)希不失矣:很少不丧失政权、失掉原有地位的。希:同"稀",稀少。
(5)陪臣执国命:大夫的家臣把持朝政大权。陪臣:大夫的家臣。执:执掌,把持。国命:国家政权,国家命运。
(6)政不在大夫:朝政大权不会落在大夫手里。
(7)庶人不议:百姓不会议论国家政治。

【译文】

孔子说:"天下有道、国家政治清明的时候,制礼作乐和出征讨伐的命令都由天子来下达;天下无道、国家政治昏暗的时候,制礼作乐和出征讨伐的命令都由诸侯来下达。由诸侯做主决定,大约经过十代少有不丧失政权、失掉原有地位的;由大夫做主决定,经过五代少有不丧失政权、失掉原有地位的;大夫的家臣把持朝政大权,经过三代少有不丧失政权、失掉原有地位的。天下有道、国家政治清明的时候,朝政大权不会落在大夫手里。天下有道、国家政治清明的时候,百姓也不会议论国家政治。"

【拓展】

周代建立后,实行的是等级分封制。在爵位上,除了天子,有公、侯、伯、子、男五等爵位。在国土方面,除了天子直接管辖的中央之国外,在其周围分封有大大小小的诸侯国。西周时期,这些诸侯国不仅名义上而且事实上都要听从周天子的命令,并按照周礼的规定定期朝拜周天子。西周覆灭后,诸侯拥立原先被废的太子宜臼为王,史称周平王。周平王东迁洛邑(今河南省洛阳市)之后,史称东周。自此开始,王室衰微,诸侯日益坐大。

孔子根据历史事实得出结论:礼乐征伐的命令出于天子时,天下有道、政治清明,且朝政大权维持长久;天下无道的时候,诸侯势力、卿大夫势力、大夫家臣势力依次坐大,且朝政大权维持时间日益缩短。政权越稳定,社会秩序和百姓生活就越好。反之,社会秩序和百姓生活就比较糟糕。孔子

希望回到普遍遵循周礼文明制度的西周时代,让百姓都过上天下有道的生活。

16.3 禄之去公室五世矣

【原文】

孔子曰:"禄之去公室五世矣,政逮于大夫四世矣,故夫三桓之子孙微矣。"

【引言】

上一章中,孔子讲述了历史变迁的规律,如果大夫执掌了朝政大权,那么经过五代之后,他们很少不丧失政权、失掉原先的地位。这一章以鲁国为例,到孔子那个时候,鲁国的朝政大权落在大夫手里已经四代人了,由此推算,"三桓"失去权力也为期不远了。

【释解】

(1)禄之去公室:朝政大权离开鲁国公室。禄:俸禄,这里是指朝政大权。去:离开,从……手中失去。公室:国君近亲三代范围之内的亲属。

(2)五世矣:五代了,指鲁国宣公、成公、襄公、昭公、定公五世。

(3)政逮于大夫:朝政大权落于大夫手里。政:政治权力。逮:及,到。

(4)四世矣:四代了,指季孙氏文子、武子、平子、桓子四世。

(5)故夫三桓之子孙微矣:所以那鲁国三桓的子孙将要衰微了。故:所以。夫(fú):指示代词,相当于"这""那"。微:衰微,衰败。

【译文】

孔子说:"朝政大权离开鲁国公室已经五代了,朝政大权落于大夫手里已经四代了,所以那鲁国三桓的子孙将要衰微了。"

【拓展】

一阴一阳之谓道。社会的发展也是盛极而衰,衰极而盛。孔子清楚地看到了社会从有道到无道,又从无道到有道的演变规律,一治一乱,太平世与乱世间隔发展。但就周代来看,西周是天子掌握天下朝政大权的时期,东周时期各国的诸侯开始掌握发布政令的权力,而后大夫开始掌握诸侯国的朝政大权,甚至发展到陪臣执国命的程度。孔子从鲁国朝政大权落到"三桓"手里的时间推算,其子孙衰微的时间快要到了。万事万物皆有兴盛和衰败的规律,富不过三代,穷不过五代也是普遍规律吧。

16.4 益者三友,损者三友

【原文】

孔子曰:"益者三友,损者三友。友直,友谅,友多闻,益矣。友便辟,友善柔,友便佞,损矣。"

【引言】

这一章是孔子对朋友的分类。他把朋友分为益友和损友两大类。

【释解】

(1)益者三友:对人有益的交友方式有三种。三:三种。友:交友,交友方式。

(2)损者三友:对人有害的交友方式有三种。

(3)友直:结交正直的人。

(4)友谅:结交信实的人。谅:诚信,信实。

(5)多闻:博学多闻、见多识广的人。

(6)便辟(pián pì):阿谀奉承、谄媚讨巧的人。便:熟练,巧于。辟:通"僻",逢迎,谄媚。

(7)善柔:笑里藏刀、绵里藏针的人。

(8)便佞(pián nìng):巧言善辩、心术不正的人。佞:能言善辩,巧言谄媚。

【译文】

孔子说:"对人有益的交友方式有三种,对人有害的交友方式也有三种。

结交正直的人,结交信实的人,结交博学多闻、见多识广的人,这样对人有益;结交阿谀奉承、谄媚讨巧的人,结交笑里藏刀、绵里藏针的人,结交巧言善辩、心术不正的人,这样对人有害。"

【拓展】

近朱者赤,近墨者黑。《墨子》言:"染于苍则苍,染于黄则黄。所入者变,其色亦变。五入必,而已则为五色矣。故染不可不慎也。"①《孔子家语》言:"与善人居,如入芝兰之室,久而不闻其香,即与之化矣;与不善人居,如入鲍鱼之肆,久而不闻其臭,亦与之化矣。丹之所藏者赤,漆之所藏者黑,是以君子必慎其所与处者焉。"②

孟子的母亲为了孟子从小有个好的学习成长环境,曾经多次搬家,这被称为"孟母三迁"。在家靠父母,出门靠朋友。结交朋友之道也是如此。只有那些能够同甘苦、共患难的朋友才是真朋友。孔子的交友之道,可以作为今人交友的重要参考。

16.5 益者三乐,损者三乐

【原文】

孔子曰:"益者三乐,损者三乐。乐节礼乐,乐道人之善,乐多贤友,益矣。乐骄乐,乐佚游,乐宴乐,损矣。"

【引言】

这一章是孔子在阐述对人有益的高尚情趣和对人有害的低级趣味。他把这两大类趣味分别分为三种情形。

【释解】

(1)益者三乐:对人有益的玩乐方式有三种。三:三种。乐:玩乐,玩乐方式。

---

① 墨子[M].方勇,译注.北京:中华书局,2011:13.
② 王德明.孔子家语译注[M].桂林:广西师范大学出版社,1998:189.

(2)损者三乐：对人有害的玩乐方式有三种。

(3)节礼乐：控制礼乐规模，遵守礼乐规范。节：节制，遵守。

(4)道人之善：称道他人的好处。道：称道，称赞。善：优点，好处。

(5)多贤友：多多结交贤德的朋友。

(6)骄乐：骄纵享乐，骄奢淫逸。

(7)佚游：放浪形骸，游手好闲。佚：同"逸"，放荡，淫佚，放浪形骸。游：游乐，游荡，游手好闲。

(8)宴乐：饮宴作乐，宴饮无度。宴：宴饮，聚在一起吃酒饭。

【译文】

孔子说："对人有益的玩乐方式有三种，对人有害的玩乐方式也有三种。以遵守礼乐规范和标准为乐，以称道他人的好处为乐，以多多结交贤德的朋友为乐，这样做对人有益；以骄纵享乐为乐，以放浪形骸、游手好闲为乐，以饮宴作乐为乐，这样做对人有害。"

【拓展】

人活着都想要追求快乐幸福，所以贪图享乐是人普遍的欲望。但"寻欢作乐"还是有着境界高低的不同。道德高尚的人追求高尚的、雅致的、对人有益的欢乐；而道德低下的人追求低级的、庸俗的、对人有害的欢乐。孔子总结的三种对人有益的玩乐方式中，"节礼乐"是叫人熟悉礼乐制度，尊礼、守礼和执礼，以便自己的言行都能在礼乐规范的范围内展开，不至于僭越周礼，以下犯上。"道人之善"，称道他人的优点，而不宣扬他人的缺点，不嫉妒、诋毁他人，正是培养美德的方式。"多贤友"，结交更多贤德的人，近朱者赤，自己久而久之也会有所提升。而孔子总结的三种对人有害的玩乐方式，即"骄乐""佚游"和"宴乐"都只能让人放荡不羁，沉浸于低级趣味，变得庸俗不堪。因此，交友须谨慎，玩乐也须小心。

16.6 侍于君子有三愆

【原文】

孔子曰："侍于君子有三愆：言未及之而言，谓之躁；言及之而不言，谓之

隐；未见颜色而言，谓之瞽。"

【引言】

这一章是孔子在讲与君子或他人交往要注意些什么，即不能贸然发言、说话不能有所隐瞒、不能不看对方脸色心情如何就贸然说话。

【释解】

(1)侍于君子：陪侍在君子旁边。侍：侍奉，陪侍。于：在……跟前。
(2)三愆：三种过失。愆(qiān)：罪过，过失。
(3)言未及之而言：还未轮到他发言就说话。言：发言，说话。及：轮到。
(4)躁：急躁，浮躁。
(5)言及之而不言：轮到他说话却不说。
(6)隐：隐瞒，隐藏。
(7)未见颜色而言：不看君子的脸色如何就贸然发言。
(8)瞽(gǔ)：眼睛看不见。

【译文】

孔子说："陪侍在君子旁边，要注意避免三种过失：还未轮到他发言就说话，这就叫急躁；轮到他说话却不说，这就叫隐瞒；不看君子的脸色如何就贸然发言，这就叫眼瞎。"

【拓展】

语言表达是一门艺术。会说话的人，说话得体，当说则说，不当说则不说。孔子在这里告诫人们：第一，说话不能急躁。抢着说话是不礼貌的表现。它不仅容易打乱组织者的计划，还容易说错话，耽误大家的时间，给别人留下爱出风头、爱表现自己的印象。第二，该自己说话时就将自己该说的说出来，要说得简练得体。这样可以让他人知道自己的思考和观点，以便他人了解自己。第三，说话要看他人的脸色和心情。他人高兴，想要多听你说，你可以说得详细具体些；他人露出不想听的脸色，你就适可而止。否则，不仅多说无益，还容易自取其辱。因此，说话和对话都要注意场合、分寸和时机。

16.7 君子有三戒

【原文】

孔子曰:"君子有三戒:少之时,血气未定,戒之在色;及其壮也,血气方刚,戒之在斗;及其老也,血气既衰,戒之在得。"

【引言】

这一章是孔子在讲君子在人生的少年、壮年和老年三个阶段分别要警惕和戒备的事情。

【释解】

(1)三戒:三件需要警惕和戒备的事。

(2)血气未定:血气还不成熟稳定。血气:即气血、心智和精力。古人认为气血是人之根本。气血稳定和充足是人身心健康和心智成熟的标志。

(3)色:美色,女色。

(4)及其壮也:等到壮年的时候。及:等到。

(5)血气方刚:血气和精力正充沛旺盛。

(6)斗:与人争斗,逞强好胜。

(7)血气既衰:血气和精力已经衰弱不堪。

(8)得:贪心,贪得无厌。

【译文】

孔子说:"君子有三件需要警惕和戒备的事:年少的时候,血气还不成熟稳定,要警惕和戒备对美色的迷恋;等到壮年的时候,血气和精力正充沛旺盛,要警惕和戒备因为逞强好胜而与他人争斗;等到老年的时候,血气和精力已经衰弱不堪,要警惕和戒备的是对财物、权力、地位和名誉等的贪恋。"

【拓展】

人在青春期的时候,容易产生叛逆心理,这时候心智还不成熟,性格还

不稳定,对外界事物的认知还不充分,容易冲动地干出违逆父母、违反社会道德规范的事,甚至做下骚扰、猥亵或强奸等不法的事情,所以,孔子强调人在这个时期要注意预防和警惕美色的诱惑。

人在成年以后,血气方刚,好面子,容易好勇斗狠,争强好胜。俗话说,人争一口气,佛争一炷香。所以,孔子提醒人们在这个阶段要注意防范与他人争斗。

人进入老年后,身体机能衰退,血气和精力严重不足,身体状态每况愈下。这个时候,人就应把注意力放在保重身体、延年益寿方面。名利、财色、权力和地位等,都是身外之物,生不带来死不带走,尘归尘,土归土,对它们就不要再贪恋了。人生在世,要拿得起,放得下,想得开。既然老了,就安享晚年,能伸能屈方为大丈夫。

16.8 君子有三畏

【原文】

孔子曰:"君子有三畏:畏天命,畏大人,畏圣人之言。小人不知天命而不畏也,狎大人,侮圣人之言。"

【引言】

这一章是孔子在讲君子有三件必须敬畏的事,也是在讲君子和小人的又一个区别。

【释解】

(1)三畏:三件必须敬畏的事。
(2)天命:上天的意志及其所主宰的人类和个人命运。
(3)大人:地位高贵、权势大,或辈分大,或道德学问高的人。
(4)狎(xiá):亲昵而态度不庄敬,狎弄。
(5)侮(wǔ):轻慢,轻蔑,欺侮。

【译文】

孔子说:"君子有三件必须敬畏的事:第一,要敬畏天命;第二,要敬畏地位高贵、权力大的人;第三,要敬畏圣人的言论。小人不懂天命也不敬畏天命,也不尊敬地位高贵、权力大的人,还轻蔑圣人的言论。"

【拓展】

世界很大,人类很渺小。我们人类探索宇宙的范围越大,面对的未知事物就越多。所以,人要对宇宙、大自然和社会力量存有敬畏之心。天命实际上是整个宇宙力量共同作用的一种结果或现状,是个人意志所不能轻易改变的。譬如,人类受制于地球的力量,而地球及其他太阳系的行星又都受制于太阳系中质量最大的太阳,而太阳又受制于银河系的力量,特别是银河系中央巨大黑洞的力量,当然,银河系也受到其他宇宙星系力量的制衡。

敬畏天命,就是敬畏宇宙、大自然和社会的决定性力量。英雄顺时势,时势造英雄。顺之者昌,逆之者亡。君子应该趋吉避凶,顺势而为。而所谓大人,就是现实社会中掌握一定的权力、影响力等对个人的命运有特殊作用和影响的群体或个人。敬畏大人,就是要尊敬他们,一是出于礼仪的需要,二是为保全自己不受伤害、损害。冒犯有权有势的人可能给自己带来无法预料的伤害。对父辈和辈分高的人尊敬,是自己有修养的表现。敬重道德学问高的人,也有促进自己道德学问不断提高的作用。

此外,圣人的话语是对宇宙、自然或社会真理的揭示或解释,代表了自然规律或社会发展的规律,也往往是对做人处世经验的总结。遵循圣人的言论而行,人就可能少走弯路,让自己的人生更加顺利和美好。所以,孔子提醒人们要敬畏这三件事。

16.9 生而知之者上也

【原文】

孔子曰:"生而知之者,上也;学而知之者,次也;困而学之,又其次也;困而不学,民斯为下矣。"

【引言】

这一章是孔子在讲人在学习和掌握知识方面有四个等次。

【释解】

(1)生而知之者:生下来就知道的人。知之:知道某些知识。者:指代人。

(2)上也:上等人,第一等人。

(3)次也:次等人,第二等人。

(4)困而学之:遇到困难才去学习和掌握知识的人。

(5)又其次也:次次等人,第三等人。

(6)民斯为下矣:这种人就是下等人(最末一等人)。民:这种人。斯:就。为:是。下:下等人,最末一等人。

【译文】

孔子说:"生下来就知道的人,是第一等人;自觉通过学习而知道的人,是第二等人;遇到困难才去学习和掌握知识的人,是第三等人;遇到困难也不去学习,这种人就是最末一等人了。"

【拓展】

人的天赋有高有低,人的能力倾向也各有不同。孔子在这里谈及的主要是学习为政做官、治国理政和做人处世方面的学问、知识和技能。显然,在这方面,也有天赋高的人,天赋低的人,以及中等的人。生下来就知道,就是无师自通,自学成才,学习能力超强,一看就懂。这种人凤毛麟角,连孔子都说自己不是"生而知之者",而是"学而知之者"。颜回的天赋比孔子还高,但颜回也是学而知之者。所以,生而知之者本来就十分罕见,这种第一等人物也不是孔子所强调的重点。

孔子的焦点在于希望和鼓励人们自觉地学习知识,不知疲倦地学习知识,成为第二等人,即"学而知之者"。他批评和鞭策那些被动学习的人和根本不想着去学习和掌握知识的人。古人云:"非学无以广才,非志无以成学。"①又说:"少而好学,如日出之阳;壮而好学,如日中之光;老而好学,如炳

---

① 诸葛亮.诸葛亮集[M].段熙仲,闻旭初,编校.北京:中华书局,2012:27-28.

烛之明。"①学习是一辈子的事,人应当活到老,学到老。现在是终身学习的时代,一分辛勤一分收获,功夫必不负有心人。

16.10 君子有九思

【原文】

孔子曰:"君子有九思:视思明,听思聪,色思温,貌思恭,言思忠,事思敬,疑思问,忿思难,见得思义。"

【引言】

这一章,孔子在讲君子在九个方面都需要谨慎思考,不断提高自己的修养。

【释解】

(1)九思:九个思考方面。

(2)视思明:看的时候要思考是否看清楚了。视:看。明:明白,清楚。

(3)听思聪:听的时候要思考是否听明白了。聪:听明白。

(4)色思温:露脸的时候要思考是否温和。色:给脸色,露脸。

(5)貌思恭:展示容貌的时候要思考是否谦恭。貌:展示容貌。

(6)言思忠:说话的时候要思考是否忠诚。

(7)事思敬:办事的时候要思考是否庄敬。

(8)疑思问:有疑问的时候要思考是否需要询问他人。

(9)忿思难:气愤的时候要思考后果是否严重。忿:气愤,愤怒。难(nàn):严重后果,后患。

(10)见得思义:获取利益的时候要思考是否合乎道义。见:看到。得:获得,利益。

【译文】

孔子说:"君子有九个思考方面:看的时候要思考是否看清楚了;听的时候要思考是否听明白了;露脸的时候要思考是否温和;展示容貌的时候要思

---

① 刘向.说苑全译[M].王锳,王天海,译注.贵阳:贵州人民出版社,1992:124.

考是否谦恭;说话的时候要思考是否忠诚;办事的时候要思考是否庄敬;有疑问的时候要思考是否需要询问他人;气愤的时候要思考后果是否严重;获取利益的时候要思考是否合乎道义。"

【拓展】

"九思"从视、听、色、貌、言、事、疑、忿和见得几方面展开,要求人们仔细、温和、端庄、谦恭、忠诚、认真、虚心求教、控制情绪和见利思义等。做人处世严肃认真,谦和有礼,办事忠诚和恭敬,又能控制个人情绪,以仁义为本,仁、义、礼、智、信几方面都能做得很好,当然就是君子了。

16.11 见善如不及

【原文】

子曰:"见善如不及,见不善如探汤。吾见其人矣,吾闻其语矣。隐居以求其志,行义以达其道。吾闻其语矣,未见其人也。"

【引言】

这一章是孔子对"见善""见不善""隐居"和"行义"四种情况发表的看法。

【释解】

(1)不及:赶不上,指求善心切。
(2)探汤:把手伸进热水中。汤:热水,沸水。
(3)吾见其人矣:我见到过这样的人。其:代词,那,这样。
(4)吾闻其语矣:我听到过这样的话。语:话语,言语。
(5)求其志:追求和坚守自己的志向。求:追求,坚守,保全。
(6)达其道:实现自己的政治信仰和主张。达:贯彻,实现。道:指政治信仰和主张。

【译文】

孔子说:"看到善事就好像担心自己赶不上,看到恶事就好像把手伸进热水中急着要躲开。我见到过这样的人,也听到过这样的话。隐居起来是为了保全自己的志向,践行仁义是为了实现自己的政治信仰和主张。我听到过这样的话,但我未曾见过这样的人。"

【拓展】

清代刘宝楠说:"隐居求志,行义达道,若伊尹耕莘,而乐尧、舜之道,及汤三聘而行其君臣之义,以达其所守之道者也。春秋之末,贤人多隐,故长沮、桀溺、接舆、丈人,皆洁己自高,而不复求其所志,夫子'未见'之叹,正缘于此。"①

在孔子生活的时代,有一些隐士深知天下无道,礼乐崩坏,无法回到过去那个井然有序的礼乐文明时代,就纷纷隐居。但是,孔子决心"明知不可为而为之",为了实现自己的政治理想而不言弃、不放弃、不屈服,并希冀那些羡慕西周礼乐政治的贤人出来和自己一道大胆追求一下。然而,孔子茫然四顾,除了自己,谁也看不到,所以才发出如此感慨。

16.12 齐景公有马千驷

【原文】

齐景公有马千驷,死之日,民无德而称焉;伯夷、叔齐饿于首阳之下,民到于今称之。其斯之谓与?

【引言】

这一章是孔子的学生(《论语》的编辑者)将资产富有的齐景公与饥饿而死的伯夷、叔齐相对比。齐景公是生前富有但死后没有好名声的典型,而伯夷、叔齐二兄弟是生前贫穷但死后留下美名的典型。这一章将伯夷、叔齐二人作为"隐居以求其志"的代表人物。

【释解】

(1)千驷:四千匹马。驷(sì):同驾一辆车的四匹马。

---

① 刘宝楠.论语正义:全二册[M].高流水,点校.北京:中华书局,1990:665.

(2)民无德而称焉:百姓觉得他没有什么德行可以称道。焉:助词,表示肯定。

(3)伯夷、叔齐:商朝末年孤竹君的两个儿子。他们认为周灭商是以下犯上,违背仁义,所以以食用周朝的粮食为耻,隐居到首阳山,采薇而食,后死于饥饿。

(4)首阳:首阳山,我认为此首阳山应为今山西省永济市境内的首阳山。

(5)到于今:到现在。

(6)其斯之谓与:难道"隐居以求其志"说的就是伯夷、叔齐这样的人吗。其:难道,岂。斯:代词,这,这个,指上一章提到的"隐居以求其志"。之:宾语前置,指代伯夷、叔齐这样的隐士。

【译文】

齐景公有四千匹马。他死的时候,百姓觉得他没有什么德行可以称道;伯夷、叔齐二人饿死在首阳山下,百姓到现在还在称颂他们。难道"隐居以求其志"说的就是伯夷、叔齐这样的人吗?

【拓展】

赤条条来去无牵挂。人在活着的时候积累再多的财富,到死的那一刻也无法带走。如果没有积累什么功德和善事,其名声也无法流芳百世。但是,那些生前追求仁义道德,做了常人难以想象的善事或义举的人,却能被百姓世代传颂。

儒家非常重视流芳百世或把好名声留给后人,以永垂不朽。而流芳百世的途径主要有三种:立德、立功和立言。周公名声远扬,并且被人民传颂到今天,就是因为他既立德又立功和立言。孔子被后世传颂是因为立德和立言,而伯夷、叔齐是因为立德和义举。所以,财富无法永葆,但名声可以久传于后世。

16.13 陈亢问于伯鱼曰

【原文】

陈亢问于伯鱼曰:"子亦有异闻乎?"对曰:"未也。尝独立,鲤趋而过庭,曰:'学《诗》乎?'对曰:'未也。''不学《诗》,无以言。'鲤退而学《诗》。他日,又独立,鲤趋而过庭,曰:'学《礼》乎?'对曰:'未也。''不学《礼》,无以立。'鲤退而学《礼》。闻斯二者。"陈亢退而喜曰:"问一得三:闻《诗》,闻《礼》,又闻君子之远其子也。"

【引言】

这一章通过陈亢与孔子的儿子伯鱼的对话,来阐述学习《诗》《礼》的必要性和重要性,并让人们知道孔子对儿子和学生一视同仁,没有偏爱自己的孩子。

【释解】

(1)陈亢(gāng):陈子禽,妫姓,陈氏,名亢,字子亢,又字子禽,陈国君主陈胡公第20世孙。他是孔子的学生,小孔子40岁。他做过单父宰,施行德政,受人爱戴。

(2)伯鱼:孔鲤,子姓,孔氏,名鲤,字伯鱼,孔子唯一的儿子。

(3)子亦有异闻乎:你在老师那里听到什么与众不同的教导吗。子:你。异:不同的。闻:听到的内容。乎:吗。

(4)尝独立:曾经独自站立在那里。

(5)鲤趋而过庭:孔鲤快步走过庭院。鲤:孔鲤。趋:快步,疾走。

(6)无以言:无法把话说好。

(7)无以立:无法立身于社会。

(8)闻斯二者:听到过这两次教导。斯:这。二者:指孔子建议孔鲤学《诗》和《礼》。

(9)退而喜曰:回去高兴地说。

(10)问一得三:问了一件事却得到三个收获。

(11)远其子:不偏爱自己的儿子。远(yuàn):不偏爱,不偏私。

【译文】

陈亢向伯鱼问道:"你在老师那里听到过什么与众不同的教导吗?"伯鱼回答说:"没有啊。有一次他独自站立在那里,我快步走过庭院,他对我说:'你学《诗》了吗?'我回答说:'还没有。'他说:'不学《诗》,就无法把话说

好。'我回去就开始学《诗》。又有一天,他又独自站在那里,我快步走过庭院,他对我说:'你学《礼》了吗?'我回答说:'还没有。'他说:'不学《礼》,就无法立身于社会。'我回去就开始学《礼》。我就听到过这两次教导。"陈亢回去高兴地说:"我问了一件事却得到三个收获:听到了要学习《诗》,听到了要学习《礼》,还听到了君子要对自己的孩子不偏私。"

【拓展】

《诗》《书》《礼》《易》《乐》《春秋》这"六经"是孔子私学的教学科目。孔子曾说:"入其国,其教可知也。其为人也,温柔敦厚,《诗》教也;疏通知远,《书》教也;广博易良,《乐》教也;絜静精微,《易》教也;恭俭庄敬,《礼》教也;属辞比事,《春秋》教也。故《诗》之失愚,《书》之失诬,《乐》之失奢,《易》之失贼,《礼》之失烦,《春秋》之失乱。其为人也,温柔敦厚而不愚,则深于《诗》者也;疏通知远而不诬,则深于《书》者也;广博易良而不奢,则深于《乐》者也;絜静精微而不贼,则深于《易》者也;恭俭庄敬而不烦,则深于《礼》者也;属辞比事而不乱,则深于《春秋》者也。"[①]我们从这段话可以看出,"六经"各有各的功用价值。其中,《诗》让人变得温柔敦厚、聪明智慧,而《礼》让人变得恭敬、勤俭、端庄,足以在社会上立身处世。

16.14　邦君之妻

【原文】

邦君之妻,君称之曰"夫人",夫人自称曰"小童";邦人称之曰"君夫人",称诸异邦曰"寡小君";异邦人称之,亦曰"君夫人"。

【引言】

这一章是本篇的最后一章。孔子在讲述不同社会角色的人如何按照礼制称呼国君的妻子。这一章也是对本篇第一章和第二章"天下有道,则礼乐征伐自天子出"的以礼治国思想的呼应。可见《季氏篇第十六》整篇都围绕着以礼治国思想来编排和记述。

---

① 戴圣.礼记[M].李慧玲,吕友仁,注译.郑州:中州古籍出版社,2010:192.

【释解】

(1)邦君:国君。
(2)邦人:国人。
(3)称诸异邦:在他国称呼她为。诸:之于。
(4)异邦人:他国人,外国人。

【译文】

对于国君的妻子,国君自己称她为"夫人",夫人自称"小童";国人在国内称她为"君夫人",在国外称呼她为"寡小君";外国人称呼她的话,也称呼她为"君夫人"。

【拓展】

语言和文字随着时代的变化发生着相应的变化。一些词语渐渐被冷落或淘汰,一些新词语又在诞生和发展。就拿夫妻间的称呼来说,男的以前曾被称为"良人""郎君""官人""相公""先生""爱人""丈夫"等,现在普遍叫"老公"了;女的以前曾被称为"贱荆""拙荆""娘子""妻子""妻室""媳妇""夫人""贱内""内人""太太"等,现在常用的称呼是"妻子""媳妇""夫人""爱人""老婆"等。

由此可见,语言和文字的变迁与社会各方面的发展变化都有很大关系,是客观世界发展的必然规律。孔子一心想恢复西周时期的周礼或等级名分制度,显然是不切实际的。热力学第二定律告诉我们,在孤立体系中发生的任何变化或化学反应,总是向着熵值增大的方向进行。熵指的是体系或系统的混乱度(或无序度)。西周建立和完善的社会体系持续一定时间后就会走向日益混乱。到了春秋战国,该社会体系混乱的状况就暴露无遗了。要想让这个社会体系恢复到西周初期的状态,已经完全不可能了。物极必反,大乱之后必有大治。所以,秦国在此后又建立了一个新的社会体系。

阳货篇第十七

该篇共计26章,主要围绕着做人处世之道展开,整个篇幅实际上都是在谈人的修养的重要性。孔子认为,做人要有原则性,也要有灵活性;天下有道则现,无道则隐;君子不会因小信而损害大信,小人反之;人性本来相近,但不同的习染导致了人与人之间形成了差异;上智之人无师自通,下愚之人困而不学,难有进步;君子义以为上,爱憎分明,积极进取,而小人唯利是图,不求进取,难有作为。

17.1 阳货欲见孔子

【原文】

阳货欲见孔子,孔子不见,归孔子豚。孔子时其亡也,而往拜之。遇诸涂。谓孔子曰:"来!予与尔言。"曰:"怀其宝而迷其邦,可谓仁乎?"曰:"不可。""好从事而亟失时,可谓知乎?"曰:"不可。""日月逝矣,岁不我与。"孔子曰:"诺。吾将仕矣。"

【引言】

这一章是鲁国季孙氏的家臣阳货与孔子之间的对话。孔子因为不满阳货专权,陪臣执国命,所以不愿和阳货见面,也不愿在阳货的指使下做事。在阳货批评他不出仕的时候,孔子采取了敷衍应对的办法。这就做到了"君子贞而不谅",即不会为了一时敷衍的违心的承诺而去损害自己一直坚守的道义原则,不以小信而损害大信。

【释解】

(1)阳货:阳虎,姬姓,阳氏,名虎,字货,春秋时期鲁国人,鲁国大夫季平子的家臣。季平子死后,阳虎掌控了季孙氏的家政,后来企图与另一家臣公山弗扰谋杀季孙氏的家主季桓子,失败后逃往晋国。

(2)欲见孔子:想要会见孔子。

(3)归孔子豚:赠给孔子一只熟小猪。归(kuì):通"馈",馈赠,赠送。豚:小猪,泛指猪。根据古代礼制,等级相同者相见之礼都是双向的,被拜访者或访问者要回礼或回访,而不同等级者相见,高等级者不必回访。孔子当时地位低于阳货,所以阳货送给孔子礼物后,孔子必须回访。

(4)时其亡也:等到他不在家的时候。时:通"伺",等待,伺机。亡(wáng):外出,出门,不在家。

(5)往拜之:去登门拜访他。往:去。

(6)遇诸涂:在道路上遇见了他。诸:之于。涂:通"途",路途,道路。

(7)予与尔言:我跟你说。予:我。尔:你。

(8)怀其宝而迷其邦:有本领却放任国家迷乱。宝:宝贝,珍宝,用在此处指本领和能力。迷:使……迷乱。邦:国家。

(9)好从事而亟失时:喜欢从政却屡次失掉时机。好:喜好,喜爱。从事:从政。亟(qì):屡次。时:时机,机会。

(10)可谓知乎:可以说是明智的吗。知:通"智",智慧,明智。

(11)日月逝矣:时光飞逝,日月如梭。

(12)岁不我与:时不我待,年岁不等人。岁:年岁,时光。与:等待。

(13)诺:答应的声音,是的,好吧。

(14)吾将仕矣:我打算去做官了。将:将要,打算。仕:出仕,做官。

【译文】

阳货想要会见孔子,但孔子婉拒了他。阳货便赠给孔子一只熟小猪,这样按照礼制孔子就不得不去登门回访。孔子等待阳货外出不在家的时候,去阳货家拜访回礼。但赶巧的是,孔子在回访结束后回家的路上碰到了阳货。阳货看到孔子就对孔子喊话:"来!我有话要跟你说。"孔子走了过去。阳货问:"你有本领却放任国家迷乱,这能叫作仁吗?"孔子回答说:"不可以。"阳货接着问:"你喜欢从政却屡次失掉时机,这能叫明智吗?"孔子回答说:"不可以。"阳货接着说:"时光飞逝,岁月不等人的。"孔子说:"好吧,我打算去做官了。"

【拓展】

良禽择木而栖,良臣择主而事。孔子曾说:"不义而富且贵,于我如浮云。"①也就是说,孔子当官是有自己的基本原则和底线的。不合乎道义的、不能让自己坚守正道的官职,再大再好,他也不做。阳货当时控制着鲁国朝政,属于陪臣执国命,这僭越了周礼,臣不臣。孔子断然不会和阳货同流合污。但阳货作为比孔子地位高的人,纠缠着孔子,尊礼守礼的孔子也不得不硬着头皮应付。

在这一章中,阳货所问的问题,都是无懈可击的。有本领却不使出来治国理政,当然不仁;喜欢当官却屡次错过当官的机会,自然不智;时不我待,蹉跎岁月,实属不该。所以,孔子也只有"唯唯诺诺"的份儿。但孔子始终坚守自己的底线,认为"君子贞而不谅",必须等遇到明主的时候才做官。孔子是这样想的,也是这样做的。

17.2 性相近也

【原文】

子曰:"性相近也,习相远也。"

【引言】

这一章是孔子在谈人性论。

【释解】

(1)性:人的本性,根本属性。
(2)习:习染,熏染。
(3)相远:相去甚远。

【译文】

孔子说:"人的本性最初彼此相近,但随着后天习染和影响的不同,渐渐就相去甚远了。"

---

① 论语[M].陈晓芬,译注.北京:中华书局,2016:84.

【拓展】

孔子的人性论只是对人性后来变化差异的原因做出了初步的解释,但并没有对人性是善还是恶或者善恶相混,或无善无恶做出明确的结论。他之后的儒者孟子相信"性善论",而荀子坚持"性恶论"。我认为,人性本无善恶,即无善无恶,但随着后天环境的熏染和个人对熏染环境条件所做的反应,渐渐就有了善恶之分,并有了不同程度的差异。

17.3 唯上知与下愚不移

【原文】

子曰:"唯上知与下愚不移。"

【引言】

这一章是孔子在谈关于上智之人和下愚之人的观点。

【释解】

(1)上知:上智,智力超群、能无师自通的人。知:通"智",智慧,聪明。

(2)下愚:智力不佳、困而不学的人。

(3)不移:无法改变。此处指上智之人和下愚之人各自进步和落后、聪明智慧和愚蠢笨拙的状态很难改变。

【译文】

孔子说:"只有智力超群、能无师自通的人与智力不佳、困而不学的人,他们各自进步和落后、聪明智慧和愚蠢笨拙的状态无法改变。"

【拓展】

智力超群、绝顶聪明的人,对感兴趣的知识以及想要掌握的知识,很快就能熟悉和掌握。他们独立自主能力强,无论是道德、学问和文章都能精益求精。而智力低下、困而不学的人,对什么知识和道理都不怎么感兴趣,再

好的老师对他们来说都是对牛弹琴,毫无作用。所以,孔子久而久之便相信这两种人的聪明或笨拙,是后天力量无法改变的。

17.4 子之武城,闻弦歌之声

【原文】

子之武城,闻弦歌之声。夫子莞尔而笑,曰:"割鸡焉用牛刀?"子游对曰:"昔者偃也闻诸夫子曰:'君子学道则爱人,小人学道则易使也。'"子曰:"二三子!偃之言是也。前言戏之耳。"

【引言】

这一章通过孔子与在鲁国武城做宰官的学生子游的对话,阐述礼乐教化的作用。

【释解】

(1)子之武城:孔子到了武城。子:指孔子。武城:鲁国的一个小城,位于今山东省德州市武城县。子游当时在此地做宰官。

(2)弦歌:用琴瑟伴奏弹唱歌曲。弦:指琴瑟。

(3)莞尔而笑:微笑。莞尔:形容微笑的样子。

(4)焉用:怎么用。焉:哪里,怎么。

(5)偃:言偃,姓言,名偃,字子游,亦称"言游",春秋末年吴国人。

(6)闻诸夫子曰:听老师这样说过。诸:之于。夫子:先生,老师,指孔子。

(7)学道:学习礼乐之道。道:指礼乐之道。

(8)易使:容易被差使。

(9)二三子:你们。

(10)偃之言是也:言偃的话是对的。

(11)前言戏之耳:我刚才所说的话是开玩笑而已。前:刚才,前面。戏之:开玩笑。耳:罢了,而已。

【译文】

孔子到了武城,听到用琴瑟伴奏弹唱的声音。孔子微笑着说:"杀鸡怎么用牛刀呢?"子游回答说:"以前我听老师这样说过:'君子学习了礼乐之道就会爱人,小人学习了礼乐之道就容易被差使。'"孔子接着对其他学生说:"你们听着,言偃的话是对的。我刚才所说的话是开玩笑而已。"

【拓展】

对这一章,南怀瑾解释说:"我们不必像古人一样,把孔子塑造得那么好,孔子也是人,有时候也会说个笑话。或者不经过大脑说话的时候也是有的。由此可见他们师生之间无所不谈,老师对的就是对的,不对的就给他退回去。"①

子游在武城做宰官期间,依照孔子礼乐教化的思想,在武城普遍实行礼乐教化,所以孔子一到武城,就听到了弹琴唱歌的声音。因为武城地方比较小,而礼乐教化之事又是大事,所以孔子就自然联想起"割鸡焉用牛刀"这一句俗话,并脱口而出。但子游听到孔子的话,觉得一时难以理解,就给自己做了辩解。子游用孔子曾经说过的话进行辩解,孔子一听就察觉到自己的无心之失。于是,孔子就赶紧打圆场说自己仅仅是开个玩笑,别当真。所以,孔子也是有真性情的人,并不能保证任何时候说话都万无一失。

17.5 公山弗扰以费畔

【原文】

公山弗扰以费畔,召,子欲往。子路不说,曰:"末之也已,何必公山氏之之也?"子曰:"夫召我者而岂徒哉?如有用我者,吾其为东周乎!"

【引言】

这一章表现了孔子急于为政做官的急迫心情。但他即使去公山弗扰所在的费邑做官,也不会违背德政礼治的原则。

---

① 南怀瑾.论语别裁:下册[M].上海:复旦大学出版社,2015:697-698.

【释解】

(1)公山弗扰:复姓公山,名弗扰(又名不狃),字子洩(泄),春秋时期鲁国人,季桓子的家臣。鲁定公五年(公元前505年),季桓子任命公山弗扰做季孙氏的私邑——费邑的邑宰。鲁定公八年(公元前502年),公山弗扰与阳虎联合起来反对季桓子,兵变失败,阳货逃往国外,公山弗扰继续盘踞费邑自保。鲁定公九年(公元前501年),公山弗扰想要做大做强,就召请孔子前去费邑做官。孔子有些心动。

(2)以费畔:凭借费邑反叛季孙氏。费:费邑,季孙氏的采邑。畔(pàn):通"叛",反叛,背叛。

(3)召:召请。

(4)子路不说:子路不高兴。说(yuè):同"悦",高兴。

(5)末之也已:没有去的地方就算了。末:无,没有。之:到,去,用在此处指所要去的地方。也已:也就算了。已:止,算了。

(6)公山氏之之也:到公山弗扰那里去。之之:第一个"之"是宾语前置词,起倒装作用,将宾语"公山氏"提到谓语动词之前。第二个"之"是谓语动词,"到""去"的意思。

(7)夫召我者而岂徒哉:这召请我的人难道会做徒劳无益之事吗。夫:指示代词,这或那。岂:难道,岂会。徒:徒然,徒劳无益。

(8)为东周乎:在东方复兴周代的礼乐文明吧。为:营造,建设。东周:东方的周代礼乐文明。

【译文】

公山弗扰凭借费邑之地反叛季孙氏,派人召请孔子前去辅佐,孔子打算前往那里做官。子路不高兴地说:"没有去的地方就算了,何必要到公山弗扰那里去呢?"孔子说:"这召请我的人难道会做徒劳无益之事吗?如果有人用我做官,那么我将要在东方复兴周代的礼乐文明吧!"

【拓展】

鲁定公九年(公元前501年),公山弗扰召请孔子前去做官,孔子已年满五十。前一年,公山弗扰和阳货联合反叛季孙氏失败后,阳货逃往国外,公山弗扰逃回费邑,以费邑为依托发展势力。公山弗扰知道孔子德高望重,才学极高,又有强烈的为政做官愿望,就想借着孔子的名声把自己不好的名声给改一改,所以礼请孔子前去辅佐。

孔子也明白公山弗扰的需求和心思,所以想抓住这个机会,在费邑实行德政礼治,以复兴周代的礼乐文明和教化。这样,孔子的政治理想就有了实践舞台,还能用自己的所作所为感化、影响公山弗扰及当地百姓。如果真的能这样做,那对于孔子来说就是一件双赢的事情。但孔子最终还是有所顾虑,放弃了这次机会。

从孔子针对公山弗扰和阳货二人不同的态度来看,孔子对公山弗扰还抱一线希望,但对阳货是毫无好感和信任的。之前阳货也召请孔子出来做官,孔子一概拒绝。这一方面是因为阳货在孔子少年时就给孔子留下了盛气凌人、欺负弱小、蛮横无理的印象,另一方面是因为阳货僭越周礼、陪臣执国命,而公山弗扰在这方面相对好一些。

17.6 子张问仁于孔子

【原文】

子张问仁于孔子。孔子曰:"能行五者于天下,为仁矣。""请问之。"曰:"恭、宽、信、敏、惠。恭则不侮,宽则得众,信则人任焉,敏则有功,惠则足以使人。"

【引言】

这一章是孔子在给子张讲如何做才能成就仁道。

【释解】

(1)能行五者于天下:能够在天下做到这五方面。行:施行,做到。五者:五方面。

(2)为仁矣:就是仁人了。为:是。矣:了。

(3)恭:恭敬,谦恭。

(4)宽:宽厚,宽容。

(5) 信:信实,诚信。

(6) 敏:敏捷,勤敏。

(7) 惠:仁惠,惠及他人。

(8) 不侮:不受欺侮。

(9) 得众:得到民众的爱戴和拥护。

(10) 人任焉:他人的任用。焉:语气助词,表示肯定。

(11) 有功:有功绩,取得政绩或成绩。

【译文】

子张向孔子请教怎么做才是仁。孔子说:"能够在天下做到这五方面,就是仁人了。"子张问:"请问是哪五方面?"孔子说:"恭敬、宽厚、信实、勤敏、仁惠。恭敬就不会招致侮辱,宽厚就会得到民众的爱戴和拥护,信实就会得到他人的任用,勤敏就会取得优秀的政绩,仁惠就能够差使民众。"

【拓展】

第一,恭敬。孟子说:"爱人者,人恒爱之,敬人者,人恒敬之。"① 礼尚往来,"人敬我一尺,我敬人一丈",尊敬他人,就是尊敬自己。

第二,宽厚。忍一时风平浪静,退一步海阔天空。宽厚待人是君子的一大美德。

第三,信实。"民无信不立",信用是人与人交往和互生信任的凭据。孔子说:"人而无信,不知其可也。大车无輗,小车无軏,其何以行之哉?"②

第四,勤敏。勤敏就是勤勉而机敏。简单做人,积极做事。做事就是要勤勤恳恳,任劳任怨。做事的时候,不能想着自己干多了就吃亏,干少了就占便宜。做事就是做人,要认真庄敬,敢于担当。做事总是斤斤计较的人,不仅烦恼不断,也不会有多大成就和出息。

第五,仁惠。人活着不但要造福自己,而且要造福大众。孔子说:"己欲立而立人,己欲达而达人。"③ 范仲淹说:"先天下之忧而忧,后天下之乐而

---

① 孟子[M].万丽华,蓝旭,译注.北京:中华书局,2007:185.
② 论语[M].陈晓芬,译注.北京:中华书局,2016:20.
③ 论语[M].陈晓芬,译注.北京:中华书局,2016:75.

乐。"孟子说:"穷则独善其身,达则兼善天下。"①总之,惠及他人和社会是对君子的必然要求之一。

17.7 佛肸召,子欲往

【原文】

佛肸召,子欲往。子路曰:"昔者由也闻诸夫子曰:'亲于其身为不善者,君子不入也。'佛肸以中牟畔,子之往也,如之何?"子曰:"然。有是言也。不曰坚乎磨而不磷?不曰白乎涅而不缁?吾岂匏瓜也哉?焉能系而不食?"

【引言】

这一章,是晋国大夫范氏的一位家臣邀请孔子去做官。子路不满孔子去那个地方,于是和孔子又发生了一次争论。

【释解】

(1)佛肸(Bì xī):春秋末年晋国卿大夫赵鞅的家臣,中牟城宰官,后投靠范氏、中行氏。

(2)召:召请,邀请。

(3)昔者由也闻诸夫子曰:以前我仲由听老师这样说过。昔者:以前。由:仲由,字子路。闻:听。诸:之于。夫子:先生,老师,指孔子。

(4)亲于其身为不善者:亲自做坏事的人。亲于其身:亲身,亲自。为:做。不善:坏事。

(5)君子不入也:君子不到那里去。入:进入。

(6)以中牟畔:凭借中牟这个地方反叛。以:依托,凭借。中牟:地名,晋国的一个采邑,约在今河南省鹤壁市鹿楼乡。

(7)子之往也:你要到那里去。子:指孔子。之:那里。往:去到。

(8)如之何:为何,为什么。

(9)有是言也:有过这样的话。

---

① 孟子[M].万丽华,蓝旭,译注.北京:中华书局,2007:291-292.

(10)不曰:不是说。

(11)坚乎:坚硬的东西。乎:形容词后缀。

(12)磨而不磷:磨也磨不坏。而:也,又。磷:薄,磨损。

(13)白乎:洁白的东西。

(14)涅而不缁:用黑色的染料去染也染不黑。涅(niè):可做黑色染料的矾石,用在此处是名词动用,指用黑色染料涂染。缁(zī):黑色。

(15)吾岂匏瓜也哉:我难道是苦味的瓢葫芦吗。岂:岂是,难道是。匏(páo)瓜:俗称瓢葫芦,果实比葫芦大,对半剖开可做水瓢。

(16)焉能系而不食:怎么能悬挂在那里而不可食用呢。焉:怎么,哪里。系(jì):结,绑。

【译文】

佛肸召请孔子去他那里做官,孔子想去。子路说:"以前我仲由听老师这样说过:'亲自做坏事的人那里,君子不会去。'现在佛肸依托中牟这个地方反叛,老师却要到那里去,这是为什么呢?"孔子说:"是的,我说过这样的话。不是说坚硬的东西磨也磨不坏吗?不是说洁白的东西用黑染料去染也染不黑吗?我难道是苦味的瓢葫芦吗?怎么能悬挂在那里而不可食用呢?"

【拓展】

孔子坚持学以致用,学而优则仕。所以,他千方百计想寻找机会去为政做官,以实现自己德政礼治的理想。当在鲁国朝廷没有机会施展才华时,孔子多次想去某个采邑为政做官,以便一展才能。所以,公山弗扰召请时,他想去,最后因种种原因没去成,这次晋国中牟宰佛肸召请他,他又想去。但每次子路都给他泼冷水,说坏人所在的地方君子不能去,但孔子多次辩解说,君子必能坚守正道,出污泥而不染,不会受到任何坏的影响。孔子这种积极用世的心情溢于言表。

17.8 由也!女闻六言六蔽矣乎

【原文】

子曰:"由也!女闻六言六蔽矣乎?"对曰:"未也。""居!吾语女。好仁不好学,其蔽也愚;好知不好学,其蔽也荡;好信不好学,其蔽也贼;好直不好学,其蔽也绞;好勇不好学,其蔽也乱;好刚不好学,其蔽也狂。"

【引言】

这一章是孔子在给仲由讲解什么是"六言六蔽",即什么是六种美德和六种流弊。

【释解】

(1)由:仲由,字子路。

(2)女闻六言六蔽矣乎:你听说过六种美德和六种流弊了吗。女:通"汝",你。闻:听。言:美德。蔽:障碍,流弊。

(3)居:坐下来。

(4)语:告诉,跟……说。

(5)其蔽也愚:其流弊在于容易被愚弄。也:语气助词,表示停顿。愚:愚笨,易受愚弄。

(6)好知不好学:喜欢智慧却不喜欢学习。知:同"智",智慧。

(7)荡:放荡,行为不检。

(8)贼:伤害,害人害己。

(9)绞:过于急切,尖刻。

(10)乱:因鲁莽冲动而闯祸,搞乱秩序。

(11)刚:刚强,刚烈。

(12)狂:刚愎自用,狂妄自大。

【译文】

孔子说:"仲由,你听说过六种美德和六种流弊了吗?"子路回答说:"没有。"孔子说:"坐下来!让我告诉你。喜欢仁德但不喜欢学习,其流弊在于容易被愚弄;喜欢智慧但不喜欢学习,其流弊在于行为不检和放荡;喜欢信实但不喜欢学习,其流弊在于害人害己;喜欢正直但不喜欢学习,其流弊在于过于急切和尖刻;喜欢勇敢但不喜欢学习,其流弊在于容易鲁莽冲动而闯祸;喜欢刚强但不喜欢学习,其流弊在于刚愎自用和狂妄自大。"

【拓展】

这一章里,孔子讲了仁、智、信、直、勇、刚六种品德,但是这六种品德如果缺少了好学不倦这一基础就容易分别形成愚、荡、贼、绞、乱、狂六种流弊。这其实也是物极必反的规律。

首先,喜欢仁,但不学习,就容易难以辨别真仁假仁,而被假仁假义之人所蒙蔽。其次,喜欢智慧,但不学习,就容易不知天高地厚,自以为是,唯我独尊,行为上也会骄纵不受约束。再次,喜欢信实,但不学习,就容易得小信而失掉大信和正道,流于世俗和小人之党,最终害人害己。从次,喜欢正直,但不学习,就可能不分青红皂白,说话尖刻,伤害他人而不自知,甚至造成严重后果。此外,喜欢勇敢,但不学习,就容易急躁冒进,冲动犯傻,貌似勇敢实则冲动鲁莽,缺乏真正的智谋和策略。最后,喜欢刚强,但不学习,就可能一意孤行,愚顽固执,甚至狂妄自大,无法无天。由上可见,任何人,无论身上有多少优点,只要他不爱学习,就难免故步自封,走向反面,为他人徒增笑柄。

17.9 小子何莫学夫《诗》

【原文】

子曰:"小子何莫学夫《诗》?《诗》,可以兴,可以观,可以群,可以怨。迩之事父,远之事君;多识于鸟兽草木之名。"

【引言】

这一章是孔子在讲学习和念诵诗歌的好处。

【释解】

(1)小子:年幼的男孩,指孔子的学生们。

(2)何莫学夫《诗》:为何不学习这《诗》呢。何莫:何不,为何不。夫:指示代词,这或那。《诗》:《诗三百》。

(3)兴:激发对事物的喜爱之情和远大志向。

(4)观:观察体悟民间风俗习惯和人间生活百态。

(5)群:合群,与他人团结相处。
(6)怨:讽刺,讽谏。
(7)迩:近,近处。
(8)多识:广泛地认识。

【译文】

孔子说:"孩子们,你们为何不学习这《诗》呢?《诗》可以激发人们对事物的喜爱之情和远大志向;可以使人观察体悟民间风俗习惯和人间生活百态;可以使人懂得如何与他人和睦相处;可以使人懂得如何讽刺和讽谏,以抒发情绪情感。可以使人在近处侍奉好父母,在远处侍奉好君主;还能使人多多地认识鸟、兽、草、木的名称。"

【拓展】

对这一章,朱熹解释说:"感发志意,考见得失,和而不流,怨而不怒。人伦之道,诗无不备,二者举重而言。其绪余又足以资多识。学诗之法,此章尽之。读是经者,所宜尽心也。"①

《诗》是三百多首诗歌的总集。这些诗歌既有抒发男女情感,描述大自然之美,描写鸟兽虫鱼、树木花草等动植物的内容,又有描述和记录民间风俗习惯、社会百态和社情民意方面的内容。人们可以通过《诗》学会兴、观、群、怨等思想和能力,换言之,《诗》具有培育道德情感、审美情趣和志向,放松身心、增长知识和智慧等作用。清代学者顾栋高在《毛诗类释》中做了统计,"《诗经》中出现的动植物各物之名,谷类有二十种,蔬菜有三十八种,药物有十七种,草有三十七种,花果有十五种,木有四十三种,鸟也有木名一样多,而马的异名有二十七种,虫有三十七种,鱼有十六种。这是古代劳动人民长期在生产斗争中积累下来的广博的知识"②。可见,孔子强调年轻人要学习《诗》是有其道理和根据的。

---

① 朱熹.四书章句集注[M].北京:中华书局,2011:166.
② 来可泓.论语直解[M].上海:复旦大学出版社,2000:483.

17.10　子谓伯鱼曰

【原文】

子谓伯鱼曰:"女为《周南》《召南》矣乎？人而不为《周南》《召南》,其犹正墙面而立也与!"

【引言】

这一章是孔子教育儿子伯鱼要学习《诗·国风》中的《周南》《召南》。这两篇诗歌主要讲的是夫妇和谐相处之道。夫妇和谐相处之道即修身齐家之道,而修身齐家之道是治国、平天下之道的前提和基础。

【释解】

(1)女为《周南》《召南》矣乎:你学习《周南》《召南》这两篇诗歌了吗。女:通"汝",你。为:学习。《周南》:周公管辖下的南方地区的民歌,辖区大约包括今河南省西南部及湖北省西北部。《周南》包括《关雎》《葛覃》《卷耳》等十一篇。《召南》:召公管辖下的南部地域的民歌,包括《鹊巢》《采蘩》《草虫》《采苹》等十四篇。《周南》和《召南》都收在《诗·国风》中。

(2)其犹正墙面而立也与:那就像正面对着墙壁站立而无法行走一般。其:那。犹:就像,犹如。正:正对着。也与:亦作"也欤",表示感叹。

【译文】

孔子对伯鱼说:"你学习《周南》《召南》这两篇诗歌了吗？一个人如果不学习《周南》《召南》,那就像正面对着墙壁站立而无法行走一般!"

【拓展】

朱熹说:"《周南》《召南》,诗首篇名。所言皆修身齐家之事。正墙面而立,言即其至近之地,而一物无所见,一步不可行。"①

我们仔细阅读这两篇诗的内容可知,里面写了修身、齐家、治国、平天下

---

① 朱熹.四书章句集注[M].北京:中华书局,2011:166.

的道理,也写了君子做人处世的道理。在孔子看来,《诗》反映了民风民俗、做人处世以及为政做官的道理,其纯真无邪,正是修养身心、提高智慧的好内容。要想治国平天下,须先修身齐家;要想修身齐家,须先格物致知、诚意正心,因此,孔子提醒伯鱼先学这两篇。

17.11 礼云礼云

【原文】

子曰:"礼云礼云,玉帛云乎哉?乐云乐云,钟鼓云乎哉?"

【引言】

这一章是孔子感叹在当时的社会,礼和乐都失去了其实质意义而徒具形式。

【释解】

(1)礼云:礼仪呀。云:语气助词,不译。
(2)玉帛:玉器和丝织品,泛指国与国间交际、诸侯朝聘、嫁娶行聘或祭祀用的各种礼仪器物。
(3)云乎哉:语气助词,用于句末,表示反诘。
(4)乐:音乐。
(5)钟鼓:泛指钟和鼓等各种乐器。

【译文】

孔子说:"礼仪呀,礼仪呀,仅仅是指玉帛等礼仪器物吗?音乐啊,音乐啊,仅仅是说钟、鼓等乐器吗?"

【拓展】

内容和形式是相辅相成的。不存在没有内容的形式,也不存在没有形式的内容。但有时候,形式看似还在,但内容、实质、价值和意义已经发生了翻天覆地的变化。换言之,原有的内容已经变味了或者被新的内容取代了,

尽管其原先的形式被保留了下来。

在孔子生活的时代,礼仪和音乐的内容、实质、价值和意义已经发生了变化,君不君,臣不臣,父不父,子不子,但原先的许多礼仪和音乐形式却保留了下来。这就像腐败的食物,虽然表面上看还是原先的模样,但是已经腐败变味了。因此,孔子感叹之。

17.12 色厉而内荏

【原文】

子曰:"色厉而内荏,譬诸小人,其犹穿窬之盗也与!"

【引言】

这一章中,孔子把"色厉而内荏"的人比作"穿窬之盗"。

【释解】

(1)色厉而内荏:外表严厉凶猛但内心虚弱怯懦。厉:严厉,威猛。荏(rěn):虚弱,软弱。

(2)譬诸小人:用小人作比喻。

(3)其犹穿窬之盗也与:那就像钻洞和爬墙的盗贼吧。其:那。犹:就像。穿:穿洞,钻洞。窬(yú):通"逾",爬墙过去。也与:感叹词,"吧"。

【译文】

孔子说:"外表严厉凶猛但内心虚弱怯懦的人,用小人作比喻,那就像钻洞和爬墙的盗贼吧!"

【拓展】

"君子坦荡荡,小人长戚戚。"[1]不行正道,僭越周礼,违法乱纪的人,尽管表面上因握有权力而气势汹汹,或者狗仗人势,摆出一副严厉威严的面孔,但他们心里是忐忑不安、充满忧惧的。阳货是这样的人,公山不狃也是这样的人。

---

[1] 论语[M].陈晓芬,译注.北京:中华书局,2016:93.

17.13 乡愿,德之贼也

【原文】

子曰:"乡愿,德之贼也。"

【引言】

这一章是孔子对"乡愿"的批评和谴责。

【释解】

(1)乡愿:以众人之好恶为好恶、没有起码是非观念的人,这样的人也就是现在所说的好好先生,他们不问是非曲直,只求相安无事,谁也不敢得罪,人云亦云,见风使舵,四处讨好。

(2)贼:贼害,败坏,残害。

【译文】

孔子说:"以众人之好恶为好恶、没有起码是非观念的好好先生,是道德的败坏者。"

【拓展】

乡愿是随波逐流者,是随大流者。如果大家都说对,他也说对;如果大家都说错,他也说错。他没有主见,没有自己判断对错、是非、美丑的标准。所以,乡愿与坚持原则和正道的君子有着根本的区别。

孟子在解释"乡愿,德之贼也"时说:"非之无举也,刺之无刺也。同乎流俗,合乎污世。居之似忠信,行之似廉洁,众皆悦之,自以为是,而不可与入尧舜之道,故曰'德之贼'也。"[1]孟子认为,乡愿这种人看似没什么毛病,但往往似是而非,缺乏道德标准,看似忠信廉洁,大家都会说他不错,但若让他践行尧舜之道,他如何也做不到。事实上,这种人正是尧舜之道和君子之德的败坏者。孔子之所以憎恶乡愿,是因为乡愿的所作所为会毁坏真正的道德。

---

[1] 孟子[M].万丽华,蓝旭,译注.北京:中华书局,2007:341.

孔子认为,真正的君子是爱憎分明的,对仁、义、礼、智、信等善的东西坚定追求,对假、丑、恶的东西坚决摈弃,即君子是"乡人之善者好之,其不善者恶之"①。君子坚守正道,安贫乐道,而乡愿左右逢源,圆滑世故;君子忠信笃实,而乡愿投机取巧,见风使舵,明哲保身;君子待人接物不偏不倚,因时制宜,而乡愿毫无原则和底线,容易同流合污;君子坚持公正客观,而乡愿往往是墙头草随风倒。

因此,我们要做有操守和原则的君子,不做没有操守和底线的好好先生。

17.14 道听而涂说

【原文】

子曰:"道听而涂说,德之弃也。"

【引言】

这一章是孔子对"道听途说"这种不负责任的信息传播现象做的批评。

【释解】

(1)道听而涂说:道听途说,把在道路上听到的消息肆意传播。涂:通"途",道路,路途。说:乱讲,乱传。

(2)弃:背弃,抛弃。

【译文】

孔子说:"把在道路上听到的消息肆意传播,这是对道德的背弃。"

【拓展】

小道消息往往会以讹传讹,最后演变为谣言或不实消息。而任意传播不实消息,会引起社会恐慌或纷纷议论,具有很大的社会危害。譬如,有的人在网络上散布他人的隐私,或者传播肆意编造的虚假消息,不仅违反了道

---

① 论语[M].陈晓芬,译注.北京:中华书局,2016:177.

德规范,还涉嫌违反国家有关法规。孔子看不惯这种不道德的行为,给予其严厉的批判。

17.15　鄙夫可与事君也与哉

【原文】

子曰:"鄙夫可与事君也与哉?其未得之也,患得之;既得之,患失之。苟患失之,无所不至矣。"

【引言】

这一章是孔子对不在乎大仁大义而只在乎个人利益得失的鄙夫或小人发表的议论。

【释解】

(1)鄙夫:贪图个人利益、患得患失、为达目的而不择手段的人。

(2)可与事君也与哉:可以与他一起侍奉君主吗。也与哉:语气助词,表示疑问,"吗"。

(3)其未得之也:他没有得到官位的时候。其:他。也:语气助词,表示停顿。

(4)患得之:相当于"患不得之",担忧得不到官位。患:担心,担忧。

(5)苟患失之:如果他担忧失去官位。苟:如果,假使。

(6)无所不至矣:相当于"无所不用其极",不择手段。

【译文】

孔子说:"君子可以与鄙夫一起侍奉君主吗?鄙夫没有得到官位的时候,总是担忧自己得不到;他已经得到了,又唯恐失去它。如果他担忧失去官位,就会无所不用其极。"

【拓展】

小人往往没有道德底线,为达目的总会不择手段,什么事情都干得出

来。古训有云:"宁可得罪君子,不可得罪小人。"君子喻于义,小人喻于利。君子报恩,小人记仇。所以,君子要远小人,亲贤人;要交益友,不交损友。

17.16 古者民有三疾

【原文】

子曰:"古者民有三疾,今也或是之亡也。古之狂也肆,今之狂也荡;古之矜也廉,今之矜也忿戾;古之愚也直,今之愚也诈而已矣。"

【引言】

这一章是孔子在感叹世风日下,当代的人与古代的人相比,道德素质不可同日而语。

【释解】

(1)古者民有三疾:古代人有三种毛病。古者:古代。民:人。

(2)今也或是之亡也:现在恐怕都没有这样的人了。今也:现在。或:或许,大概,恐怕。是之亡也:倒装句,即"亡是也",没有这样的人。亡:通"无",没有。之:宾语前置词,不译。

(3)古之狂也肆:古代的狂人恣意自适,随心快意,但仍受约束。狂也:狂人,自高自大、狂傲狂野的人。肆:恣意自适,随心快意,但仍受法制和礼制约束。

(4)荡:放荡骄恣,放纵任性,不受约束。

(5)古之矜也廉:古代矜持的人刚直方正、有节操。矜也:矜持的人,高傲自负、自夸自大的人。廉:品行端正,有气节和节操。

(6)忿戾:动辄发怒,蛮横无理。

(7)古之愚也直:古代愚拙的人耿直坦率。愚也:愚笨的人,愚拙的人。直:耿直坦率,性情直爽。

(8)诈:欺诈,阴险狡诈。

(9)而已矣:仅此而已,罢了。

【译文】

孔子说:"古代人有三种毛病,现在恐怕都没有这样的人了。古代的狂人恣意自适,随心快意,但仍受约束,而现代的狂人放荡骄恣,放纵任性,不受约束;古代矜持的人刚直方正、有节操,而现代矜持的人却动辄发怒,蛮横无理;古代愚拙的人耿直坦率,而现代愚拙的人阴险狡诈,仅此而已。"

【拓展】

狂傲、矜持、愚拙这三者本身就是毛病。但古人的狂傲、矜持和愚拙还有着道德底线,局限在"肆"(恣意自适,心灵自由)、"廉"(不失节操)和"直"(直爽)的范围内。而孔子时代的狂傲、矜持和愚拙已经突破了这个边界,走向违背道德和礼制的方向,变成了"荡"(放荡不羁,行为不检点)、"忿戾"(喜怒无常,蛮横无理)、"诈"(阴险狡诈)。这种人心不古、世风日下和礼崩乐坏的风气日益严重,甚至到了无法理喻和根治的地步。孔子对此忧心忡忡,无奈而叹。

17.17 巧言令色

【原文】

子曰:"巧言令色,鲜矣仁!"

【引言】

这一章是孔子对花言巧语的人的品德所做的点评。

【释解】

(1)巧言:花言巧语,华丽的讨好人的话。
(2)令色:伪装和善讨好的表情。色:面色,面部表情。
(3)鲜矣仁:仁德稀少。鲜:稀少。

【译文】

孔子说:"爱讲花言巧语,总是装出一副和善讨好的神情,这种人仁德稀少啊!"

【拓展】

我同意来可泓对这一章与《学而篇》第三章内容重复的解释。"本章与《学而篇》第三章重出。梁皇侃认为是'弟子各记所闻,故重出之。'实际上这是编者的有意安排,是一个过渡段,让它发挥承上启下的作用。既是对上文的一个小结,又开启下文的论述,认为凡是耍嘴皮子的,比上面几种人的问题更大,甚至可以颠覆国家。"①

花言巧语的人,伪装出和颜悦色而讨好他人的人,阿谀奉承的人,往往都别有所图,工于心计,为达目的不择手段。齐桓公晚年受这样的小人迷惑而被活活饿死,尸体腐臭几十天后才被安葬。管仲在去世之前曾告诫齐桓公说:"易牙为了讨好君主能杀掉自己的儿子,开方为了讨好君主连父母都能背叛,竖刁为能到君主身边来甘受阉刑,这些人为了私利而无所不用其极,您千万要远离啊!"结果这些人不仅害死了齐桓公,还专权祸国,给齐国造成很大的内乱。

17.18 恶紫之夺朱也

【原文】

子曰:"恶紫之夺朱也,恶郑声之乱雅乐也,恶利口之覆邦家者。"

【引言】

这一章是孔子对改变传统雅正的衣服颜色、音乐的做法以及君主宠幸佞人的现象表达的厌恶和强烈不满。

【释解】

(1)恶(wù):厌恶,憎恶。

(2)紫之夺朱:紫色取代了正红色。紫:紫色。夺:夺取,攻占,用在这里是取代的意思。朱:正红色。古人认为青、赤、黄、白、黑为正色,象征着高贵。其他颜色为杂色,象征着卑贱。

---

① 来可泓.论语直解[M].上海:复旦大学出版社,2000:491.

(3)郑声:郑国流行的音乐。孔子认为这种流行音乐是靡靡之音。
(4)乱雅乐:搞乱了传统雅正的音乐。雅:典雅纯正。
(5)利口:花言巧语、谄媚奉承。
(6)覆邦家者:颠覆国家的人。邦:诸侯国,国家。家:卿大夫的采邑。

【译文】

孔子说:"我厌恶用紫色这种杂色取代正红色这一正色,厌恶用郑国流行的音乐搞乱传统雅正的音乐,厌恶用花言巧语、谄媚奉承颠覆国家的人。"

【拓展】

西周以象征高贵的青、赤、黄、白、黑为正色,其他颜色都是杂色。齐桓公喜欢紫色,上行下效,齐国国民都开始以穿紫色的衣服为时尚,西周所盛行的正色穿戴传统就被打破了。而春秋末年郑国兴起了流行音乐,而传统的雅乐边缘化了,这也是礼乐文化的一大变化。从穿戴到音乐时尚都反映了西周所固守的礼乐正统文化正日益遭到挑战和颠覆。这都是崇尚周礼文化的孔子是万万不能接受的,也是极其厌恶的。他认为这不是好事,说明社会正走向混乱,他对此很是不满和憎恶。但是,按今天的标准来看,时尚文化和人们的审美习惯不可能一成不变。"三十年河东,三十年河西",文化的发展也是如此。

17.19 予欲无言

【原文】

子曰:"予欲无言。"子贡曰:"子如不言,则小子何述焉?"子曰:"天何言哉?四时行焉,百物生焉。天何言哉?"

【引言】

孔子晚年回到鲁国后,更觉得冥冥之中自有天道。他开始相信万般皆是命,半点不由人。特别是"西狩获麟"事件发生后,孔子认为"吾道穷

矣"①，从此停下了《春秋》的编撰工作。这一章正是对孔子这种心境的描述。

【释解】

（1）予欲无言：我不想说话了。予：我。无：不。
（2）则小子何述焉：那么我们这些学生该如何传述呢。则：那么。小子：指孔子的学生们。何：如何，怎么。焉：助词，表示疑问，"呢"。
（3）天何言哉：上天说什么了吗。
（4）四时行焉：四季照常运行。四时：四季。
（5）百物生焉：各种生物照样生长。

【译文】

有一天孔子说："我不想说话了。"子贡问："您如果不说话了，那么我们这些学生该如何传述呢？"孔子回答说："上天说什么了吗？四季照常运行，各种生物照样生长，上天说什么了吗？"

【拓展】

苏联作家尼古拉·奥斯特洛夫斯基在《钢铁是怎样炼成的》这部小说中写道："人最宝贵的是生命。生命属于人只有一次。人的一生应当这样度过：当他回首往事的时候，不会因为碌碌无为、虚度年华而悔恨，也不会因为为人卑劣、生活庸俗而愧疚。这样，在临终的时候，他就能够说：'我已把自己的整个的生命和全部的精力献给了世界上最壮丽的事业——为人类的解放而奋斗。'"②

"功遂身退，天之道也"。③ 孔子晚年的心境也大约如此。从十五岁立志学习为政做官、做人处世之道，到周游列国十四年之久，这一生该努力的也努力了，该说的也说尽了，该编辑的也编辑好了，当做的也做了。这一生也就这样了，所以孔子自此甘心听从命运的安排。

---

① 司马迁.史记：全四册[M].萧枫，主编.哈尔滨：北方文艺出版社，2007：452.
② 奥斯特洛夫斯基.钢铁是怎样炼成的[M].曹缦西，王志棣，译.南京：译林出版社，1996：252.
③ 老子[M].饶尚宽，译注.北京：中华书局，2015：20.

17.20　孺悲欲见孔子

【原文】

孺悲欲见孔子,孔子辞以疾。将命者出户,取瑟而歌,使之闻之。

【引言】

这一章是描述孔子以患病为托词拒绝见一位名叫孺悲的鲁国人,其具体原因不详。孔子做事一定有他的道理。

【释解】

(1)孺悲:姓孺,名悲,鲁国人。鲁哀公曾派他向孔子学习士丧礼。
(2)辞以疾:以患病为拒见的托词。辞:拒绝,拒见。
(3)将命者:传话人。
(4)出户:出了入户门。户:指入户门。
(5)取瑟而歌:拿出瑟边弹边唱。
(6)使之闻之:使他能听到弹唱声。之:第一个"之"指孺悲,第二个"之"指孔子弹唱的声音。

【译文】

孺悲想拜会孔子,孔子以生病为由拒见。传话人刚走出入户门,孔子便拿出瑟边弹边唱,故意让孺悲能听到弹唱声。

【拓展】

因为这一章没有明确记载孔子拒见孺悲的原因,所以不同的学者只能做尽可能的推测。朱熹说:"孺悲,鲁人,尝学士丧礼于孔子。当是时必有以得罪者。故辞以疾,而又使知其非疾,以警教之也。"而程子说:"此孟子所谓'不屑之教诲',所以深教之也。"①

大致的意思是,孺悲想要拜见孔子,但孔子因为其不懂士与士的相见礼

---

① 朱熹.四书章句集注[M].北京:中华书局,2011:168.

仪,而以生病为借口拒绝见他。之后,孔子又弹又唱,意在表明自己实际上没有任何病。既然孔子没病,又不想见客人,这肯定是违礼的。但孔子高度重视尊礼守礼,又怎么会轻易违礼？所以,我们只能反推是孺悲先失礼,故孔子以此警示他。换言之,孔子没病,病在孺悲失礼。

17.21 三年之丧,期已久矣

【原文】

宰我问:"三年之丧,期已久矣。君子三年不为礼,礼必坏;三年不为乐,乐必崩。旧谷既没,新谷既升,钻燧改火,期可已矣。"子曰:"食夫稻,衣夫锦,于女安乎？"曰:"安。""女安,则为之。夫君子之居丧,食旨不甘,闻乐不乐,居处不安,故不为也。今女安,则为之！"宰我出。子曰:"予之不仁也！子生三年,然后免于父母之怀。夫三年之丧,天下之通丧也。予也有三年之爱于其父母乎？"

【引言】

这一章是宰我和孔子关于三年丧礼规制的争论。宰我认为丧礼持续三年时间太长了,会影响人们的工作和生活。但孔子坚持传统的规制,认为婴幼儿在父母怀中三年,孩子长大后就应该持守三年丧礼来尽孝。显然,宰我的观点更符合现代人的思想观念。

【释解】

(1)期已久矣:这个时间期限太久了。期:期限。已:太,过。矣:了。
(2)为礼:执礼,行礼。
(3)为乐:作乐,演奏音乐。
(4)既没:吃完,用完。
(5)既升:登场,出现。
(6)钻燧改火:古人钻木取火。生火后会留火种,长则一年换一次火种,短则每隔一个季节就要更换火种,并且四季所用木头也不尽相同。这就叫"改火",又称"变火"。周代按季节更换火种。《周礼·夏官·司爟》记载:

"掌行火之政令,四时变国火,以救时疾。"郑玄注说:"郑司农说以鄹子曰:'春取榆柳之火,夏取枣杏之火,季夏取桑柘之火,秋取柞楢之火,冬取槐檀之火。'"①

(7)期可已矣:一年时间就可以了。期(jī):一年。已矣:助词,"了"。

(8)食夫稻:吃着那好吃的稻米。食:吃。夫:那。稻:稻米。在孔子的时代,稻米是国君和大夫家常吃的食物。普通百姓平时很少吃得起这种在当时人看来比较好的食物。

(9)衣夫锦:穿着那好看的锦缎衣服。衣:穿。锦:锦缎衣服。在孔子的时代,条件好的家庭才能穿得起锦缎衣服。

(10)于女安乎:对于你来说,你能心安吗。于:对于。女:通"汝",你。

(11)食旨不甘:吃着美味的食物也不觉得甘甜。旨:美味。甘:甘甜,味道好。

(12)闻乐不乐:听着音乐也不觉得快乐。乐:第一个"乐"指音乐,第二个"乐"指快乐。

(13)居处不安:居住在住处也不觉得心安。处:住处。

(14)予之不仁也:宰予真不仁义啊。予:宰予,又称宰我。

(15)子生三年:孩子生下来三年。

(16)通丧:通行的丧礼。

【译文】

宰我问孔子说:"三年服丧,这个时间期限太久了。君子三年不行礼,礼仪必然会坏掉;三年不弹奏音乐,音乐就会荒疏。旧谷吃完,新谷登场,钻木取火,按季节更换火种,像这样服丧一年就可以了。"孔子说:"才一年的时间,你吃着那好吃的稻米,穿着那好看的锦缎衣服,对于你来说,你能心安吗?"宰我说:"能心安。"孔子说:"你能心安,那你就服丧一年吧。但君子服丧,吃着美味的食物也不觉得甘甜,听着音乐也不觉得快乐,居住在住处也不觉得心安,所以不会那样做。如今你能心安,那你就那样做吧!"宰我走出去后,孔子对其他学生说:"宰予真不仁义啊!孩子生下来三年之后,才能离开父母的怀抱。服丧三年,这是天下通行的丧礼。宰予对自己父母的爱有三年之久吗?"

---

① 周礼[M].钱玄,钱兴奇,王华宝,等注译.长沙:岳麓书社,2001:275.

【拓展】

古人为父母服丧长达三年。这在孔子看来合乎情理,因为儿女三岁之后才能离开父母的怀抱,所以儿女为父母服丧尽孝至少也应该用三年时间。但在宰我看来,这时间太长了,服丧一年就可以了,不然的话,会严重耽误和影响人们的学习、工作和生活。为父母各守丧三年,加起来就是六年。按现代人的观念看来,显然宰我说得更切合现实生活实际。但孔子过于强调周礼对"忠孝"的规制,墨守成规而不做变通,显得有些迂腐。

孔子这种固守周礼"忠孝"的思想,深刻影响了其学生曾子。曾子写了《孝经》,两千多年来对中国政治哲学和文化观念影响颇深。"曾子根据孔子所述的中国文化,著了《孝经》,为十三经之一。在《孝经》中,孝敬父母还是小孝,大孝者为大孝于天下,看天下的老百姓都如自己的父母一样,这是中国政治哲学的大原则。为政的人,把老百姓视如自己父母一样孝,改一个名字就是忠。所以从事政治的人,要有孝天下人之心。以这个道德的基础,出来从事政治,这是中国政治哲学的基本重点,也即《孝经》的基本重点。"①

17.22 饱食终日

【原文】

子曰:"饱食终日,无所用心,难矣哉!不有博弈者乎?为之,犹贤乎已。"

【引言】

这一章是孔子对懒惰成性、无所事事、不干正事的人和现象进行鞭挞。

【释解】

(1)终日:整日,整天。

(2)无所:没有什么。

(3)难矣哉:太难了啊。此句指难以取得成就和进步。

---

① 南怀瑾.论语别裁:下册[M].上海:复旦大学出版社,2015:722.

(4)博弈:赌输赢和下围棋的游戏。博:古代掷骰子等赌输赢的游戏。弈:下围棋。

(5)犹贤乎已:还比不干事要好许多。犹:仍然,还。贤:好过,胜过,强过。乎:于。已:停止,指不干事。

【译文】

孔子说:"整天吃饱喝足,没有什么用心,这要取得成就和进步就太难了!不是有赌输赢和下围棋的游戏吗?干干这些,还是要比无所事事要好。"

【拓展】

俗话说,勤劳的人会有各种幸运,懒惰的人则只有一种不幸。一个人如果不懒,还有救,但是一个人懒惰成性,那就无可救药了。因此,孔子憎恶无所事事、吊儿郎当的人。而下棋、赌输赢这样的游戏,尽管在古代也是休闲娱乐的活动,并不是为政做官、耕田那样的正事,但至少还能锻炼心智、愉悦身心,多少有些益处。所以,孔子痛恨懒惰成性胜于痛恨玩乐。

17.23 君子尚勇乎

【原文】

子路曰:"君子尚勇乎?"子曰:"君子义以为上。君子有勇而无义为乱,小人有勇而无义为盗。"

【引言】

这一章是孔子关于义和勇二者关系的论述。

【释解】

(1)尚勇乎:崇尚勇敢吗。

(2)义以为上:即"以义为上",把义作为最高尚的品德。上:上等,最高。

(3)乱:犯上作乱。

(4)盗:盗贼。

【译文】

子路问孔子说:"君子崇尚勇敢吗?"孔子说:"君子把义作为最高尚的品德,君子有勇无义就会犯上作乱,小人有勇无义就会去做盗贼。"

【拓展】

仁、智、勇是君子的三大品德。仁、义、礼、智、信被认为是一个人应有的五种最基本的品德。这一章中的君子指社会地位相对较高、掌握一定权力的人,而小人指一般老百姓。做官的人勇武,由忠孝节义来约束,就不会犯上作乱;一般百姓由忠孝节义来约束就不会去做盗贼。

17.24 君子亦有恶乎

【原文】

子贡曰:"君子亦有恶乎!"子曰:"有恶:恶称人之恶者,恶居下流而讪上者,恶勇而不礼者,恶果敢而窒者。"曰:"赐也亦有恶乎?""恶徼以为知者,恶不孙以为勇者,恶讦以为直者。"

【引言】

这一章是孔子在阐述君子爱憎分明,也有其憎恶的东西。

【释解】

(1)恶(wù):厌恶,憎恶。

(2)称人之恶者:宣扬他人不好的人。称:宣称,宣扬。恶(è):不好,丑恶。

(3)居下流而讪上者:处于下位而诋毁居上位者的人。讪(shàn):诋毁,诽谤。

(4)勇而不礼者:勇敢而无礼的人。

(5)果敢而窒者:果敢而固执己见的人。窒:阻塞不通,引申为固执己见,刚愎自用。

(6)徼以为知者:窃取他人成果而自以为聪明的人。徼(jiāo):窃取,抄袭。知:通"智",聪明,智慧。

(7)不孙以为勇者:把不谦逊视为勇敢的人。孙(xùn):通"逊",谦逊。

(8)讦以为直者:把攻击和揭发他人作为刚直的人。讦(jié):攻讦,揭发或攻击他人。

【译文】

子贡问孔子说:"君子也有憎恶的事吗?"孔子回答说:"有啊。君子憎恶这几种人:憎恶宣扬他人不好的人;憎恶处于下位而诋毁居上位者的人;憎恶勇敢而无礼的人;憎恶果敢而刚愎自用的人。"孔子问子贡说:"端木赐,你也有憎恶的事吗?"子贡回答说:"我憎恶窃取他人成果而自以为聪明的人,憎恶把不谦逊视为勇敢的人,憎恶把攻击和揭发他人当作刚直的人。"

【拓展】

这一章通过孔子和子贡的对话,总结了几种令人厌恶的人或做法。这几种不好的做法如下:说别人坏话;毁谤他人;粗鲁无礼;刚愎自用,听不进他人正确意见;抄袭他人成果,自作聪明;不谦恭而不知敬畏;喜欢攻讦他人而自以为正直。

总之,君子坚守正道,立场坚定,有爱有憎,爱憎分明。

17.25 唯女子与小人为难养也

【原文】

子曰:"唯女子与小人为难养也,近之则不孙,远之则怨。"

【引言】

这一章是孔子对难以处理与"女子"和"小人"的个人关系而陈述的观点。

【释解】

(1)唯:只,只有。

(2)女子:原意为女性、妇女、女人、未嫁的女子,用在此处指主人所宠幸的妻妾。

(3)小人:在《论语》中,"小人"是与"君子"意思相对的概念。"小人"原意可指地位低下的人、奸佞之臣、劳力者、普通百姓、缺乏教养的人、道德品质低劣的人、见识短浅的人、心胸狭隘的人或唯利是图的人等。这一章里的"小人"指主人所拥有或雇用的地位低下的臣子、家臣或奴仆。

(4)难养:难以教养和相处。

(5)孙(xùn):通"逊",谦逊。

(6)怨:抱怨,怨恨。

【译文】

孔子说:"只有主人所宠幸的妻妾和地位低下的臣子、家臣或奴仆是难以教养和相处的。对他们过于亲近,他们就会变得不谦逊;对他们过于疏远,他们就会心生怨恨。"

【拓展】

自古迄今,国君与宠臣、主人和妻妾、主人和仆从、上级和下级、长辈和晚辈或兄长和弟弟之间的主次、主仆、长幼等关系是难以拿捏和把握的。其根本原因在于身心修养的差距。如果双方都是君子,那么无论是上下级、主仆,还是一个家庭的不同成员之间,关系都是容易处理的和和谐的;但是,如果一方是修养好的君子,另一方是修养差的不知天高地厚的小人,或者双方都是小人,那么,这关系处理起来就不那么轻松了。所以《大学》才高度强调:"自天子以至于庶人,壹是皆以修身为本。"①

有的学者将这一章中的"女子"理解为"所有妇女或女人",从而推断出孔子有着严重的男尊女卑或轻视妇女的思想。孔子会轻视自己的母亲、女儿或侄女吗?显然不会。还有的学者把这一章的"小人"理解为"小孩子"或"所有百姓",这显然也是错误的。

---

① 朱熹.四书章句集注[M].北京:中华书局,2011:5.

17.26 年四十而见恶焉

【原文】

子曰:"年四十而见恶焉,其终也已。"

【引言】

这一章是孔子在谈人的修养的重要性。"人生七十古来稀",人走到人生一半路程的时候如果修养还是太差,那基本上就无可救药了。本章是本篇的最后一章,与本篇的第一章《阳货欲见孔子》形成首尾呼应。阳货飞扬跋扈、胡作非为,修养太差,孔子讨厌见他。

【释解】

(1)见恶焉:被人厌恶。见:被。恶:厌恶,讨厌。焉:语气助词,表示停顿。

(2)其终也已:他这一辈子就算完了。其:他。终:一辈子。也:语气助词,表示停顿。已:止,完了。

【译文】

孔子说:"年纪到了四十岁还被人厌恶,他这一辈子也就算完了。"

【拓展】

少小不努力,老大徒伤悲。"明日复明日,明日何其多。我生待明日,万事成蹉跎。"人生就是不断修炼心性的过程,也是从修身到齐家、治国和平天下的过程。这里的"治国、平天下"自然就是做一番对社会有益的力所能及的事业。

微子篇第十八

该篇共计11章。"其中,记孔子行动二章,记与孔子思想行动有关的人和事九章。有五章穿插了孔子的评述,篇幅不多。"①本篇主要论述了三点:贤能人才对于治国理政的重要性、儒家积极用世与道家隐士躲避世事的不同、执政者仁义治国和宽容对待仁人志士的重要性和必要性。

首先,人才关系到国家的兴衰存亡。商纣王时期有微子、箕子和比干等仁人,但商纣王不能用,最终商纣王成了末代君主。鲁国有柳下惠、孔子等仁人,但国君不重用他们,所以鲁国日益衰败。执政者亲小人、远贤臣只能导致治国人才流失。

其次,儒家积极用世的理念和精神。尽管儒家和道家都有"天下有道则现,无道则隐"的思想,但两者还是有些基本区别的。道家隐士一看天下无道,就避世隐居去了,但儒家知识分子不到最后一刻,只要有一线希望,就会积极用世,明知不可为而为之。执政者用他们,他们就从政做官,不用他们,他们就离开,即"用之则行,舍之则藏",无可无不可。

最后,执政者要实行德政礼治,宽容对待贤人志士。贤人志士都有自己的节操和性格秉性,比如柳下惠以"直道事人",宁折不弯,这就要求执政者宽宏大量,以礼相待。周公旦是治国用人的楷模,他严格自律,宽以待人,并要求儿子伯禽以仁义治国,和睦亲属,友爱大臣,对人不要求全责备。

---

① 来可泓.论语直解[M].上海:复旦大学出版社,2000:503.

18.1 微子去之

【原文】

微子去之,箕子为之奴,比干谏而死。孔子曰:"殷有三仁焉。"

【引言】

这一章是孔子在感叹商纣王时期有三位仁人,而他们不能被商纣王信任和重用。

【释解】

(1)微子去之:微子离开了商纣王。微子:微子启,子姓,宋氏,名启,商王帝乙的长子、商纣王帝辛的长兄,宋国开国国君。去:离开。之:代词,他,指商纣王帝辛。

(2)箕子为之奴:箕子做了他的奴隶。箕(jī)子:子姓,名胥余,商王帝乙的弟弟,帝辛的叔父。奴:奴隶。

(3)比干谏而死:比干因犯颜直谏被商纣王剖心而死。比干:商王帝乙的弟弟,帝辛的叔父。

(4)三仁焉:三位仁人。焉:语气助词,表示肯定。

【译文】

商纣王荒淫暴虐,微子离开了他,箕子做了他的奴隶,比干因犯颜直谏被他剖心而死。孔子说:"殷商有三位仁人。"

【拓展】

商朝的这三位仁人,因纣王倒行逆施,荒淫无道,微子逃离,周朝建立后被封为宋国开国之君;箕子为了自保装疯而被纣王降为奴隶,周朝建立后去了朝鲜半岛,建立了箕子朝鲜国;比干因为屡次强力劝谏商纣王,最终被挖心而死。

18.2 柳下惠为士师

【原文】

柳下惠为士师,三黜。人曰:"子未可以去乎?"曰:"直道而事人,焉往而不三黜?枉道而事人,何必去父母之邦?"

【引言】

这一章介绍柳下惠"直道事人"的高尚品德。

【释解】

(1)士师:掌管刑罚讼狱的法官。

(2)三黜:多次被免职。黜:罢免,免职。

(3)子未可以去乎:你不可以离开吗。

(4)直道而事人:用正直之道来侍奉君主。

(5)焉往:到哪里去。焉:哪里。

(6)枉道:非正直之道。

(7)父母之邦:祖国,指鲁国。

【译文】

柳下惠担任鲁国掌管刑罚讼狱的法官,多次被免职。有人问:"您不可以离开鲁国吗?"柳下惠回答说:"用正直之道来侍奉君主,到哪里去不会被多次罢官呢?不用正直之道来侍奉君主,何必离开祖国呢?"

【拓展】

上一章记述了商纣王时期的三位仁人,这一章又介绍了比孔子早出生169年的鲁国贤人柳下惠。柳下惠像孔子一样,都是以正直之道侍奉君主的人。

18.3 齐景公待孔子曰

【原文】

齐景公待孔子曰:"若季氏,则吾不能,以季、孟之间待之。"曰:"吾老矣,不能用也。"孔子行。

【引言】

这一章是在讲孔子在齐国被齐景公赏识,但最终由于齐国国内政治矛盾和利益的原因而不被任用、无奈离开齐国的故事。

【释解】

(1)待:接待,用在这里指齐景公在讲接待孔子的礼遇规格。
(2)季、孟之间:介于季孙氏和孟孙氏之间。鲁国孟孙氏地位低于季孙氏。
(3)不能用也:指不能用孔子。
(4)孔子行:孔子只好离开齐国。

【译文】

齐景公在谈到接待孔子的礼遇规格时说:"以像鲁国季孙氏上卿大夫那样的待遇规格对待孔子,那我做不到,就以介于季孙氏和孟孙氏之间的待遇规格对待孔子吧。"不久又说:"我垂垂老矣,不能用孔子了。"孔子只好离开。

【拓展】

鲁国发生内乱,时年三十五岁的孔子到了齐国,与齐景公一见如故。齐景公打算任用孔子为政做官,但齐国国相晏婴等人极力阻挠。齐景公自然欣赏孔子所说的"君君,臣臣,父父,子子",但是当时的齐国也像鲁国等国家一样,实权都分散在卿大夫手里。要想把权力从卿大夫手里拿过来,势必要损害这些卿大夫的根本利益,即便齐景公全力支持孔子,孔子的改革也未必能够成功。再者,晏婴在齐国实行的是简化刑法、废除酷刑、轻徭薄赋、勤政

爱民、富国强民、义利并行、简单实用的国策,这与重视上下尊卑礼仪的儒家思想形成了鲜明对比。晏子认为孔子那一套繁文缛节不适合齐国的民风民俗,空耗财力,也不切合齐国政治实际,无法推行。最终,生活节俭、秉公无私、谦恭下士、颇有政绩和名声的晏子说动了齐景公,孔子铩羽而归。

18.4 齐人归女乐

【原文】

齐人归女乐,季桓子受之,三日不朝,孔子行。

【引言】

这一章是在描述孔子"隳三都"失败后受到鲁国国君和季孙氏的冷落,而主动辞官离开鲁国,从此踏上周游列国之路的事情。

【释解】

(1)齐人归女乐:齐国人赠送了一些能歌善舞的女乐工、歌姬。归(kuì):通"馈",赠送。女乐:古代侍候统治阶级的女乐工、女性歌舞艺人(奴隶身份)。

(2)季桓子:季孙斯,姬姓,季氏,名斯,谥号"桓",史称季桓子,鲁国执政上卿。

【译文】

齐国人赠送了一些能歌善舞的女乐工、歌姬,季桓子接受了,好多天沉迷于歌声乐舞、声色犬马中,不上朝理政。孔子便离开鲁国,开始了周游列国之旅。

【拓展】

齐国担心孔子在鲁国治理有方,鲁国因此壮大而成为威胁齐国的势力,所以给鲁国送去乐工和歌舞艺人。而鲁国国君和季桓子也对孔子"隳三都"的做法失去了信心。季桓子多日不上朝,一方面是沉迷于女色和歌舞,另一方面也是做给孔子看。孔子看到在鲁国实行德政礼治已无希望,就抱着"良臣择主而事"的想法离开了鲁国,踏上了周游列国的漂泊寻觅之旅。

18.5 楚狂接舆歌而过孔子曰

【原文】

楚狂接舆歌而过孔子曰:"凤兮凤兮!何德之衰?往者不可谏,来者犹可追。已而!已而!今之从政者殆而!"孔子下,欲与之言。趋而辟之,不得与之言。

【引言】

这一章是在讲楚国隐士接舆在路上碰见孔子的时候,给孔子提出了"道不可行,请打道回府"的忠告。孔子想和这位隐士高人交谈,但对方避而不谈。

【释解】

(1)楚狂:楚国狂人。

(2)接舆:姓陆,名通,字接舆,楚国著名隐士。

(3)凤兮:凤凰啊。

(4)何德之衰:为何社会道德如此衰微呢。何:为何。之:助词,连接主谓结构。

(5)往者不可谏:过去的已经无可匡正。谏:谏阻,使改正,引申为挽回、匡正。

(6)来者犹可追:未来的还来得及改变。追:追赶,赶上,引申为改变、改正。

(7)已而:算了吧。

(8)殆:危险。

(9)趋而辟之:快走几步避开了孔子。辟(bì):通"避",避开。

(10)不得:不能。

【译文】

楚国狂人接舆唱着歌从孔子的车旁走过。他唱道:"凤凰啊,凤凰啊,为何社会道德如此衰微?过去的已经无可匡正,未来的还来得及改变。算了吧!算了吧!今天的从政者危险了!"孔子下车,想同接舆交谈,但他快走几步避开了孔子。孔子未能和他交谈。

【拓展】

道家隐士和儒家隐士虽然都奉行"用之则行,舍之则藏""天下有道则现,无道则隐"的原则,但彼此对这种思想的理解还是有着较大的不同。接舆就是一个道家的隐士,当他明知不可为,他就不去为政做官,而是不修边幅,隐居在民间过自己的生活。但孔子作为一个儒者,"明知山有虎,偏向虎山行",只要有一线希望,就做百分之百的努力。所以,孔子的一生就是与命运抗争的一生,积极进取的一生。他虽然做好了退隐的准备,但就是要去寻觅,要去尝试。不去尝试,又怎么能知道不可为呢?因此,孔子直到68岁的时候,才对求官出仕失去了希望,开始回国整理自己的讲义,删订"六经"。他把立功的心思去掉,只留下了立德和立言,并传之后世。

18.6 长沮、桀溺耦而耕

【原文】

长沮、桀溺耦而耕,孔子过之,使子路问津焉。长沮曰:"夫执舆者为谁?"子路曰:"为孔丘。"曰:"是鲁孔丘与?"曰:"是也。"曰:"是知津矣。"问于桀溺。桀溺曰:"子为谁?"曰:"为仲由"。曰:"是鲁孔丘之徒与?"对曰:"然。"曰:"滔滔者天下皆是也,而谁以易之?且而与其从辟人之士也,岂若从辟世之士哉?"耰而不辍。子路行以告。夫子怃然曰:"鸟兽不可与同群,吾非斯人之徒与而谁与?天下有道,丘不与易也。"

【引言】

这一章接着上一章讲孔子积极用世而不会像道家的隐士那样躲避世事的原因。

【释解】

(1)长沮(jǔ)、桀溺:春秋时楚国隐士。
(2)耦而耕:两人在一起耕地。耦(ǒu):两个一组,两人一起。
(3)问津:询问渡口在哪里。津:渡口。
(4)夫执舆者:那个执辔(pèi)驾车的人。夫:那。执舆:握着缰绳驾车。
(5)是知津矣:(他)一定要知道渡口在哪里啊。是:副词,表示肯定,必须,务必。
(6)子为谁:你是谁。子:你,您。
(7)滔滔者天下皆是也:天下到处是洪水滔滔,形容天下混乱。
(8)谁以易之:倒装句,即"以谁易之",靠谁来改变它呢。以:依靠,凭借。易:改变。
(9)且而与其从辟人之士也:而且你与其跟从逃避(不好的)人的人。且:而且。而:同"尔",你,指子路。从:跟从。辟:通"避",躲避,逃避。
(10)岂若从辟世之士哉:怎么能比得上跟从逃避社会的人呢。岂若:表示诘问,怎么比得上。辟世:逃避尘世或社会。哉:表示疑问,"呢"。
(11)耰而不辍:不停地播种并用土把播下去的种子盖上。耰(yōu):播下种子后再用耙给种子盖上土。
(12)行以告:走开去告诉孔子。以:而,以便。
(13)怃然:怅惘若失的样子。怃(wǔ):失望,失意。
(14)鸟兽不可与同群:我们不能与鸟兽合群共处。
(15)斯人之徒:此人的徒弟,指桀溺所说的"鲁孔丘之徒",即孔子的学生。
(16)丘不与易也:我孔丘就不会与你们去改变了。

【译文】

长沮、桀溺两人在一起耕地。孔子路过,叫子路去问渡口在哪里。长沮问子路:"那个握着缰绳驾车的人是谁?"子路说:"是孔丘。"长沮又问:"是鲁国的孔丘吗?"子路说:"是的。"长沮说:"那他一定要知道渡口在哪里啊!"子路又向桀溺打听。桀溺问:"你是谁?"子路说:"我是仲由。"桀溺又问:"你是鲁国孔丘的学生吗?"子路说:"是的。"桀溺说:"天下到处洪水滔

滔,混乱不堪,靠谁来改变现状呢?而且你与其跟从这个逃避坏人的人,还不如跟从我们这些逃避社会的人呢!"说完,他仍旧不停地播种和给种子盖土。子路走开并把情况告诉孔子。孔子对学生怅然若失地说:"我们是不能与鸟兽合群共处的,我不和你们在一起,还能和谁在一起呢?如果天下有道,我孔丘就不会与你们去改变了。"

【拓展】

许多学者把"谁以易之"和"斯人之徒"等理解错了。有的学者把"以"理解为"与……",而把"谁以易之"理解为"与谁一起来改变混乱的天下",实际上"谁以易之"是"以谁易之",即靠谁来改变天下混乱状况的意思。而有的学者把"斯人之徒"理解为"世上的人群",这显然是没有读懂这段话。孔子所说的"斯人之徒"是接着桀溺对子路说的"是鲁孔丘之徒与?"这句话而来的。也就是说,孔子在这里提到的"斯人之徒"是指孔丘本人的学生而言。这里孔子使用了诙谐幽默的语言。

总之,正如上一章所总结的那样,儒家与道家隐士对"用之则行,舍之则藏""天下有道则现,无道则隐"的原则的理解不尽相同。道家隐士明知不可为就不为,而儒家人士救世心切,明知不可为而为之,只要有一线希望,就会去做百分之百的努力。

18.7 子路从而后

【原文】

子路从而后,遇丈人,以杖荷蓧。子路问曰:"子见夫子乎?"丈人曰:"四体不勤,五谷不分,孰为夫子?"植其杖而芸。子路拱而立。止子路宿,杀鸡为黍而食之,见其二子焉。明日,子路行以告。子曰:"隐者也。"使子路反见之。至,则行矣。子路曰:"不仕无义。长幼之节,不可废也;君臣之义,如之何其废之?欲洁其身而乱大伦。君子之仕也,行其义也。道之不行,已知之矣。"

【引言】

这一章是子路在讲儒家积极用世的原因及观点。

【释解】

（1）子路从而后：子路跟从孔子出行落在了后面。

（2）丈人：老人，老翁。

（3）以杖荷蓧：拄着拐杖，肩上扛着除草工具。以：拿着，拄着。杖：手杖，拐杖。荷：肩扛。蓧（diào）：古代的一种除草工具。

（4）四体不勤：手脚都不好使了。四体：四肢，指两手两脚。勤：勤快，好使。

（5）五谷不分：五谷都分辨不清了。五谷：通常指稻、黍（黄米）、稷（粟，小米）、麦、菽（shū，豆类作物）。

（6）孰为夫子：（谁知）谁是你老师。

（7）植其杖而芸：把他的拐杖立在田中，就开始除起草来。植：立，树立，插在地上。芸：古同"耘"，除草。

（8）拱而立：拱手站立。

（9）止子路宿：让子路留宿他家中。止：使停住，留住。宿：住宿。

（10）为黍而食之：做黄米饭让子路吃。食（sì）：拿东西给人吃。

（11）见其二子焉：让他的两个孩子出来见客。见：使……见。焉：语气助词，表示肯定。

（12）反见之：返回去再见他。

（13）不仕无义：不做官是违背君臣大义的。仕：做官。

（14）乱大伦：破坏了根本的君臣伦理关系。乱：搞乱，破坏。

【译文】

子路跟从孔子出行落在了后面，遇到一位老人，老人拄着拐杖，肩上扛着除草工具。子路问："您看到我老师了吗？"老人说："我手脚都不好使了，五谷都分辨不清了，哪里还知道谁是你老师呢？"说完，老人把他的拐杖立在田中，就开始除起草来。子路拱手站立一旁。老人让子路留宿他家中，杀鸡做黄米饭让子路吃，还叫他的两个孩子出来见客。第二天，子路赶上孔子，把这件事告诉了他。孔子说："这是个隐士。"孔子叫子路返回去再见他。子路到了那里，老人已经走了。子路说："不做官是违背君臣大义的。长幼之间的礼节不可废弃，君臣之间的大义他又怎么能废弃呢？想要保持自身纯

洁,却破坏了根本的君臣伦理关系。君子做官,就是为了践行君臣之义。至于仁政之道行不通,我早已知道了。"

【拓展】

对于这一章的"四体不勤,五谷不分",不同的学者有着不同的理解。如,南怀瑾认为这句话针对的是孔子,是荷蓧丈人说孔子"这种人光在那里吹牛,也不去劳动劳动,连五谷都分不清楚,一天到晚只在那里用头脑,用嘴巴吹牛,我才不认识你的什么老师"①。李零也持类似的观点:"子路说,您看见我的老师了吗?老头说,你们这些人,四体不勤,五谷不分,谁是你的老师?"②

清代朱彬《经传考证》说:"宋吕本中《紫薇杂说》曰:'四体不勤二语,荷蓧丈人自谓。'其说得之。"③《平议》又云:"两'不'字,并语词。不勤,勤也;不分,分也。"④来可泓则把"四体不勤,五谷不分"的主语理解为子路。他翻译说:"子路问道:'你看见我的老师了吗?'老翁说:'你这个人手脚不勤劳,五谷分不清,谁知道你的老师?'"⑤仁者见仁,智者见智。我赞同朱彬的观点。

18.8 逸民

【原文】

逸民:伯夷、叔齐、虞仲、夷逸、朱张、柳下惠、少连。子曰:"不降其志,不辱其身,伯夷、叔齐与!"谓柳下惠、少连"降志辱身矣,言中伦,行中虑,其斯而已矣"。谓虞仲、夷逸"隐居放言,身中清,废中权。我则异于是,无可无不可"。

【引言】

这一章是孔子在谈论历史上几位品德高尚、超凡脱俗的人。而孔子认

---

① 南怀瑾.论语别裁:下册[M].上海:复旦大学出版社,2015:742.
② 李零.丧家狗:我读《论语》[M].太原:山西人民出版社,2007:316.
③ 刘宝楠.论语正义:全二册[M].高流水,点校.北京:中华书局,1990:724.
④ 刘宝楠.论语正义:全二册[M].高流水,点校.北京:中华书局,1990:724.
⑤ 来可泓.论语直解[M].上海:复旦大学出版社,2000:512.

为自己与他们不同,自己是"用之则行,舍之则藏",无可无不可。

【释解】

(1)逸民:品德高尚、超凡脱俗的人。

(2)虞仲:周太王古公亶父的次子、吴太伯之弟,名仲雍。太伯和虞仲主动让位给季历。

(3)夷逸:春秋时人,周大夫夷诡诸后裔,终身隐居不仕。

(4)朱张、少连:古代逸民,身世和事迹不可考。

(5)不辱其身:不辱没其身份。

(6)言中伦:说话符合伦理。中(zhòng):符合,合乎。

(7)行中虑:行为符合事前的思考。

(8)其斯而已矣:大概仅此而已了,不过如此。其:也许,大概。斯:这样。而已矣:罢了。

(9)放言:发表正直的言论。放:发表,发出。

(10)身中清:自身符合清高的要求,指保持自身清高或高洁。

(11)废中权:放弃权力符合通权达变。废:放弃官职或权力。权:权变。

(12)异于是:与此不同。是:这,这些。

【译文】

品德高尚、超凡脱俗的人有:伯夷、叔齐、虞仲、夷逸、朱张、柳下惠、少连。孔子说:"不降低其志向,不辱没其身份,是伯夷和叔齐吧!"孔子说柳下惠、少连是"降低其志向,辱没其身份,但说话符合伦理,行为符合事前的思考,仅此而已"。孔子说虞仲、夷逸是"虽避世隐居,但也发表正直的言论,能保持自身高洁,放弃权力又符合通权达变。我就与他们不同,没有什么可以,也没有什么不可以"。

【拓展】

孔子曾说:"志于道,据于德,依于仁,游于艺。"①孔子认为这些品德高尚、与众不同的人,尽管都能"志于道,据于德,依于仁",却不能"游于艺"。

---

① 论语[M].陈晓芬,译注.北京:中华书局,2016:79-80.

伯夷和叔齐是孤竹国国君的儿子,具有继承君位的资格,但都为了让位之名而拒绝继位,白白丧失了行道的条件,后又不能通权达变,不吃周朝的粮食而饿死于首阳山;柳下惠、少连则是以直道事君,明知耿直会得罪君主,却不知权变,故多次被罢官和启用,吃一堑不长一智;虞仲、夷逸保持洁身自爱,避世隐居,却还屡屡发表正直的言论,这是不想隐居却隐居了。而孔子却能做到"志于道,据于德,依于仁,游于艺"这四方面。为此,孟子高度评价说:"可以仕则仕,可以止则止,可以久则久,可以速则速,孔子也。"[1]孔子当说则说,不当说则不说;当做则做,不当做则不做。孔子积极用世,至于能否成功,则顺天应命。

18.9 大师挚适齐

【原文】

大师挚适齐,亚饭干适楚,三饭缭适蔡,四饭缺适秦,鼓方叔入于河,播鼗武入于汉,少师阳、击磬襄入于海。

【引言】

这一章记述的是鲁国的乐官和乐师流失到各国的情况。

【释解】

(1)大师挚:鲁国太师挚。大师:太师,鲁国官职最大的乐官。挚:人名。

(2)适齐:到齐国去了。适:前往,到达。

(3)亚饭干:鲁国国君第二次进餐时奏乐的乐师干。古时,天子诸侯进餐时要奏乐。乐师分为亚饭、三饭、四饭。干:人名。

(4)三饭缭:鲁国国君第三次进餐时奏乐的乐师缭。缭:人名。

(5)四饭缺:鲁国国君第四次进餐时奏乐的乐师缺。缺:人名。

(6)鼓方叔:鲁国击鼓的乐师方叔。方叔:人名。

(7)入于河:到了黄河一带。

(8)播鼗武:鲁国摇拨浪鼓的乐师武。播:通"簸",摇动。鼗(táo):拨

---

[1] 孟子[M].万丽华,蓝旭,译注.北京:中华书局,2007:58.

浪鼓一类的乐器。武：人名。

(9)入于汉：到了汉水一带。

(10)少师阳：鲁国少师阳。少师：乐官名，地位次于太师。阳：人名。

(11)击磬襄：击磬的乐师襄。击磬：敲磬的乐师。襄：人名。

(12)入于海：到了海滨一带。

【译文】

鲁国太师挚到齐国去了，国君第二次进餐时奏乐的乐师干到楚国去了，第三次进餐时奏乐的乐师缭到蔡国去了，第四次进餐时奏乐的乐师缺到秦国去了，击鼓的乐师方叔到了黄河一带，摇拨浪鼓的乐师武到了汉水一带，少师阳和击磬的乐师襄到了海滨一带。

【拓展】

鲁哀公时，"三桓"势力坐大，国君地位衰微，政治混乱，乐官四处逃散。

18.10 君子不施其亲

【原文】

周公谓鲁公曰："君子不施其亲，不使大臣怨乎不以。故旧无大故则不弃也。无求备于一人！"

【引言】

这一章是记述周公旦告诫儿子伯禽要以仁义治国，和睦亲属，友爱大臣，对人不要求全责备。

【释解】

(1)鲁公：伯禽，姬姓，名禽，周公旦长子，周武王之侄，鲁国第一任国君。

(2)施其亲：怠慢其亲属。施(chí)：通"弛"，毁坏，废弃，引申为怠慢、疏远。

(3)怨乎不以:对不任用他们产生抱怨。怨:对……抱怨。以:用,任用。

(4)故旧无大故:故交旧友没有大的过错。故旧:老朋友。大故:大的过错。

(5)无求备:不求全责备。

【译文】

周公对鲁公说:"君子不怠慢其亲属,不使大臣因不被任用而产生抱怨,故交旧友没有大的过错就不要抛弃他们,不要对人求全责备。"

【拓展】

这一章中,周公旦告诫儿子伯禽要重视亲情和友情。滴水之恩当涌泉相报。在以血缘关系为基础的宗法制社会里,亲情和友情是稳定社会和人心的重要基础。打虎亲兄弟,上阵父子兵,一个好汉三个帮。此外,人非圣贤,孰能无过?不是大的过错,就不要把人一棍子打死。

18.11 周有八士

【原文】

周有八士:伯达、伯适、仲突、仲忽、叔夜、叔夏、季随、季騧。

【引言】

这一章记录了周朝八位贤士的名字。

【释解】

(1)八士:八位贤士

(2)伯达、伯适(kuò)、仲突、仲忽、叔夜、叔夏、季随、季騧(guā):周朝的八位贤士,生平事迹不详。

【译文】

周代有八位贤士:伯达、伯适、仲突、仲忽、叔夜、叔夏、季随、季騧。

【拓展】

　　这一章举出这些贤士的名字,主要目的在于提醒人们要注意培养和任用贤能人才。周代因为有周公、姜子牙、召公等众多贤能之士辅佐君主,所以才能享国约八百年之久。

子张篇第十九

该篇共计25章。"其中,记子张论述二章,记子夏论述十一章,记子游论述二章,记曾参论述四章,记子贡论述六章。"①本篇记述了孔子的学生对孔子思想的发挥和发展。具体内容大致包括君子做人处世之道、交友之道、学习之道、君子学问威仪气度、服丧尽孝之道、从政注意事项、改正错误的勇气、教学方式方法、对孔子品格的评价和声誉的维护,以及对学习、志向、求教、思考与仁之间的关系,对做官与学习的关系,对笃实信道、不倦学习等的论述。全篇强调君子要具有仁、义、礼、智、信、勇等品德,广交朋友,谨慎择友,广博学习,认真思考,并持之以恒。

19.1 士见危致命

【原文】

子张曰:"士见危致命,见得思义,祭思敬,丧思哀,其可已矣。"

【引言】

这一章是子张在讲如何做贤士。

【释解】

(1)见危致命:看到国家遇到危难能挺身而出,勇于献身。致:献出,送出。

(2)见得思义:看到利益能想到忠义。得:指权、财、色、名等利益。

---

① 来可泓.论语直解[M].上海:复旦大学出版社,2000:520.

(3)祭:祭祀。

(4)丧:居丧,服丧。

(5)其可矣:大概可以了。其:也许,大概。可已矣:可以了。

【译文】

子张说:"贤士看到国家遇到危难能挺身而出、勇于献身,看到利益能想到忠义,祭祀时能想到庄敬,服丧时能想到哀伤,大概就可以了。"

【拓展】

子张在这里谈到了报效国家、重义轻利、诚敬天地祖先、服丧尽孝四方面。首先,报效国家。覆巢之下岂有完卵?国家兴亡,匹夫有责;"人生自古谁无死,留取丹心照汗青"。其次,重义轻利。君子喻于义,小人喻于利。如何对待义和利是区分君子和小人的根本标准。重义轻利的是君子,重利轻义的是小人。再次,诚敬天地祖先。孔子说:"君子有三畏:畏天命,畏大人,畏圣人之言。小人不知天命而不畏也,狎大人,侮圣人之言。"[1]最后,服丧尽孝。孝悌是仁、义、礼、智、信之根本,"君子务本,本立而道生"[2]。

19.2 执德不弘

【原文】

子张曰:"执德不弘,信道不笃,焉能为有?焉能为亡?"

【引言】

这一章是子张在强调弘扬仁德和笃实信道的重要性和必要性。

【释解】

(1)执德:坚持道德。执:坚持。

(2)弘:弘扬广大。

---

[1] 论语[M].陈晓芬,译注.北京:中华书局,2016:225.
[2] 论语[M].陈晓芬,译注.北京:中华书局,2016:2.

(3)信道:信守仁道。

(4)笃:笃行,忠实推行。

(5)焉能为有:怎么能算为有。焉:如何,怎么。为:算为,说是。

(6)亡(wú):通"无",没有。

【译文】

子张说:"坚持道德却不弘扬广大它,信守仁道却不忠实推行它,这样的人怎么能算是有道德和推行仁道的呢?又怎么能说他们没有道德和不推行仁道呢?"

【拓展】

朱熹对这一章解释说:"有所得而守之太狭,则德孤;有所闻而信之不笃,则道废。焉能为有无,犹言不足为轻重。"①

子张谈了两点:如何证明你是有道德的?又如何证明你是信守仁道的?其最终的结论是必须弘扬道德和忠实推行仁道,才能一目了然。这里其实指出了知行合一的问题。知指对事物的认识,行指人的实际行动。认识来源于实践,实践是检验真理的唯一标准。俗话说:"光说不练假把式,光练不说傻把式,又练又说才是真把式。"总之,知行要合一,言说和思想要靠实际行动来证明。

19.3　子夏之门人问交于子张

【原文】

子夏之门人问交于子张。子张曰:"子夏云何?"对曰:"子夏曰:'可者与之,其不可者拒之。'"子张曰:"异乎吾所闻:君子尊贤而容众,嘉善而矜不能。我之大贤与,于人何所不容?我之不贤与,人将拒我,如之何其拒人也?"

---

① 朱熹.四书章句集注[M].北京:中华书局,2011:175.

【引言】

这一章记录了子夏和子张二人关于交友之道的看法。

【释解】

(1)门人:学生。

(2)问交于子张:向子张请教如何交友。于:向。

(3)云何:说什么。

(4)可者与之:可交往的与他交。之:代词,他。

(5)异乎吾所闻:不同于我所听到的。

(6)容众:容纳众人。

(7)嘉善而矜不能:褒奖好人而怜恤无能的人。嘉:夸奖,褒奖。矜:怜悯,怜恤。

(8)大贤与:十分贤能的人。与(yú):同"欤",语气助词,表示反诘。

(9)如之何其拒人也:如何又能拒绝他人呢。如之何:如何,怎样。其:助词,又。也:语气助词,呢。

【译文】

子夏的学生向子张请教如何交友。子张问:"子夏说了什么呢?"子夏的学生回答说:"子夏说:'可交往的与他交,不可交往的就拒绝。'"子张说:"这和我所听到的不一样。君子尊敬贤人,也容纳众人;君子褒奖好人,也怜恤无能的人。如果我是十分贤能的人,对于他人有什么不能容纳的呢?如果我不贤能,他人将拒绝与我交往,我又如何能拒绝他人呢?"

【拓展】

东汉蔡邕在《正交论》中说:"商也宽,故告之以拒人;师也褊,故训之以容众,各从其行而矫之。"①也就是说,孔子教育学生是因材施教,有所偏重的。子夏为人过于宽厚,容易被人利用和欺骗,所以,孔子告诫他要谨慎交友;而子张为人太挑剔,孔子便劝他要宽容。也就是说,虽然二人都是孔子

---

① 蔡邕.蔡邕集编年校注[M].邓安生,编.石家庄:河北教育出版社,1999:73.

的学生,但从孔子那里得到的教诲有所不同。

开出不同的药方是因为要治疗不同的病症。孔子对症下药,无可厚非。因此,这两种交友之道要用对人。谨慎交友当如子夏,广泛交友当如子张。总体上讲,子张的交友之道要比子夏的高明一些。因为谨慎交友容易失人,广泛交友容易得人。但无论是谨慎交友还是广泛交友,我们首先必须保证交到的是益友而不是损友。孔子说:"益者三友,损者三友。友直,友谅,友多闻,益矣。友便辟,友善柔,友便佞,损矣。"[1]

19.4 虽小道,必有可观者焉

【原文】

子夏曰:"虽小道,必有可观者焉;致远恐泥,是以君子不为也。"

【引言】

这一章是子夏在谈人的学问和修养方面的一些道理。人赖以维生的技能有小技能(小道),也有大技能(大道)。小技能指各种专业、手艺方面的技能,如耕田、做手工、治病、占卜、经商等;大技能指为政做官、治国理政、治学教育、科学研究等方面的技能。

【释解】

(1)小道:小技能,各种专业、手艺方面的技能。
(2)可观者焉:可取之处。焉:语气助词,表示肯定。
(3)致远:致力于远大理想,追求远大目标或崇高事业。
(4)恐泥:恐怕会受到妨碍。泥(nì):阻滞,妨碍。
(5)是以:因此。
(6)不为:不做。

【译文】

子夏说:"即使是小技能,也必定有其可取之处,但是如果用全部时间和

---

[1] 论语[M].陈晓芬,译注.北京:中华书局,2016:223-224.

精力钻研这些小技能,恐怕会妨碍人们追求远大理想和崇高事业。因此,君子不会去做这样的事。"

【拓展】

朱熹说:"小道,如农圃医卜之属。泥,不通也。"① 杨氏说:"百家众技,犹耳目鼻口,皆有所明而不能相通。非无可观也,致远则泥矣,故君子不为也。"②

对于"学而优则仕"的儒者而言,为政做官,治国理政,修身、齐家、治国、平天下,这些是大道,是大技能、大事业、"大人"之事,而像种田、治病、经商、做手工等是养家糊口的小技能,是雕虫小技、"小人"之事。当然,这种"学而优则仕"的思想更适合于比较初级的农业文明社会,不适用于今天高度发达的工业社会和后工业社会,具有时代局限性。

到了今天,人虽然没有高低贵贱之分,但也有社会分工上的不同。"三百六十行,行行出状元。"生有涯而知无涯。每个人的时间和精力都是有限的,每个人都必须根据自己的兴趣、天赋和条件做出不同的职业选择。君子有所为,有所不为;有所舍,有所不舍。

19.5 日知其所亡

【原文】

子夏曰:"日知其所亡,月无忘其所能,可谓好学也已矣。"

【引言】

这一章是子夏在谈温故而知新、日积月累的学习道理。

【释解】

(1)日:每天。

(2)所亡:所不知道的新知识。亡(wú):通"无",没有,不知道。

---

① 朱熹.四书章句集注[M].北京:中华书局,2011:176.
② 朱熹.四书章句集注[M].北京:中华书局,2011:176.

(3)月:每月。

(4)所能:已经掌握的或学会的知识。

(5)好学也已矣:好学了。也已矣:语气助词,了。

【译文】

子夏说:"每天学到一些新知识,每月温习巩固所学的旧知识,这就可以称之为好学了。"

【拓展】

这一章是子夏阐述和发挥孔子温故而知新的学习思想。荀况在《劝学篇》中说:"锲而舍之,朽木不折;锲而不舍,金石可镂。"①也是在强调坚持不懈、日积月累、持之以恒对于学习的重要性。俗语说:"只要功夫深,铁杵磨成针。"一个人只要能够做到日新、日新、日日新,博学又强记,百尺竿头,也会更进一步。

19.6 博学而笃志

【原文】

子夏曰:"博学而笃志,切问而近思,仁在其中矣。"

【引言】

这一章是子夏在讲学习、志向、求教、思考与仁之间的关系。

【释解】

(1)博学:广博地学习。

(2)笃志:坚定志向。

(3)切问:恳切求教。问:问询,求教。

(4)近思:多思考当前现实的问题。

---

① 荀子.荀子:一[M].邓启铜,点校.南京:南京大学出版社,2014:6-7.

【译文】

子夏说:"广博地学习并坚定自己的志向,恳切求教并多思考当前现实的问题,仁就在其中了。"

【拓展】

学以致用,知行合一。学习知识必须与现实社会实际相结合。君子志于道,据于德,然后广泛地学习,不懂就问,并结合现实问题进行思考,研究如何治国理政,如何处理当下的社会问题,仁德自然就在其中不断增长了。

19.7 百工居肆以成其事

【原文】

子夏曰:"百工居肆以成其事,君子学以致其道。"

【引言】

这一章是子夏在讲君子掌握仁道的真谛在于学习。

【释解】

(1)百工居肆:各行各业的工匠在他们的作坊或工场里。肆:作坊,工场。

(2)成其事:完成他们要做的事情。

(3)致其道:掌握君子之道的真谛。致:掌握。道:仁道,君子之道。

【译文】

子夏说:"各行各业的工匠在他们的作坊或工场里完成他们的活计,君子则通过学习掌握君子之道的真谛。"

【拓展】

朱熹解释说:"肆,谓官府造作之处。致,极也。工不居肆,则迁于异物

而业不精。君子不学,则夺于外诱而志不笃。"①工匠如果不在作坊里认真工作,而是见异思迁的话,就无法将技艺学精,同样地,君子如果不好好学习,而是被外面的利益所诱惑,也无法坚定自己的志向。百工成事与君子致道,都需要专心致志。

关于"道",南怀瑾有个简单的解释。他说:"一切学问为了道而学,知识学问都是为了培植这个道,知识并不就是道。'道'是什么呢?……我们可以简单地分三方面来讲:有它的体,有它的相,有它的用。体就是中心,形而上的。相就是它的现象,譬如全部《四书》所讲的关于人生的行为思想,都是道的相,这个相为达到人生目的就是用。这是简单的解释'道'的体、相、用。"②这里权且做个参考吧。

19.8　小人之过也必文

【原文】

子夏曰:"小人之过也必文。"

【引言】

这一章是子夏在讲君子犯错就及时改正,不要像小人那样不改正错误,而是极力掩饰错误。

【释解】

(1)过也:过错。也:语气助词,表示停顿。
(2)必文:一定会掩饰。文(wèn):掩饰。

【译文】

子夏说:"小人犯了过错,一定会掩饰。"

---

① 朱熹.四书章句集注[M].北京:中华书局,2011:176.
② 南怀瑾.论语别裁:下册[M].上海:复旦大学出版社,2015:758-759.

【拓展】

朱熹说:"小人惮于改过,而不惮于自欺,故必文以重其过。"① 孔子说:"过而不改,是谓过矣。"②

这一章里,子夏讲到君子和小人的一个区别,那就是小人习惯于自欺欺人,而对改过充满恐惧;君子则与之相反,君子不会文过饰非,总是有则改之,无则加勉。曾子每天都要多次反省自己,只怕自己为人谋事不忠诚,对朋友不诚信,以及对老师讲授的东西还没有复习巩固。曾子就是善于反省自身、勇于改过和修身正己的典范。

19.9 君子有三变

【原文】

子夏曰:"君子有三变:望之俨然,即之也温,听其言也厉。"

【引言】

这一章是子夏在谈君子的神情、神态和气度。

【释解】

(1)三变:三种变化。
(2)俨然:庄重严肃的样子。
(3)即之:接近,靠近。
(4)温:温和友善。
(5)厉:严厉,严格。

【译文】

子夏说:"君子让人感觉有三种神态变化:远远望去庄严肃穆,近处看时又温和儒雅,听到其讲起话来又威严峻厉。"

---

① 朱熹.四书章句集注[M].北京:中华书局,2011:176.
② 论语[M].陈晓芬,译注.北京:中华书局,2016:214.

【拓展】

这一章描写了远看、近看和听闻君子形象和言语的三种情况。远看的是庄敬的神态,近看的是友善的情状,而听到的则是君子庄重、谨慎和严格的话语。

19.10　君子信而后劳其民

【原文】

子夏曰:"君子信而后劳其民,未信则以为厉己也。信而后谏,未信则以为谤己也。"

【引言】

这一章是子夏在谈君子赢得信任与向君主进谏、役使百姓之间的关系。

【释解】

(1)信而后:取得信任以后。
(2)劳其民:劳民动众,役使民众。
(3)未信:未取得信任。
(4)厉:虐害,欺压,虐待。
(5)谏:进谏,规谏。
(6)谤己:诽谤自己,恶意攻击自己。

【译文】

子夏说:"君子必须在取得信任之后才劳民动众,否则百姓就会以为君子是在欺压虐害自己;君子必须在取得信任之后才去进谏,否则君主就会以为君子是在诽谤自己。"

【拓展】

诚信为人之本。人无信不立,事无信不成。孔子说:"自古皆有死,民无信不立。"①言不信,行不果。百姓信任你,才会听从你的召唤和劳动安排;领导信任你,才会听从你的谏言和建议。这是因为信任是开启心扉的钥匙,诚挚是沟通心灵的桥梁。如果不能取信于民,民众就会以怀疑来对抗你;如果不能取信于领导,则领导就会对你所说所做的都抱有抵触的心理,甚至怀疑你别有用心。因此,从古至今,信用是一个人立身处世的名片。

19.11 大德不逾闲

【原文】

子夏曰:"大德不逾闲,小德出入可也。"

【引言】

这一章是子夏关于大德和小德的论述。

【释解】

(1)大德:大节,重大原则问题。
(2)逾闲:亦作"踰闲",越出法度。逾:超越,越出。闲:木栏之类的遮拦物,引申为伦理道德的规范、界限。
(3)小德:小节,无关大局的琐碎事情或微不足道的小问题。
(4)出入可也:有些出入是可以的。出入:差距,变化。

【译文】

子夏说:"在重大原则问题上,不能逾越法度和界限,但在无关大局的非原则问题上可以适当宽松,有些变通。"

【拓展】

《荀子》曰:"大节是也,小节是也,上君也。大节是也,小节一出焉,一入焉,中君也。大节非也,小节虽是也,吾无观其余矣。"②

---

① 论语[M].陈晓芬,译注.北京:中华书局,2016:155.
② 张觉.荀子译注[M].上海:上海古籍出版社,1995:148.

金无足赤,人无完人。尽善尽美的人和事物是稀少的,甚至根本就没有。这就存在着大节和小节的问题。在大是大非问题上,我们一定要坚持基本原则和底线,要守规矩,不违反法律法规和政策。但在细枝末节的非大局问题或事情上,可以权宜变通。做人做事要从大处着眼,小处着手。宋代吕端对待小事糊涂,对待大事不糊涂。吕端就是一位顾大德不顾小德的典范人物。

19.12 子夏之门人小子

【原文】

子游曰:"子夏之门人小子,当洒扫、应对进退则可矣,抑末也。本之则无,如之何?"子夏闻之,曰:"噫!言游过矣!君子之道,孰先传焉?孰后倦焉?譬诸草木,区以别矣!君子之道,焉可诬也?有始有卒者,其惟圣人乎!"

【引言】

这一章是子游和子夏关于教学方式方法的争论。子夏主张教学要循序渐进,从小事做起;而子游则主张治学要重本抑末,先抓根本。

【释解】

(1)门人小子:学生。

(2)洒扫:打扫卫生。

(3)应对进退:迎来送往,迎接客人。

(4)抑末也:但是是细枝末节的东西。抑:但是,可是。

(5)本之则无:根本的东西却没有。本:根本。之:助词,连接主谓结构。

(6)言游过矣:子游错了。言游:子游。过:错,犯错。

(7)孰先传焉:先传授什么呢。孰:什么,哪些。焉:疑问词,"呢"。

(8)孰后倦焉:后劳累什么呢。倦:劳累,疲劳。

(9)区以别矣:要区别开来啊。以:而,以便。

(10)焉可诬也:怎么可以诋毁呢。诬:诬蔑,诋毁。

(11) 有始有卒:有始有终。卒:终,结束。

(12) 其惟圣人乎:大概只有圣人吧。其:大概。惟:只有。

【译文】

子游说:"子夏的学生,做些打扫卫生和迎来送往的事情还是可以的,但这些都是细枝末节的东西,根本的东西却没有。这怎么能行呢?"子夏听到后说:"唉!子游说错了!君子之道,先传授什么呢?后劳累什么呢?这就像草和木一样,必须要区别开来啊!君子之道,怎么可以诋毁呢?能有始有终按次序教学的人,大概只有圣人吧!"

【拓展】

教学分小学之道和大学之道。小学之道在于教授洒扫应对等礼仪和规矩,进行初步的启蒙教育;而大学之道在明明德,在于亲民,在于至善。子夏教学生是由浅入深,循序渐进,先教学生小学之道,再教大学之道。而子游可能偏听偏信,误解了子夏的教法,所以非议这种做法。其实,条条大路通罗马,因材施教,因时制宜,能教好学生的教法都是好的。

对于孔子学生所表现出的差异或不同的特点,林语堂在《孔子的智慧》中评述说:"孔子的门墙之内广阔得无所不包,各式各样的学生都有,据说,每个弟子在学问上之所得,都只是孔子的一部分。后来,曾子、子思、孟子这个传统,发展成为儒家道统理想哲学的一面。而子夏、荀子的儒学则顺着史学及学术的路线发展下去。正像基督教中圣约翰发展了耶稣教义的理想一面,当然其中也加上了圣约翰本人的一部分思想。所以,我们在《中庸》一书中可以看得出来,曾子把《中庸》里的哲学、人道精神并中和诸重要性,予以发展引申了。"[①]盲人摸象,各执一端。我们还是要兼容并蓄,去伪存真,去粗取精,彼此多多虚心学习借鉴为好。

---

① 林语堂.孔子的智慧[M].黄嘉德,译.长沙:湖南文艺出版社,2016:151-152.

19.13 仕而优则学

【原文】

子夏曰:"仕而优则学,学而优则仕。"

【引言】

这一章是子夏在谈做官与学习的关系。

【释解】

(1)仕:做官。
(2)优:有多余的精力。

【译文】

子夏说:"做官仍有多余精力的就去学习;学习仍有多余精力的就去做官。"

【拓展】

朱熹解释说:"优,有余力也。仕与学理同而事异,故当其事者,必先有以尽其事,而后可及其余。然仕而学,则所以资其仕者益深;学而仕,则所以验其学者益广。"[1]

儒家追求学以致用,认为做官以促进社会的安定和繁荣是大德大节,所以特别主张人要学习好治国理政之道,以便做官从政、服务国家和社会。"仕而优则学"主要是针对那些已经做官的人说的。周代实行贵族世袭制,不出意外的话,鲁国"三桓"的嫡长子就是未来鲁国卿大夫的接班人,所以他们从小就必须学习为政做官之道。但有时候,贵族子弟学艺还不精就做官了,怎么办?子夏认为还是要边做官边学习,以不断提高治国理政的能力。

"学而优则仕"主要针对正在学习还未做官的人,鼓励学生把从政做官作为学习的最高目的,以便服务国家,造福社会。

---

[1] 朱熹.四书章句集注[M].北京:中华书局,2011:177.

19.14　丧致乎哀而止

【原文】

子游曰:"丧致乎哀而止。"

【引言】

这一章是子游在谈服丧尽孝的基本要求。

【释解】

(1)丧:居丧,服丧。
(2)致:至于,达到。
(3)哀:哀伤,哀痛。
(4)而止:而已,足够,可以。

【译文】

子游说:"服丧尽孝做到哀痛也就可以了。"

【拓展】

朱熹说:"致极其哀,不尚文饰也。"① 杨氏曰:"'丧,与其易也宁戚',不若礼不足而哀有余之意。"②

儒家注重礼制,主张"生,事之以礼;死,葬之以礼,祭之以礼"③。这也就是说,丧礼不仅要注重形式,还更注重内容。形式上要庄重肃穆,不能随随便便;内容上要足够哀痛,以尽哀思。人们操办丧事既不能马马虎虎,又不能因过于哀痛而伤害身体。《中庸》说:"喜怒哀乐之未发,谓之中;发而皆中节,谓之和。中也者,天下之大本也;和也者,天下之达道也。"④在儒家看来,一个人无论做人处事,都要不偏不倚,恰到好处。

---

① 朱熹.四书章句集注[M].北京:中华书局,2011:177.
② 朱熹.四书章句集注[M].北京:中华书局,2011:177.
③ 论语[M].陈晓芬,译注.北京:中华书局,2016:12.
④ 中庸[M].王峥嵘,文若愚,主编.昆明:云南人民出版社,2013:.

19.15 吾友张也为难能也

【原文】

子游曰:"吾友张也为难能也,然而未仁。"

【引言】

这一章是子游在评价子张还未达到仁德的境界。

【释解】

(1)吾友张也:我的朋友子张。张:子张。也:语气助词,表示停顿。
(2)为难能也:是难能可贵的。
(3)未仁:还未达到仁德的境界。

【译文】

子游说:"尽管我的朋友子张已经是难能可贵的人才了,但还未达到仁德的境界。"

【拓展】

朱熹说:"子张行过高,而少诚实恻怛之意。"①子游认为:"子张是个堂堂正正的大丈夫,但是他修养的内涵,还没有达到仁的境界。"②

孔子对仁德的标准设置过高,人到死的时候才能盖棺定论。所以,活着的人很少能够达到仁德的境界。子游说子张没有达到,也是大实话。

19.16 堂堂乎张也

【原文】

曾子曰:"堂堂乎张也,难与并为仁矣。"

---

① 朱熹.四书章句集注[M].北京:中华书局,2011:178.
② 南怀瑾.论语别裁:下册[M].上海:复旦大学出版社,2015:770.

【引言】

这一章是曾子对子张仁德的评价。他也认为子张没有达到仁德的境界。

【释解】

(1)堂堂乎:仪表堂堂、气派十足的样子。
(2)张也:子张。也:语气助词,表示停顿。
(3)并为仁矣:一起做到仁了。并:一起。矣:语气助词,"了"。

【译文】

曾子说:"尽管子张仪表堂堂、气派十足,但是很难和他一起达到仁德的境界。"

【拓展】

朱熹说:"堂堂,容貌之盛。言其务外自高,不可辅而为仁,亦不能有以辅人之仁也。"①范氏说:"子张外有余而内不足,故门人皆不与其为仁。子曰:'刚、毅、木、讷近仁。'宁外不足而内有余,庶可以为仁矣。"②

上一章中,子游评价子张尚未达到仁德的境界,这一章中,曾子也表达了相同看法。看来,子张的确是外表有余而内涵有所欠缺。

19.17 人未有自致者也

【原文】

曾子曰:"吾闻诸夫子,人未有自致者也,必也亲丧乎!"

【引言】

这一章是曾子在谈人尽情表露自己情感的可能性或时机。

---

① 朱熹.四书章句集注[M].北京:中华书局,2011:178.
② 朱熹.四书章句集注[M].北京:中华书局,2011:178.

【释解】

(1)闻诸夫子:从老师那里听到的。诸:之于。夫子:先生,老师。

(2)自致者也:完全自发或尽情尽意表露自己的情感。致:达到极致,指情感暴露无遗。者也:语气助词,表示肯定。

(3)必也:必定是。

(4)亲丧乎:父母去世的时候吧。亲:父母亲。丧:去世。乎:感叹词,"吧"。

【译文】

曾子说:"我听老师说过,没有完全自发暴露自己真实情感的人,如果有的话,那必定是在父母去世的时候吧。"

【拓展】

每个人都有不想让别人知道的隐私。在古代社会,由于礼制、习俗规定或维护尊严等的需要,人很难把自己内心真实的一面完全暴露于光天化日之下。这就是所谓的"发乎情,止乎礼",或者"发而皆中节"。但是,当父母去世的时候,自己压抑或隐藏于心中深处的情感就可能不由自主地、难以自控地爆发出来。其哀痛、哀思都是发自肺腑的,再也没有任何自律性的力量可以约束住了,就会像火山喷发一样,喷涌而出,一泻千里。这个时候,一切伪装的假面具都会自动脱落,这才是一个人的情绪、情感最真挚、最真实的时刻。

19.18 孟庄子之孝也

【原文】

曾子曰:"吾闻诸夫子,孟庄子之孝也,其他可能也,其不改父之臣与父之政,是难能也。"

【引言】

这一章是曾子在称赞孟庄子的孝道。孟庄子孝顺父亲的特别之处在于:在他的父亲去世后,他都能继续任用父亲在位期间任用的大臣,并沿用父亲执政的政策和方针。

【释解】

(1)孟庄子:姬姓,孟孙氏,名速,谥号"庄",史称孟庄子,鲁国卿大夫,事鲁襄公。其父是孟献子,其子是孟孝伯。

(2)其他可能也:其他方面其他人可能做到。其他:其他方面。

(3)难能也:难以做到。

【译文】

曾子说:"我听老师说过:孟庄子的孝道,其他方面其他人可能做得到,但是他不撤换他父亲在位时的旧臣,也不改变他父亲所制定的国策、方针和措施,这是他人难以做到的。"

【拓展】

朱熹说:"献子有贤德,而庄子能用其臣,守其政。故其他孝行虽有可称,而皆不若此事之为难。"① 南怀瑾说:"其实社会人情都是一样。岂但是政治?对人付出太多的感情时,对方会受不了,对朋友热心帮忙,如果过分得干涉到他的事务,必会遭反感,所以人生就是政治,政治也是人生。看多了,就知道'不改父之臣与父之政'的确很难。所以这几句话表面上很简单,却是真学问,要好学、要深思,用头脑从人生中去体会。"②

新官上任三把火,一朝天子一朝臣。每个新领导上任,都想热火朝天大干一番,但是以前领导提拔的干部有可能领会不了新领导的意图,或者领会了但拒绝服从,或者服从了但配合得不怎么默契,这样就可能引起彼此的猜忌和不快。因此,全面调整干部可能就不可避免了。从历史经验和教训来看,能做到孟庄子"不改父之臣与父之政"这一点的,确实稀少。

---

① 朱熹.四书章句集注[M].北京:中华书局,2011:178.
② 南怀瑾.论语别裁:下册[M].上海:复旦大学出版社,2015:774.

19.19 孟氏使阳肤为士师

【原文】

孟氏使阳肤为士师,问于曾子。曾子曰:"上失其道,民散久矣。如得其情,则哀矜而勿喜!"

【引言】

这一章是曾子对自己即将做官的学生阳肤的谆谆告诫。

【释解】

(1)孟氏:孟孙氏,鲁国"三桓"之一。

(2)阳肤:人名,曾子的学生。

(3)士师:古代法官,执法官员。

(4)上失其道:处于上位的人丧失了正道。

(5)民散久矣:民心离散很久了。散:离散,离心离德。

(6)得其情:查实案情。

(7)哀矜而勿喜:同情怜悯他们,不要沾沾自喜。哀:同情。矜:怜悯,同情。喜:沾沾自喜。

【译文】

孟孙氏任命阳肤做掌管刑事诉讼的法官。阳肤向曾子请教还有什么需要特别注意的。曾子说:"处于上位的人丧失了正道,民心离散很久了。你如果能够查实案情,就要同情怜悯那些犯罪的人,不要因为查案有功而沾沾自喜。"

【拓展】

朱熹说:"民散,谓情义乖离,不相维系。""民之散也,以使之无道,教之无素。故其犯法也,非迫于不得已,则陷于不知也。故得其情,则哀矜而勿喜。"[1]

---

[1] 朱熹.四书章句集注[M].北京:中华书局,2011:178.

上梁不正下梁歪。春秋末年,礼崩乐坏,君主和卿大夫开始骄奢淫逸,贪得无厌,不守周礼,肆意妄为,结果带坏了社会风气,搞得民怨沸腾,民不聊生。一些陷入极端困境的百姓才铤而走险,以身试法,成为犯罪分子。作为执法官员,尽管对违法犯罪必须坚决打击惩处,但对那些走投无路、误入歧途的百姓还是应该本着治病救人的方针,把惩治犯罪和教育疏导结合起来,标本兼治,而不应该因查案有功而自鸣得意,或因被惩处的并非自己的亲人而事不关己,高高挂起。做法官还是应该有起码的怜悯之心。

19.20 纣之不善

【原文】

子贡曰:"纣之不善,不如是之甚也。是以君子恶居下流,天下之恶皆归焉。"

【引言】

这一章是子贡警示君子要谨慎修身,否则就会"好名不出门,恶名传千里"。

【释解】

(1)纣:子姓,名辛,也叫帝辛,商朝末代君主。帝辛在位30年,谥号"纣",后世称他为商纣王。

(2)是之甚也:这样厉害。是:这,此。之:的。甚:厉害,严重。

(3)是以:因此。

(4)恶居下流:讨厌处于下流脏污的地方。恶:讨厌,厌恶。下流:下游低洼之处。

(5)皆归焉:都归向那里。归:归向,归到,集中到。焉:那里。

【译文】

子贡说:"纣王的不好,不像现在人们传说的这么厉害。因此,君子讨厌处于下流脏污的地方,这是因为天下所有的恶行坏事都归向那里。"

【拓展】

朱熹说:"下流,地形卑下之处,众流之所归。喻人身有污贱之实,亦恶名之所聚也。子贡言此,欲人常自警省,不可一置其身于不善之地。非谓纣本无罪,而虚被恶名也。"①杨朱说:"天下之美归之舜、禹、周、孔,天下之恶归之桀、纣。"②

众口铄金,积毁销骨。历史上,一个好人往往没有传说的那么好;同样,一个坏人也没有传说的那么坏。商纣王、秦始皇、隋炀帝被传说成历史上的三位暴君,但仔细研究可知,商纣王开疆扩土、抵御东夷的扩张,秦始皇统一中国、北建长城抵御匈奴、南征南越,隋炀帝修建隋唐大运河、西征吐谷浑、三征高句丽等,对于建立大一统的中国都是有功劳或苦劳的。当然,最终他们因为好大喜功,急功近利,雄心过于庞大以致超出当时国力所能承受的范围,而导致身死国灭,成为悲剧性人物。当时所有的不好都归结到他们身上,他们也因此成为暴君的化身。显然,这不是客观公正的评价。

但是,就像子贡在这里提醒的那样,君子修身正己,可千万别做出这种"恶居下流,天下之恶皆归焉"的事情,那样只能承受众人的诋毁了。

19.21 君子之过也

【原文】

子贡曰:"君子之过也,如日月之食焉。过也,人皆见之;更也,人皆仰之。"

【引言】

这一章是子贡在谈君子不怕犯错,只怕知错不改。君子只要及时改错,仍然会得到大家的尊敬。

---

① 朱熹.四书章句集注[M].北京:中华书局,2011:178.
② 严北溟,严捷.列子译注[M].上海:上海古籍出版社,2006:187.

【释解】

(1)过也:过错。也:语气助词,表示停顿。
(2)日月之食焉:日食和月食。焉:语气助词,表示肯定。
(3)更也:改正了。
(4)仰之:仰慕他。仰:仰慕,敬仰。

【译文】

子贡说:"君子的过错好比日食和月食。有了过错,人人都能看到;过错改正了,人人也会仰慕他。"

【拓展】

人非圣贤,孰能无过?是人都会多少犯些错误的。君子也不例外。月球运动到太阳和地球中间,正好把太阳挡住了,就形成日食;当月球运动到地球的阴影部分时,就形成月食。日食和月食结束后,太阳和月亮仍然是平时那么明亮和完全。

君子犯过错就像日食和月食那样。白璧微瑕,过错无法掩盖其光芒。君子坦荡荡,小人长戚戚。君子总是光明磊落,坦坦荡荡,坦诚相见,不文过饰非,而小人则恰恰相反。

19.22 仲尼焉学

【原文】

卫公孙朝问于子贡曰:"仲尼焉学?"子贡曰:"文、武之道,未坠于地,在人。贤者识其大者,不贤者识其小者。莫不有文、武之道焉。夫子焉不学?而亦何常师之有?"

【引言】

这一章是子贡在讲孔子的学问是刻苦自励、广见博闻而来的。孔子广泛地学习,不知疲倦地学习,不懂就向懂的人去探问,积极思考和辨析,搞明白之后便付诸实践。

【释解】

（1）卫公孙朝：卫国大夫公孙朝(cháo)。

（2）仲尼焉学：孔子是在哪里学习的。焉：哪里。

（3）文、武之道：周文王和周武王的治国理政之道。

（4）未坠于地：尚未掉落到地上。此句指文、武之道没有消失不见，尚未失传。

（5）在人：在人间。

（6）识其大者：记住了其根本。识(zhì)：通"志"，记住。大者：根本，大节。

（7）小者：末节，小节。

（8）莫不有文、武之道焉：到处都有文王和武王的治国理政之道。莫不有：都有。

（9）焉不学：哪里不能学习。焉：哪里。

（10）而亦何常师之有：倒装句，即"而亦有何常师"，而且何必有什么固定的老师。而亦：而且。之：宾语前置词。

【译文】

卫国大夫公孙朝向子贡问道："仲尼是在哪里学到那么多知识的？"子贡说："周文王和周武王的治国理政之道，尚未失传，仍然在人间流传着。贤能的人能记住其根本，不贤的人也能记住其细枝末节。到处都有文王和武王的治国理政之道。我们老师在哪里不能学习？而且何必有什么固定的老师？"

【拓展】

孔子有过许多位老师，但没有经常的、固定的老师。文献中明确记载的孔子的老师有老子、郯子、师襄、苌弘、项橐(tuó)等人。"入太庙，每事问"，说明孔子经常向人请教问题。

孔子也多次向学生描述过自己是怎样一种人。他曾说："默而识之，学而不厌,诲人不倦,何有于我哉?"①当叶公问子路其老师孔子是怎样的一个人,子路答不出。孔子知道后,告诉子路应该这样描述他:"其为人也,发愤忘食,乐以忘忧,不知老之将至云尔!"②

由上可见,"圣人无常师",学、问、思、辨、行五方面缺一不可。这正如韩愈所说:"孔子曰,'三人行,必有我师。'是故弟子不必不如师,师不必贤于弟子,闻道有先后,术业有专攻,如是而已。"③

19.23 叔孙武叔语大夫于朝

【原文】

叔孙武叔语大夫于朝曰:"子贡贤于仲尼。"子服景伯以告子贡。子贡曰:"譬之宫墙,赐之墙也及肩,窥见室家之好。夫子之墙数仞,不得其门而入,不见宗庙之美、百官之富。得其门者或寡矣。夫子之云,不亦宜乎!"

【引言】

这一章通过子贡的话来衬托孔子的伟大和崇高。

【释解】

(1)叔孙武叔:叔孙州仇,姬姓,名州仇,谥号"武",叔孙氏第8代宗主,鲁国卿大夫,"三桓"之一。叔孙不敢之子,叔孙辄之兄。

(2)语大夫于朝曰:在朝堂上对其他大夫说。语:告诉,跟……说。

(3)譬之宫墙:以围墙来作比喻。之:我们,指子贡和孔子。宫墙:院子的围墙。

(4)及肩:齐肩高。

(5)窥见室家:看见里面的房屋。室家:房屋。

(6)数仞:几米高。仞(rèn):计量单位,周尺一尺约合23厘米,一仞大约是周尺8尺,即大约1.84米。

---

① 论语[M].陈晓芬,译注.北京:中华书局,2016:78.
② 论语[M].陈晓芬,译注.北京:中华书局,2016:85.
③ 韩愈.韩昌黎文集校注[M].马其昶,校注.马茂元,整理.上海:上海古籍出版社,1986:44.

(7) 不得其门：找不到其门。

(8) 百官：所有的房屋。官：指房舍、房屋。

(9) 或寡矣：大概太少了。或：或许，大概。

(10) 夫子之云：叔孙武叔所说的。夫子：先生，对大夫的尊称。

(11) 不亦宜乎：不也当然吗。宜：适宜，当然，自然。

【译文】

叔孙武叔在朝堂上对其他大夫说："子贡比仲尼更贤。"子服景伯把这话告诉了子贡。子贡说："拿围墙来作比喻，我家的围墙只有齐肩高，从墙外就可以窥见里面房屋的美好。而我老师家的围墙却有几米高，如果找不到门，进不去，就无法看见里面宗庙的华美以及里面房屋的富丽堂皇。能找到门进去看的人大概太少了。所以叔孙武叔那么讲，不也很自然吗？"

【拓展】

人的境界不尽相同。境界的高低决定着人们所看到的东西不同。苏轼在《题西林壁》中说得好："横看成岭侧成峰，远近高低各不同。不识庐山真面目，只缘身在此山中。"叔孙武叔对孔子有很深的偏见，所以很难对孔子作出客观的评价。但子贡和颜回等学生对孔子均有着一致的评价，那就是，孔子道德之高尚，学问之高深，人格之伟大世所罕有。颜回曾喟然感叹说："仰之弥高，钻之弥坚。瞻之在前，忽焉在后。夫子循循然善诱人，博我以文，约我以礼，欲罢不能。既竭吾才，如有所立卓尔。虽欲从之，末由也已。"①颜回的话很好地描述了孔子伟大的人格魅力。

19.24　叔孙武叔毁仲尼

【原文】

叔孙武叔毁仲尼。子贡曰："无以为也！仲尼不可毁也。他人之贤者，丘陵也，犹可逾也；仲尼，日月也，无得而逾焉。人虽欲自绝，其何伤于日月乎？多见其不知量也。"

---

① 论语[M].陈晓芬,译注.北京:中华书局,2016:110.

【引言】

这一章是子贡对诋毁孔子的叔孙武叔予以坚决回击,称赞孔子的贤德如同日月,没有人能超越。

【释解】

(1)毁:诋毁,毁谤。

(2)无以为也:不可以这样做。无以:不可以。为:做。

(3)逾:逾越,超越。

(4)无得而逾焉:没有办法超越他。得:能力,办法。焉:指示代词,指孔子。

(5)自绝:自己主动断绝与他人的关系。

(6)伤:伤害,损伤。

(7)多见其不知量也:只能让更多人看到其不知天高地厚罢了。多:更多人。不知量:自不量力,不知天高地厚。量:量力,度量。

【译文】

叔孙武叔诋毁仲尼。子贡说:"不可以这样做!仲尼是不可诋毁的。他人的贤德好比丘陵,还可以超越,但仲尼的贤德好比日月,是无法超越的。虽然有人要自绝于日月,但他对日月能有什么伤害呢?只能让更多人看到其不知天高地厚罢了。"

【拓展】

人外有人,山外有山,天外有天。人不要做井底之蛙,见不到大天。叔孙武叔自不量力,诋毁孔子,得到子贡的坚决抵制。孔子的学生经常在孔子身边,对孔子的了解胜于其他人,无论是子贡、子路、颜渊、曾子、子张、子夏还是其他的学生都深受孔子的影响,知道孔子的高尚情操、渊博学识、才华才艺、道德文章以及理想志向。单就孔子对中华文化的整理、传承和发展来说,他就功高盖世、难以被超越了。所以,"圣人心日月",凡夫俗子岂能领悟圣人的伟大和崇高呢?

19.25 子为恭也,仲尼岂贤于子乎

【原文】

陈子禽谓子贡曰:"子为恭也,仲尼岂贤于子乎?"子贡曰:"君子一言以为知,一言以为不知,言不可不慎也!夫子之不可及也,犹天之不可阶而升也。夫子之得邦家者,所谓立之斯立,道之斯行,绥之斯来,动之斯和。其生也荣,其死也哀。如之何其可及也?"

【引言】

前两章都是叔孙武叔抬高子贡、诋毁孔子,子贡立马进行抵制和回击。这一章又是子贡在为孔子的伟大贤德辩护。

【释解】

(1)陈子禽:陈亢。

(2)子为恭也:您太谦恭了。子:您,尊称。为:是。恭:谦恭,谦逊。

(3)一言以为知:一说话就能表现出他的智慧。以:连词,而。为:是,表现出。知(zhì):通"智",智慧。

(4)不可及也:高不可攀。及:够得上。

(5)阶而升也:沿着阶梯登上去。

(6)得邦家:得到诸侯国或采邑的封地。邦:邦国,诸侯国。家:卿大夫的封地或采邑。

(7)立之斯立:教百姓立身,百姓就能立身。之:百姓。斯:就。

(8)道之斯行:引导百姓向前走,百姓就会跟着走。道(dǎo):通"导",引导,教导。

(9)绥之斯来:安抚百姓,百姓就会归附。绥:安抚,安定。

(10)动之斯和:动员百姓,百姓就会齐心协力。动:发动,动员。和:和衷共济。

(11)如之何其可及也:如何能高攀得上他呢。如之何:如何。其:他,指孔子。

【译文】

陈子禽对子贡说:"您太谦恭了,仲尼怎么能比您更贤能呢?"子贡说:"君子一说话就能表现出他的智慧,一说话也能表现出他的不智慧,所以说话不可不慎重啊!我的老师高不可攀,这就好像人不可以沿着阶梯登天。假如老师能够得到诸侯国或采邑的封地,成为一方诸侯或卿大夫,他就可以像人们所说的那样,教百姓立身,百姓就能立身;引导百姓向前走,百姓就会跟着走;安抚百姓,百姓就会归附;动员百姓,百姓就会和衷共济。他生得光荣,死得令人痛惜,如何能高攀得上他呢?"

【拓展】

从本篇第 22 章到这一章,都是子贡在为孔子的伟大和崇高德行辩护。子贡把孔子比作日月,比作上天,比作围墙几米高的华丽庭院,他认为孔子的德行无比光亮,高不可及,富丽堂皇。生前享受尊荣,死后令人怀念,可见孔子在子贡、颜渊等学生心目中是何等高大而荣耀啊。

尧曰篇第二十

该篇共计3章,阐述了孔子"公天下"和贤人治国的政治理想,重申了"尊五美,屏四恶"施行德政礼治的治国理政之道,并强调不能违背天命的意志和天道的规律。君子要顺天应命,要尊礼守礼,要知彼知己,要推行善政,摈除恶政,要"为天地立心,为生民立命,为往圣继绝学,为万世开太平"。南怀瑾说:"中国文化所认为的一个儒者,一个知识分子,学问并不是文章,是做人做事。做人做事成功还不算,还要把自己的学问,用出来立人,有利于国家、社会、天下,既然利于国家天下,就须讲究领导人的精神,也就是古代讲的帝王政治。"①

20.1 咨!尔舜

【原文】

尧曰:"咨!尔舜!天之历数在尔躬,允执其中。四海困穷,天禄永终。"舜亦以命禹。

曰:"予小子履,敢用玄牡,敢昭告于皇皇后帝:有罪不敢赦。帝臣不蔽,简在帝心。朕躬有罪,无以万方;万方有罪,罪在朕躬。"

周有大赉,善人是富。"虽有周亲,不如仁人。百姓有过,在予一人。"

谨权量,审法度,修废官,四方之政行焉。兴灭国,继绝世,举逸民,天下之民归心焉。所重:民、食、丧、祭。宽则得众,信则民任焉,敏则有功,公则说。

---

① 南怀瑾.论语别裁[M].上海:复旦大学出版社,2015:784.

【引言】

这一章是在讲述尧、舜、禹、汤、周武王这些圣王时时刻刻都遵从天命，坚守正道，以民为本，严于律己，尊礼守礼，并敢于担当罪责，所以才赢得了民众的拥护和爱戴，使天下大治。

【释解】

(1) 咨(zī)：啧，表示赞赏。

(2) 尔舜：你这个舜。

(3) 历数在尔躬：上天安排的帝王代天理民的顺序该轮到你身上了。历数：指帝王代天理民的顺序。尔躬：你身上。

(4) 允执其中：公允地执守那中道吧。允：公允，公平。中：中道，正道。

(5) 四海困穷：天下百姓陷于困顿和穷苦。四海：指天下百姓。

(6) 天禄永终：上天赐给你的禄位就会永远终止。

(7) 予小子履：我这个小子履。予：我。小子：年幼的男孩子。履：商汤，又称成汤，商朝开国君主。

(8) 玄牡：黑色的公牛。玄：黑色。牡：公牛。

(9) 皇皇后帝：伟大光明的天帝。后帝：天，天帝。

(10) 帝臣不蔽：天帝的臣属也不敢遮掩隐瞒。蔽：掩盖，隐瞒。

(11) 简在帝心：在天帝的心中都有甄别和核验，或说天帝明察秋毫。简：检验，甄别，核实。

(12) 朕躬有罪：我自己有罪。朕：我，帝王的自称。

(13) 无以万方：不要牵连天下百姓。无：勿，不要。以：及，涉及，牵连。万方：四海百姓。

(14) 周有大赉：周代大封诸侯。赉(lài)：赏赐，指分封诸侯。

(15) 善人是富：倒装句，即"富善人"，使善人都富贵起来。

(16) 虽有周亲：虽然有至亲。周亲：至亲。

(17) 谨权量：谨慎权衡轻重和计量多少的标准。权：秤锤，引申为权衡轻重的标准。量(liàng)：指测量东西多少的器物，如斗、升等，引申为测量的标准。

(18) 审法度：审慎对待法令制度。审：周密，审慎。

(19)修废官：改革和整顿行政管理制度和官吏作风。修废：改革和整顿。

(20)公则说：处事公正，民众就会心悦诚服。说(yuè)：通"悦"，喜悦。

【译文】

尧在禅让帝位时对舜说："啧啧！你这个舜呀！上天安排的帝王代天理民的顺序该轮到你身上了。公允地执守那中道吧！如果你使天下百姓陷于困顿和穷苦，上天赐给你的禄位就会永远终止。"舜禅位时也这样告诫禹。

商汤说："我这个小子履，敢用黑色的公牛作为祭品，敢向伟大光明的天帝明白地告知：'有罪的人我不敢擅自赦免。即使是天帝的臣属犯罪也不敢遮掩隐瞒，因为天帝您是明察秋毫的。我本人若有罪，敬请不要牵连天下百姓；天下百姓若有罪，所有的罪责都由我一人承担。'"

周代大封诸侯，使善人都富贵起来。周武王说："虽然我有至亲，但也不如有仁德之人。百姓有罪过，罪过都在我一人身上。"

谨慎对待权衡轻重和计量多少的标准，审慎对待法令制度，改革和整顿行政管理制度和官吏作风，天下四面八方的政令就会通行了。恢复被灭亡了的国家，使已经绝嗣的家族得到接续，推举任用道德高尚、避世隐居的人才，天下百姓就会归心似箭。自古执政者所重视的四件事分别是：百姓、粮食、丧礼和祭礼。宽厚待人就能得到民众的拥护，诚实守信就会得到民众的信任，做事勤勉敏捷就能取得政绩，处事公正民众就会心悦诚服。

【拓展】

杨氏说："论语之书，皆圣人微言，而其徒传守之，以明斯道者也。故于终篇，具载尧、舜咨命之言，汤、武誓师之意，与夫施诸政事者。以明圣学之所传者，一于是而已。所以著明二十篇之大旨也。孟子于终篇，亦历叙尧、舜、汤、文、孔子相承之次，皆此意也。"[1]

很明显，本章主要阐述的是几位圣王"公天下"的政治思想。无论是尧、舜、禹、汤，还是周武王，都有勇于承担天命的担当精神，也有敢于向天帝和百姓高度负责和全权负责的精神。圣王的存在就是为了百姓的福祉和百姓

---

[1] 朱熹.四书章句集注[M].北京：中华书局，2011：180-181.

幸福安康的生活,圣王必须引导和教化好百姓。如果百姓陷于困苦或犯了过错,那过错全系帝王一身。

本章最后一段还总结了治国理政的策略、方法和注意事项,要求为政者建立健全各项社会法律制度和行政管理制度,整顿官员工作作风,选贤与能,赢得民心,以实现治国安邦、天下太平的最高理想。

20.2 何如斯可以从政矣

【原文】

子张问于孔子曰:"何如斯可以从政矣?"子曰:"尊五美,屏四恶,斯可以从政矣。"

子张曰:"何谓五美?"子曰:"君子惠而不费,劳而不怨,欲而不贪,泰而不骄,威而不猛。"

子张曰:"何谓惠而不费?"子曰:"因民之所利而利之,斯不亦惠而不费乎?择可劳而劳之,又谁怨?欲仁而得仁,又焉贪?君子无众寡,无小大,无敢慢,斯不亦泰而不骄乎?君子正其衣冠,尊其瞻视,俨然人望而畏之,斯不亦威而不猛乎?"

子张曰:"何谓四恶?"子曰:"不教而杀谓之虐;不戒视成谓之暴;慢令致期谓之贼;犹之与人也,出纳之吝谓之有司。"

【引言】

这一章是孔子在讲治国理政的大政方针,即"尊五美,屏四恶"。

【释解】

(1)何如斯可以从政矣:怎么做就可以做好政事呢。斯:就。矣:疑问词,"呢"。

(2)尊五美:尊崇五种美德。

(3)屏四恶:排除四种恶行。屏(bǐng):除去,排除,屏除。

(4)惠而不费:惠及百姓却不用消耗钱财。

(5)劳而不怨:劳苦百姓却不使他们有怨言。

(6)欲而不贪:有正当欲求但不贪婪。

(7)泰而不骄:心态平和而不骄纵傲慢。

(8)威而不猛:威严而不凶猛。

(9)择可劳而劳之:选择可以劳苦百姓的事情而差使他们。

(10)无敢慢:不敢怠慢。

(11)尊其瞻视:重视自己的形象和威仪。尊:尊重,重视。瞻视:观看,顾盼,引申为形象和威仪。

(12)不戒视成:不事先告诫,只想看成果。视成:看成果。

(13)慢令致期:发布命令迟缓,却要百姓限时完成。致期:要求限期完成。

(14)犹之与人也:犹如给人东西。犹之:犹如,如同。

(15)出纳之吝谓之有司:出手吝啬就叫小气。出纳:出手,给出东西。吝:吝啬。有司:主管某部门的官吏,用在此处指气量狭窄、见识短浅。

【译文】

子张向孔子问道:"怎么做就可以做好政事呢?"孔子说:"尊崇五种美德,除去四种恶行,就可以做好政事了。"

子张问:"什么是五种美德?"孔子说:"君子惠及百姓却不用消耗钱财,劳苦百姓却不使他们有怨言,有正当欲求但不贪婪,心态平和而不骄纵傲慢,威严而不凶猛。"

子张问:"什么叫惠及百姓却不用消耗钱财?"孔子说:"根据百姓之利益来因势利导,让百姓获得利益,这不就是惠及百姓却不用自己破费吗?选择可以劳苦百姓的事情而差使他们,谁又会有怨言呢?自己想要追求仁德便得到了仁德,又有什么可贪的呢?君子待人,无论人多人少,无论势力大小,都不敢怠慢他们,这不就是心态平和而不骄纵傲慢吗?君子穿戴整齐,重视自己的形象和威仪,庄重严肃得让人望而生畏,这不就是威严而不凶猛吗?"

子张问:"什么叫四种恶行呢?"孔子说:"不经教化便杀戮,叫作虐待;不事先告诫便强求别人做出成果,叫作强暴;发布命令迟缓却要百姓限时完成,叫作贼害;犹如给人东西,出手吝啬,叫作小气。"

【拓展】

君子有五种美德,即惠而不费、劳而不怨、欲而不贪、泰而不骄和威而不猛。简而言之，就是执政者要以民为本，利益百姓，教导民众齐心协力做事，求仁得仁，总是保持心态平和、心情舒泰，庄重严肃有威仪，而不会骄奢淫逸、贪求个人享受而不顾百姓死活。同时，君子也要竭力避免四种恶行：即虐待、强暴、贼害和吝啬。教育和法治要有机结合，不能不教而诛；要加强过程教育、管理和监督，以便更好地实现社会发展目标；要未雨绸缪，提前做好计划和安排，以便及时完成目标和任务；要胸怀广阔，高瞻远瞩，慷慨大方，不要气量狭小，鼠目寸光和斤斤计较。

20.3 不知命，无以为君子也

【原文】

孔子曰："不知命，无以为君子也；不知礼，无以立也；不知言，无以知人也。"

【引言】

上一章，孔子提出了君子要加强"五美"的修养，避免"四恶"的行为。这一章，孔子继续强调，君子必须做到以下三点：知命、知礼和知言。这三点是君子立身处世、知人知己和成为君子的根本。

【释解】

(1) 知命：懂得天命，懂得事物生灭、旺衰变化都由天命决定的道理。
(2) 无以：即"无所以"，无法。
(3) 知礼：懂得周礼，能了解和领会礼的精神实质、来由与用途等。礼是社会秩序和谐和人与人和睦相处的道理、规范和操作规程。
(4) 立也：立身处世。也：语气助词，表示肯定。
(5) 知言：懂得他人说话的真实意思，能分辨言语的是非曲直和善恶美丑。

【译文】

孔子说："不懂得天命，就无法成为君子；不懂得社会礼仪，就无法立身

处世;不懂得他人说话的真实意思,就无法了解和理解他人。"

【拓展】

这一章的关键点在于知命、知礼和知言。

首先,知命。梁皇侃《论语义疏》说:"命,谓穷通寿夭也。人生而有命,受之由天,故不可不知也。若不知而强求,则不成为君子之德,故云无以为君子也。"①天道指宇宙天地万物运行和发展的自然规律。天道也决定着社会、人事以及人自身的生灭变化。天道反映在个人的穷通、寿夭、祸福、顺逆等上面,就称为天命。

人常说,生死有命,富贵在天。谋事在人,成事在天。程子曰:"知命者,知有命而信之也。人不知命,则见害必避,见利必趋,何以为君子?"②孔子信有天命,并能知命。因此,他多次强调:"道之将行也与,命也;道之将废也与,命也。"③"君子有三畏:畏天命,畏大人,畏圣人之言;小人不知天命而不畏也,狎大人,侮圣人之言。"④

其次,知礼。朱熹说:"不知礼,则耳目无所加,手足无所措。言之得失,可以知人之邪正。"⑤南怀瑾说:"古代中国人讲三理,本来三理的'理'是礼,中国文化有三礼,即:《周礼》《礼记》《仪礼》'为三礼。宋明以后又有三理的说法,读书人必须懂三理,是'医理、命理、地理(堪舆)',这是由孝道的观念来的。知识分子要懂得这三理,因为父母病了,自己要懂得照顾,这就要懂医理。'父母之年不可不知也',要懂算命。父母这年有问题,为儿女的要特别小心。万一出了事,要找个好风水,就得懂地理。"⑥总之,"不学礼,无以立"。⑦

最后,知言。朱熹说:"言之得失,可以知人之邪正。"⑧相由心生,言为心声。我们可以从一个人的说话方式、内容、语气和表情等方面,听出他的话外音,听出他真正想表达的意思。有的人善于花言巧语,善于阿谀奉承,溜

---

① 转引自:来可泓.论语直解[M].上海:复旦大学出版社,2000:561.
② 朱熹.四书章句集注[M].北京:中华书局,2011:181.
③ 论语[M].陈晓芬,译注.北京:中华书局,2016:197.
④ 论语[M].陈晓芬,译注.北京:中华书局,2016:225.
⑤ 朱熹.四书章句集注[M].北京:中华书局,2011:181.
⑥ 南怀瑾.论语别裁:下册[M].上海:复旦大学出版社,2015:804.
⑦ 论语[M].陈晓芬,译注.北京:中华书局,2016:228.
⑧ 朱熹.四书章句集注[M].北京:中华书局,2011:181.

须拍马;有的人习惯于挑拨离间,进谗言,诋毁或诽谤他人;还有的人口蜜腹剑,谎话连篇;还有的人喜欢吹牛,以满足其虚荣心;还有的人说话耿直,为人实诚,等等。通过对方的言语来知道对方想要什么,来判断对方究竟是什么样的人,这实际上是一个人立身于社会的必备技能。说话也是一门艺术,我们需要靠自己的智力来拿捏分寸,即"可与言而不与之言,失人;不可与言而与之言,失言。知者不失人,亦不失言"①。总之,别人说话时,我们要学会聆听对方的心声;我们自己说话时要慎言,当说则说,不当说则不说,还要学习和掌握说话的艺术,以便不被对方误解、曲解,让自己所说的容易被他人接受。

---

① 论语[M].陈晓芬,译注.北京:中华书局,2016:153.

附录:《论语》人物简表

1. 奡:传说中夏代寒浞的儿子,是个大力士,后被夏少康所杀。
2. 比干:子姓,商王帝乙的弟弟,帝辛的叔父。
3. 裨谌:郑简公执政期间的郑国大夫,协助国相子产处理国政。
4. 卞庄子:春秋时期鲁国卞邑(今山东省泗水县泉林镇)大夫,以勇力著称。
5. 播鼗武:鲁国摇小鼓(拨浪鼓)的乐师武,武是人名。
6. 伯达、伯适、仲突、仲忽、叔夜、叔夏、季随、季騧:八位贤士,生平不详。
7. 伯氏:齐国一位大夫,生平不详。
8. 伯夷、叔齐:殷朝末年孤竹国第8任君主亚微的两个儿子。二人主动让出孤竹国国君之位,隐居外国,后来周武王伐纣,二人扣马谏阻。武王灭商后,他们义不食周粟,隐居到首阳山,采薇而食,后死于饥饿。
9. 伯鱼:孔鲤,子姓,孔氏,名鲤,字伯鱼,孔子唯一的儿子,春秋末年鲁国陬邑(今山东省曲阜市)人。
10. 陈成子:陈恒,又称田成子,齐国大夫。他采用大斗出、小斗进的方法赢得民心。公元前481年,他杀死齐简公,立齐平公,自任太宰,排除异己,掌握了齐国实权。
11. 陈亢:陈子禽,妫姓,陈氏,名亢,字子亢,又字子禽,陈国君主陈胡公第20世孙,孔子的学生,小孔子40岁。他做过单父宰,施行德政,受人爱戴。
12. 大师挚:鲁国乐官之长,挚是人名。
13. 樊迟:樊须,姓樊,名须,字子迟,春秋末鲁国棠邑(今山东省济宁市鱼台县)人,孔子的学生,比孔子小36岁。樊哙是樊迟的第七世孙。
14. 佛肸:春秋末年晋国卿大夫赵鞅的家臣,中牟城宰官,后投靠范氏、中行氏。
15. 皋陶:相传为负责司法的官员。他历经尧、舜、禹三个时期,创建了中国最早的司法制度体系(五刑、五教),坚持司法公正。

16. 公伯寮:姓公伯,名寮,字子周,春秋末年鲁国人,做过季孙氏的家臣。

17. 公明贾:姓公明,字贾,春秋时卫国人,生平不详。

18. 公山弗扰:又称公山不狃,复姓公山,名弗扰(也作不狃),字子洩(泄),春秋时期鲁国人,季桓子的家臣。鲁定公五年(公元前505年),季桓子任命公山弗扰做季孙氏的私邑——费邑的邑宰。鲁定公八年(公元前502年),公山弗扰与阳虎联合起来反对季桓子,兵变失败,阳货逃往国外,公山弗扰继续盘踞费邑自保。

19. 公叔文子:公孙拔,又称公叔发,姬姓,公孙氏,名拔,谥号"文",故称公叔文子,春秋时卫国大夫,卫献公之孙。

20. 公西华:公西赤,姓公西,名赤,字子华,又称公西华,春秋时鲁国(今河南省濮阳市濮阳县)人,孔门七十二贤之一,比孔子小42岁,擅长外交,精通祭祀、宾客之礼。

21. 公子纠:姜姓,吕氏,名纠,齐僖公之子,齐桓公之兄,母为鲁女。他与齐桓公争夺齐国君位失败而逃至鲁国,齐桓公即位后,威胁入侵鲁国,鲁国处死了他。

22. 鼓方叔:鲁国击鼓的乐师方叔,方叔是人名。

23. 管仲:姬姓,管氏,名夷吾,字仲,谥号"敬",颍上(今安徽省阜阳市颍上县)人,曾任齐桓公国相,助齐称霸,被尊称为"管子"。

24. 击磬襄:击磬的乐师襄,襄是人名。

25. 箕子:子姓,名胥余,商王帝乙的弟弟,帝辛的叔父。

26. 棘子成:卫国大夫,生平不详。

27. 季桓子:季孙斯,姬姓,季氏,名斯,谥号"桓",史称季桓子,鲁国执政上卿。

28. 季康子:季孙肥,姬姓,季氏,名肥,谥号"康",史称"季康子",季桓子之子,季平子之孙,鲁哀公时期的鲁国权臣,"三桓"之一。

29. 季路:仲由,姓仲,名由,字子路,又字季路,鲁国卞(今山东省济宁市泗水县)人,"孔门十哲"之一,比孔子小9岁。他性情刚直,好勇尚武。

30. 季氏:季孙氏,"孙"为尊称,实为季氏,姬姓。季孙氏为鲁国"三桓"之一,是鲁国的世袭贵族。"三桓"即季孙氏、叔孙氏、孟孙氏,都出自鲁桓公,掌握鲁国实权。

31. 季子然:鲁国季孙氏的一位成员,生平不详。

32. 稷:又称为后稷,姬姓,名弃,传说是黄帝的玄孙,帝喾的嫡长子,后稷是舜帝手下负责农业的官,其第三十四代孙周武王建立了周朝。

33. 接舆:姓陆,名通,字接舆,春秋时楚国著名隐士。

34. 桀溺:春秋时楚国著名隐士。

35. 晋文公:姬姓,晋氏,名重耳,晋国第22任君主,公元前636至公元前628年在位,晋献公之子,母亲为狐姬,春秋五霸霸主之一。

36. 孔子:子姓,孔氏,名丘,字仲尼,春秋末年鲁国陬邑(今山东省曲阜市)人,与弟子周游列国14年,晚年修订《诗》《书》《礼》《乐》《易》《春秋》"六经"。

37. 柳下惠:姬姓,展氏,名获,字子禽,鲁国柳下邑(山东省济南市平阴县孝直镇)人,曾任鲁国士师,因其封地在柳下,谥号"惠",故又称柳下惠。柳下惠"坐怀不乱"的故事广为传颂。

38. 鲁哀公:姓姬,名将,春秋时期鲁国第26任君主,公元前494年至公元前468年在位,鲁定公之子,在位期间的权臣有季孙斯(季桓子)、叔孙州仇、仲孙何忌、季孙肥、叔孙舒、仲孙彘等。公元前468年,鲁哀公去世,其子鲁悼公即位。

39. 鲁定公:姓姬,名宋,鲁国第25任君主,鲁昭公的弟弟,公元前509年至公元前495年在位。

40. 鲁公:伯禽,姬姓,名禽,周公旦长子,周武王之侄,鲁国实际上的首任国君。

41. 孟公绰:鲁国"三桓"孟孙氏族人,鲁国大夫,廉洁奉公,做事有条理,清心寡欲,但治国理政才能上有短板。

42. 孟氏:孟孙氏,鲁国"三桓"之一。

43. 孟庄子:姬姓,孟孙氏,名速,谥号"庄",史称孟庄子,鲁国卿大夫,事鲁襄公。其父是孟献子,其子是孟孝伯。

44. 闵子骞:姓闵,名损,字子骞,春秋末年鲁国(今安徽省宿州市埇桥区闵贤村)人,"孔门十哲"之一,比孔子小15岁,以孝著称。

45. 南容:南宫适,姓南宫,名适,字子容,春秋时期鲁国人,孔门七十二贤之一。

46. 齐桓公:姜姓,吕氏,名小白,齐国第16位国君,公元前685至公元前643年在位,齐僖公第三子,母为卫姬,春秋五霸的第一位霸主。

47. 齐简公:姜姓,吕氏,名壬,齐国国君,齐悼公之子,公元前484年至公元前481年在位。齐简公四年(公元前481年),齐简公被陈成子杀死。

48. 齐景公:姜姓,吕氏,名杵臼,春秋时期齐国国君,公元前547年至公元前490年在位,齐灵公之子,齐庄公之弟,齐悼公之父。齐景公在位时,先后主政的权臣有崔杼、庆封、庆舍、公孙灶、公孙虿、栾施、高强、国弱、晏婴等。

49. 蘧伯玉:蘧瑗,姬姓,蘧氏,名瑗,字伯玉,卫国(今河南省长垣市孟岗镇伯玉村)人。一生侍奉卫献公、卫殇公、卫灵公三代国君,主张以德治国、无为而治,以贤德闻名。孔子逗留卫国期间曾住在他家。

50. 冉伯牛:冉耕,姓冉,名耕,字伯牛,春秋末年鲁国郓城(今山东省菏泽市定陶区冉堌镇)人,周文王第十子冉季载的嫡裔,"孔门十哲"之一,因恶疾早逝。

51. 冉有:冉求,姬姓,冉氏,名求,字子有,被尊称为"冉子",春秋末年鲁国郓城人,"孔门十哲"之一,比孔子小29岁,以政事见长。

52. 孺悲:姓孺,名悲,鲁国人。鲁哀公曾派他向孔子学习士丧礼。

53. 三饭缭:鲁国国君第三次进餐时奏乐的乐师缭,缭是人名。

54. 商高宗:武丁,子姓,名昭,商朝第23任君主,商王盘庚之侄,商王小乙之子。公

382

元前1192年,武丁去世,庙号高宗,其子祖庚继位。

55. 商汤:又称成汤,子姓,名履,又名天乙,商朝开国君主。汤是契的第14代孙,建立商朝后称王在位12年。

56. 少连:春秋时期鲁国人,身世和事迹不可考。

57. 少师阳:鲁国少师阳,阳是人名。少师地位次于太师。

58. 师冕:鲁国盲人乐师,名冕。

59. 史鱼:史鳅,名鳅,字子鱼,春秋时卫国大夫,卫灵公时任祝史,负责祭祀礼仪。他以直谏著名,多次向卫灵公保举蘧伯玉。

60. 世叔:子太叔,姬姓,游氏,名吉,字太叔,公孙虿(子蟜)之子,郑国卿大夫,郑定公八年(公元前522年)接替子产担任郑国国相。

61. 叔孙武叔:叔孙州仇,姬姓,名州仇,谥号"武",叔孙氏第8代宗主,鲁国卿大夫,"三桓"之一,叔孙不敢之子,叔孙辄之兄。

62. 舜:又称帝舜或虞舜,中国上古部落联盟首领。传说尧禅位给舜,舜任用禹、稷、契、皋陶等贤臣治理天下,使天下大治。

63. 司马牛:子姓,司马氏,名耕(又名犁),字子牛,春秋时宋国人,宋桓公的后代,世袭贵族。他家有兄弟五人,分别是向巢、桓魋、子牛(司马牛)、子颀、子车。其中,其大哥向巢任宋国左师,是名义上的军队统帅。其二哥桓魋为司马,掌握宋国军队实权。后司马桓魋跟两个弟弟一起犯上作乱失败而逃往他国。司马牛受其牵连,也出逃他国。司马牛先逃到卫国,其二哥桓魋也逃到卫国,他不愿和二哥同在一个国家就又奔向齐国;后其二哥逃到齐国,他又离齐奔吴,最后,司马牛又去了鲁国,并在鲁国去世。司马牛是孔子的弟子,《史记·仲尼弟子列传》评论他"多言而躁"。

64. 四饭缺:鲁国国君第四次进餐时奏乐的乐师,缺是人名。

65. 王孙贾:姓王孙,名贾,卫灵公时的大夫,长于军事。

66. 微生亩:姓微生,名亩,春秋时期鲁国隐士。

67. 微子:微子启,子姓,宋氏,名启,商王帝乙的长子,商纣王帝辛的长兄,宋国开国国君。

68. 卫出公:姓姬,卫氏,名辄,卫国第29任国君,公元前492年至公元前481年、公元前476年至公元前456年在位,卫灵公之孙、卫后庄公之子。

69. 卫公孙朝:卫国大夫公孙朝。

70. 卫公子荆:姬姓,卫氏,名荆,字南楚,卫国大夫,卫献公之子。

71. 卫灵公:姬姓,名元,卫国第28任国君,公元前534年至前493年在位。卫灵公好色,贪图享受,行为乖张,但知人善任。他任用仲叔圉、祝鮀、王孙贾等大臣治理朝政,使卫国朝政得以正常运行。

72. 亚饭干:鲁国国君第二次进餐时奏乐的乐师干,干是人名。

73. 言偃:姓言,名偃,字子游,亦称"言游",春秋末年吴国常熟人。

74. 颜路:曹姓,颜氏,名无繇,字路,鲁国都城(今山东省曲阜市)人,颜回之父,比孔子小6岁。颜路和颜回都是孔子的学生。

75. 颜渊:颜回,曹姓,颜氏,名回,字子渊,鲁国都城人,"孔门十哲"之一,比孔子小30岁。

76. 阳肤:人名,曾子的学生。

77. 阳货:阳虎,姬姓,阳氏,名虎,字货,春秋时期鲁国人,鲁国大夫季平子的家臣。季平子死后,阳虎掌控了季孙氏的家政,后企图与另一家臣公山弗扰谋杀季桓子,失败后逃往晋国。

78. 尧:又称唐尧,传说中父系氏族社会后期的部落联盟领袖。尧在主政期间,派神箭手大羿射日,派鲧治水,并制定历法,推广农耕,整饬百官,使天下大治。

79. 叶公:芈姓,沈氏,名诸梁,字子高,封地在叶邑(今河南省平顶山市叶县叶邑镇),所以叫叶公。叶公为楚国大夫,曾任楚国令尹、司马。

80. 伊尹:姒姓,伊氏,名挚,商汤的宰相,辅助商汤灭夏兴商,历事成汤、外丙、仲壬、太甲、沃丁五代君主。

81. 夷逸:春秋时人,周大夫夷诡诸后裔,终身隐居不仕。

82. 羿:后羿,夏代有穷氏部落首领,"后"是夏代君主尊号。羿曾赶走夏后启之子太康,篡夺夏国后位,共在位8年,后被其臣寒浞所杀。

83. 有若:有氏,名若,字子有,世称"有子",春秋末年鲁国人,"孔门十哲"之一,比孔子小43岁。

84. 虞仲:周太王古公亶父的次子、吴太伯之弟,名仲雍。太伯和虞仲主动让位给季历。

85. 禹:又称大禹、帝禹,上古时期夏后氏首领,夏朝开国君主。夏禹治水时三过家门而不入,疏浚开凿河流,平息水患。夏禹铸造九鼎,确立了天下一统的文化思想。

86. 原壤:姓原,名壤,春秋时期鲁国人,孔子的旧友。

87. 原宪:姓原,名宪,字子思,春秋末年宋国商丘人,孔门七十二贤之一,个性狷介,一生安贫乐道,生活清苦。孔子做鲁国司寇时,他曾为孔子的家宰。

88. 宰我:宰予,姬姓,宰氏,名予,字子我,春秋末年鲁国人,"孔门十哲"之一,比孔子小29岁,以言语优秀著称。

89. 臧文仲:姬姓,臧孙氏,名辰,谥号"文",世称臧文仲,鲁国大夫,先后侍奉鲁庄公、闵公、僖公、文公四位国君。他博闻强记,好学不倦,从善如流,赏罚分明,做事不拘常礼。他鼓励经商,积极开展和平外交,军事上不打无准备之仗,为鲁国的稳定和发展作出了巨大贡献。

90. 臧武仲:臧孙纥,姬姓,臧孙氏,名纥,鲁国大夫,臧文仲之孙,臧宣叔之子,其封邑在防(今山东省费县东北)。

91. 曾晳:曾点,字晳,又称曾晰、曾蒧,鲁国南武城(今山东省临沂市平邑县)人,和其子曾参都是孔子的学生。曾晳比孔子小6岁,孔门七十二贤之一。

92. 曾子:曾参,姓曾,名参,字子舆,鲁国南武城人,孔门七十二贤之一,比孔子小46岁。他参与编辑了《论语》,撰写有《大学》《孝经》《曾子十篇》等,提倡"以孝为本",主张"修齐治平""内省慎独"和忠恕、孝悌等儒家价值观,为中华儒家文化的传承和发展作出杰出贡献。

93. 长沮:春秋时楚国著名隐士,生平不详。

94. 召忽:春秋时齐国人,公子纠的家臣,喜研军国治理之术。公子纠被杀后,召忽自杀为之殉难。

95. 仲弓:冉雍,姬姓,冉氏,名雍,字仲弓,春秋末年鲁国郓城(今山东省菏泽市定陶区)人,"孔门十哲"之一,比孔子小29岁。冉雍与冉耕、冉求是亲兄弟,其父为冉离,世称"一门三贤"。

96. 仲叔圉:孔圉,姓孔,名圉,谥号"文",又称孔文子,卫国大夫。其妻是卫灵公之女、卫后庄公蒯聩之姐,其子是孔悝。

97. 周公:周公旦,姓姬,名旦,亦称叔旦,周文王第四子,周武王之弟,周成王之叔父,采邑在周,故称周公。他是西周的创立者之一,是周代典章礼仪制度的主要制定者,主张"明德慎罚",以礼治国。

98. 周任:周代一位史官。

99. 周文王:姓姬,名昌,季历之子,其父死后,继承西伯侯之位,故称西伯昌。周武王和周公旦是他的儿子。周文王被认为是西周的奠基者之一。

100. 周武王:姓姬,名发,周文王次子,周王朝的开国君主。

101. 纣:子姓,名辛,也叫帝辛,商朝末代君主。帝辛在位30年,谥号"纣",被后世称为商纣王。

102. 朱张:身世和事迹不可考。

103. 祝鮀:姓氏不详,字子鱼,能言善辩但心术不正,是卫灵公身边的佞臣,主管祭祀等。

104. 僎:人名,公叔文子的家臣,生平不详。

105. 子产:公孙侨,姬姓,公孙氏,名侨,字子产,又字子美,郑穆公之孙、公子发(字子国)之子,公元前543年至公元前522年担任郑国国相,先后辅佐郑简公、郑定公。

106. 子服景伯:子服何,子服氏,名何,谥号"景",伯是他的爵位,春秋末年鲁国大夫。

107. 子羔:高柴,姓高,名柴,字子羔,又称子皋、子高、季高、季皋、季子皋,齐文公十八世孙,孔子的学生,比孔子小30岁,为人憨直忠厚,公正廉明,寿128岁。高柴在鲁、卫两国先后四次为官,做过鲁国的费宰、郕宰、武城宰和卫国的士师,为官清廉,执法公平。

108. 子贡：端木赐，复姓端木，名赐，字子贡，春秋末年卫国黎（今河南省鹤壁市浚县）人，"孔门十哲"之一，比孔子小31岁，在政治、外交和经商等方面才能突出。

109. 子西：芈姓，熊氏，名申，楚国令尹。

110. 子夏：卜商，姓卜，名商，字子夏，尊称"卜子"，春秋末年晋国温邑（今河南省温县黄庄镇卜杨门村）人，"孔门十哲"之一，比孔子小44岁。他曾任莒父宰官，主张"学而优则仕，仕而优则学"，开明务实，主张与时俱进，学以致用。

111. 子游：言偃，姓言，名偃，字子游，亦称"言游"，春秋末年吴国常熟人，"孔门十哲"之一，比孔子小45岁。他曾为武城宰（武城县令），推行孔子提倡的礼乐教化。

112. 子羽：公孙挥，姬姓，公孙氏，名挥，字子羽，春秋时期郑国大夫，曾协助国相子产处理外交事务。

113. 子张：颛孙师，姓颛孙，名师，字子张，春秋末年陈国阳城（今河南省登封市）人，孔门七十二贤之一，比孔子小48岁。子张之儒列儒家八派之首。

参考文献

1. 班固.汉书[M].北京:中华书局,2007.
2. 戴圣.礼记[M].李慧玲,吕友仁,注译.郑州:中州古籍出版社,2010.
3. 范晔.后汉书[M].北京:中华书局,2007.
4. 管子[M].李山,译注.北京:中华书局,2009.
5. 韩愈.韩昌黎文集校注[M].马其昶,校注.马茂元,整理.上海:上海古籍出版社,1986.
6. 何晏,邢昺.论语注疏[M].北京:中国致公出版社,2016.
7. 皇侃.论语义疏[M].高尚榘,校点.北京:中华书局,2013.
8. 来可泓.论语直解[M].上海:复旦大学出版社,2000.
9. 老子[M].饶尚宽,译注.北京:中华书局,2015.
10. 黎靖德.朱子语类[M].王星贤,点校.北京:中华书局,1986.
11. 礼记[M].胡平生,张萌,译注.北京:中华书局,2017.
12. 李零.丧家狗:我读《论语》[M].太原:山西人民出版社,2007.
13. 林语堂.孔子的智慧[M].黄嘉德,译.长沙:湖南文艺出版社,2016.
14. 刘安,等.淮南子全译[M].许匡一,译注.贵阳:贵州人民出版社,1993.
15. 刘宝楠.论语正义:全二册[M].高流水,点校.北京:中华书局,1990.
16. 刘向.说苑全译[M].王锳,王天海,译注.贵阳:贵州人民出版社,1992.
17. 刘昫,等.旧唐书:一[M].刘后滨,编译.北京:现代教育出版社,2011.
18. 论语[M].陈晓芬,译注.北京:中华书局,2016.
19. 孟子[M].万丽华,蓝旭,译注.北京:中华书局,2007.
20. 墨子[M].方勇,译注.北京:中华书局,2011.
21. 缪钺,等.宋诗鉴赏辞典[M].上海:上海辞书出版社,1987.
22. 南怀瑾.论语别裁[M].上海:复旦大学出版社,2015.

23. 钱穆.论语新解[M].北京:生活·读书·新知三联书店,2012.
24. 司马光.资治通鉴:全4册[M].长沙:岳麓书社,2009.
25. 尚书[M].王世舜,王翠叶,译注.北京:中华书局,2012.
26. 诗经[M].孔丘,编订.北京:北京出版社,2006.
27. 《十三经注疏》整理委员会.十三经注疏[M].北京:北京大学出版社,1999.
28. 司马迁.史记:全四册[M].萧枫,主编.哈尔滨:北方文艺出版社,2007.
29. 坛经[M].尚荣,译注.北京:中华书局,2010.
30. 陶渊明.陶渊明全集[M].龚斌,校点.上海:上海古籍出版社,2015.
31. 王德明.孔子家语译注[M].桂林:广西师范大学出版社,1998.
32. 王守仁.王文成公全书[M].王晓昕,赵平略,点校.北京:中华书局,2015.
33. 文中子[M].王路曼,池桢,注说.郑州:河南大学出版社,2016.
34. 荀子:全二册[M].邓启铜,点校.南京:南京大学出版社,2014.
35. 严北溟,严捷.列子译注[M].上海:上海古籍出版社,2006.
36. 杨伯峻.论语译注[M].北京:中华书局,2009.
37. 杨仁山.经典发隐[M].梅愚,校点.武汉:崇文书局,2016.
38. 曾参.孝经[M].李新路,编.郑州:河南人民出版社,2008.
39. 张觉.荀子译注[M].上海:上海古籍出版社,1995.
40. 张载.张载集[M].章锡琛,点校.北京:中华书局,1978.
41. 周易[M].靳极苍,详解.太原:山西古籍出版社,2003.
42. 朱熹.四书章句集注[M].北京:中华书局,2011.

后 记

至此,对《论语》的解说终于完成了。仔细思考,孔子给我留下几个深刻的印象:第一,孔子的一生是不断学习、探索和完善的一生。他3岁丧父,17岁丧母,从小学会了多种生活的技艺和本事。他15岁开始发奋学习为政做官、做人处世之道,以便有朝一日出仕为官,报效国家。他30岁小有成就,40岁消除了疑惑,50岁知道了天命,60岁心志坚硬如铁,听到逆耳的话不再生气,70岁对一切应对自如、泰然处之。第二,孔子的一生是"志于道,据于德,依于仁,游于艺"的一生。孔子所立志追求的道是遵守周礼、中庸和谐、尊卑等级分明的"先王之道"。孔子认为,为政做官的君子要把克己复礼、天下归仁作为一生不变的追求,时时刻刻修身正己,并以身作则。孔子一生抱着"用之则行,舍之则藏"的态度,唯义是举,符合道义的事情就尽力而为,"不义而富且贵"的事他坚决不干。第三,孔子的一生是知命、知礼、知言、知仁的一生。孔子说:"不知命,无以为君子也""不知礼,无以立也""不知言,无以知人也""唯仁者能好人,能恶人"。知道生死有命、富贵在天,就能"素富贵,行乎富贵;素贫贱,行乎贫贱"。懂得礼仪之道,就能做到待人接物恰到好处,就能担负起国际交往的使命。善于辨析他人的言语,就能了解他人,有的放矢。掌握了仁的真谛,才能随心所欲地行仁,做到"己所不欲勿施于人""己欲立而立人,己欲达而达人"。第四,孔子的一生是执着于周礼的一生。孔子不顾社会生产力和生产关系、经济基础和上层建筑发展变化的实际,要求人们克己复礼,"非礼勿视,非礼勿听,非礼勿言,非礼勿动",要求人们固守西周时期的政治、礼制、税制等,显然是不切实际的,注定不会成功。但其追求"行己也恭""事上也敬""养民也惠"和"使民也义"的君子之道,多

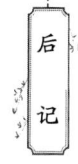

少也反映了黎民百姓的心声。第五，孔子的一生为中华儒家文化的传承和发展作出了不可磨灭的里程碑式的贡献。尽管孔子述而不作，但其一生学习积累、教书育人、删订"六经"，不仅使古代文化得到整理、扬弃、传于后世，还培养了众多的文化教育人才，使儒家文化的传播、创新和发展有了重要保障和支撑。此外，孔子的"有教无类""因材施教""见利思义，见危授命""义然后取"等思想主张，以及"学而不厌，诲人不倦""明知不可为而为之"的自强不息、积极进取精神具有很强的现实意义。

诚然，在今天的人们看来，孔子的思想中有不少糟粕或脱离时代的东西，如君臣等级、上下尊卑、学习的目的就是为政做官等。人们也不再以孔子的是非观为是非标准。但孔子是中华民族文化发展史上一个躲也躲不开的光耀夺目的人物。我们不能因噎废食，也不能因人废言，更不能全盘否定孔子及其思想在中华民族发展史和中华文化思想发展史上应有的地位、价值和贡献。客观理性地认识和评价孔子及其思想地位、价值和贡献，对孔子为代表的儒家文化去粗取精、去伪存真、重新阐释，使之成为我国新时代文化发展和创新的重要文化土壤之一，做到古为今用，当是我国新时代文化建设的应有之义。

秦学智
2023 年 7 月 15 日

图书在版编目（CIP）数据

论语新说.下/秦学智著. --北京：中国传媒大学出版社，2023.9
ISBN 978-7-5657-3444-1

Ⅰ.①论… Ⅱ.①秦… Ⅲ.①儒家 ②《论语》—研究 Ⅳ.①B222.25

中国国家版本馆 CIP 数据核字（2023）第 126254 号

论语新说（下）
LUNYU XINSHUO（XIA）

著　　者	秦学智	
策划编辑	沈　悦	
责任编辑	沈　悦	
封面设计	郭　琳	
责任印制	李志鹏	
出版发行	中国传媒大学出版社	
社　　址	北京市朝阳区定福庄东街 1 号	邮　编 100024
电　　话	86-10-65450528　65450532	传　真 65779405
网　　址	http://cucp.cuc.edu.cn	
经　　销	全国新华书店	
印　　刷	唐山玺诚印务有限公司	
开　　本	710mm×1000mm　1/16	
印　　张	25.5	
字　　数	405 千字	
版　　次	2023 年 9 月第 1 版	
印　　次	2023 年 9 月第 1 次印刷	
书　　号	ISBN 978-7-5657-3444-1/B·3444	定　价 128.00 元

本社法律顾问：北京嘉润律师事务所　郭建平